긱 마인드

변화된 시대에 일할 준비가 되었는가

긱 마인드

Gig
Mindset

폴 에스티스 지음 · 강유리 옮김

프롬북스
frombooks

네가 다른 사람들을 소중하게 대할 줄로 믿는다. 결국, 적어도 지금으로서 가치 있는 것은 개개인의 기량과 능력이다. 앞으로 일의 가치를 매기고 그 일을 할당하는 과정이 정직하고 공평하게 이루어지기를 바란다.

내 세대는 인공지능 알고리즘에 쉽게 굴복하지 않을 것이다. 하지만 내 손주들은 선택의 여지가 없을 수도 있다. 너는 파괴적 혁신을 선도하는 위치에 서기로 선택했다(혹은 그런 선택을 받았다). 정직과 인격이 널 이끌어주리라 확신한다.

–

존 에스티스

딕 포스버리는 고등학생 시절 높이뛰기의 매력에 빠져버렸다. 문제는 그가 특별히 뛰어나지는 못했다는 점이다. 엎드린 자세로 바닥을 보면서 가로대를 통과하는 기존 높이뛰기 기술로는 도저히 1미터 90센티미터 이상을 넘을 수가 없었다.

포스버리는 오리건주립대학교에 진학 후 새로운 방법을 시험해보았다. 그 학교의 착지대에는 당시에 일반적이었던 톱밥과 우드칩 대신 스펀지가 깔려 있었다. 그는 도약하면서 몸을 비틀어 누운 자세로 가로대를 넘은 다음 등으로 스펀지 위에 착지했다. 그는 곧 2미터 8센티미터의 장벽을 넘었고, 2미터 24센티미터라는 신기록으로 올림픽 금메달을

땄다.[1]

포스버리가 방향을 틀어 새로운 높이에 도달하기 전까지는 모든 높이뛰기 선수들이 100년 동안 바닥을 보면서 엎드린 자세로 가로대를 통과했다. 오늘날 포스버리 플롭*Fosbury Flop*은 높이뛰기 선수들이 사용하는 유일한 기법이다.

폴 에스티스가 하는 일도 이와 똑같다. 그는 문제를 해결하고 결과를 개선하기 위해 패러다임을 뒤집고 새로운 방법을 찾는다. 대중화된 기술과 개방형 혁신을 이용해 해법을 찾아줄 최고의 인재를 찾는다.

폴은 긱 이코노미의 선구자다. 그가 추구하는 '긱 마인드'는 업무방식과 생활방식 모두를 바꾸었을 뿐만 아니라 그를 새로운 길로 이끌었다. 이제 그는 기업들도 이런 변화를 일으킬 수 있도록 돕는 일에 열정과 경험을 쏟아붓고 있다. 그의 기민한 개방형 시스템 접근법은 급여 명부에 있는 사람들에게만 지식을 한정시키는 구시대적 경영자들의 성과를 앞지르고 있다.

나 역시 폴처럼 이 접근법에 대한 열정이 있다. 나 또한 긱 도구들을 활용해 회사를 창업했고 기존 업체들과 경쟁해왔다. 때로는 재무적 필요성 때문이기도 했지만, 프리랜서를 채용함으로써 내 회사들은 오래된 경쟁사들보다 더 민첩하고 효율적으로 움직일 수 있었다. 내가 세운 광고대행사 빅터스앤드스포일스*Victors & Spoils*는 직원 25명으로 프리랜서 창작가 7,000명 이상의 작업을 큐레이팅했고, 덕분에 기업의 과도한 신중함에 얽매이지 않으면서 신속하게 효과적인 해법을 찾을 수 있었다. 나는 외부인의 관점에서 일했기 때문에, 폴을 만났을 때 그가 내부인으로서 밖을 내다보는 접근법을 취하고 있다는 사실을 알게 된 즉시 가까워졌다.

긱 이코노미의 바탕에는 우리 모두가 각자의 커리어 여정을 책임지는 창업가라는 생각이 있다. 폴은 이 점을 아주 잘 알고 있다. 그는 대형 기술기업에서 경력을 쌓았음에도 소규모 자영업자의 야심 찬 마음가짐을 가지고 있다. 그는 창업가들을 집요함과 실행력을 갖춘 문제 해결사이자 독자적인 사상가로 높이 평가한다. 그리고 이 책에서 그 세계를 이용하는 비결을 공개한다. 창업가들은 한계가 아닌 가능성을 보는데, 폴도 그러하다.

긱 마인드의 혜택은 광범위하다. 긱 마인드로 전환해 프리랜서 전문가와 긱 워커들로 구성된 폭넓은 네트워크를 구축하면 일의 기쁨을 되찾게 된다. 창업가들은 떠드는 대신 행동으로 보여주기를 좋아한다. 그런 사람들과 일하다 보면 당신도 활력이 생기고, 잃어버렸던 에너지와 열정을 재발견할 수 있다.

이것은 세대 이슈이기도 하다. 노동시장에 진입하는 밀레니얼 세대는 민주적이고 연결된 세상에서 성장했다. 그들은 부모나 조부모 세대가 일했던 것과 같은 명령과 통제의 환경에서 일하기를 원치 않는다. 그들은 결과와 업무 완수에 초점을 맞춘다. 회의 참석에는 관심이 없다. 조립라인에서 일하는 데에도 흥미가 없다. 그들은 협력을 통해 중요한 문제를 풀어가는 팀에서 일하고 싶어 한다.

폴은 하루에 100줄의 코드를 작성하는 내부 직원의 일을 빼앗아다가 외부 노동자에게 맡기라고 제안하는 것이 아니다. 진정한 성공은 인공지능을 이용해 하루에 1천만 줄의 코드를 작성하는 방법을 알아낸 프리랜서 전문가들과의 관계 속에서 이룰 수 있다. 그것은 기하급수적인 보상이다. 내부 직원 한 명이 그런 프리랜서 10명과 협력해서 일한다고 상상해보라.

이 책을 읽는 당신이 기업의 소유주이거나 최고경영자라면, 이런 기회를 이용할 수 있는 새로운 시스템을 만드는 것은 당신의 의무이다. 누군가는 이것을 존재론적 위협으로 여길 수도 있지만, 디지털 시대에 아날로그 시스템으로 성과를 내느라 매일 러닝머신 위에서 점점 더 빠르게 달려야 하는 처지에서는 긱 이코노미야말로 일과 생활을 되찾는 방법이 된다. 기술은 점점 더 빨라지고 있고, 그것은 산업의 종류를 불문하고 모두의 업무량을 늘리고 있다. 어떤 사람들은 프리랜서들에게 의지하는 수밖에 없을 만큼 감당해야 하는 업무량이 압도적으로 많다. 폴이 이 책에서 전수하는 요령을 익히는 사람은 이 열린 시스템과 개방형 도구의 세계 속에서 승자가 될 것이다.

『긱 마인드』는 닫혀 있던 커튼을 걷어 이 세계의 경관을 드러내 보여준다. 그것은 창업가들이 정해진 커리어 여정을 따르지 않고 개방적 혁신의 힘을 통해 스스로 길을 개척해나가는 미래다. 지금 시대는 시스템상의 마찰이 상당 부분 해소된 상태이고, 우리는 많은 산업이 기반으로 삼았던 아날로그의 제약에서 벗어났다. 우리의 지식이 더는 직접 채용한 사람들의 지식에만 국한되지 않는다는 뜻이다. 디지털 시대는 우리에게 극단적인 풍요, 기회, 도구를 주지만, 그것을 가장 잘 활용하는 방법을 배우려면 폴 에스티스가 쓴 것과 같은 이런 책들이 필요하다.

존 윈저

차 례

서문

긱 마인드의 시작

"직업은 단순히 집에 주급을 가져다줄 수 있는 일이 아니다.
직업은 이곳 지구에 태어난 이상 영적인 소명감을
갖게 될 만큼의 열정과 강도로 매달려야 하는 일이다."

-

빈센트 반 고흐

2015년 10월의 어느 쌀쌀한 아침, 상사가 커피 한잔하자며 나를 불렀다. 간단한 일대일 면담은 평소에도 종종 있는 일이었지만 그가 나를 커피숍으로 초대한 적은 처음이었다. 뭔가 있는 게 분명했다.

솔직히 우리의 관계는 한동안 소원한 상태였고, 사업 전반에 만만치 않은 난제들이 산적해 있었다. 사무실 문화는 건강하지 못했고 점점 악화되고 있었다. 우리 팀은 명확한 방향성을 잡지 못한 채 허우적거렸다.

이런 환경에서는 누구도 최상의 성과를 낼 수 없었다. 상사와 나는 자주 의견이 맞지 않았고, 우리의 긴장된 관계는 팀원들에게 더 큰 압박으로 작용했다. 그는 공학 분야 출신이었고, 나는 경영학 분야 출신이었다. 그는 기능만 몇 개 추가하면 돌파구를 찾을 수 있으리라 생각했고, 나는 사업 접근법 자체를 과감하게 바꾸었으면 했다.

우리는 처음부터 사사건건 충돌했다. 그는 기능을 더 추가하는 것으로 마무리 짓고 싶어 했지만, 나는 고객들의 참여와 사용을 제약하는 핵심적인 사업상의 난제들을 해결해야 한다고 생각했다. 내가 열심히 팀을 한 방향으로 밀면 그는 반대 방향으로 가라고 소리쳤다. 우리가 양립할 수 없다는 건 나도 그도 알고 있었다. 그래도 우리는 하루하루

최종 목표를 향해 달렸다. 솔직히 나는 이 커피 한잔이 화해의 손길이라고 생각했다. 다시 정상 궤도로 돌아가 회사의 목표에 초점을 맞추고 힘을 합쳐 일할 기회라고 생각했다.

음료를 주문하고 자리에 앉은 후, 그는 내게 단도직입적으로 말했다. "더는 안 되겠네. 석 달의 말미를 줄 테니 새로운 역할을 찾아보게."

충격으로 그 자리에 얼마나 오래 앉아 있었는지 모르겠다. 방금 대형 기술기업에서 직위 해제를 당한 것이었다. 물론 회사에 다른 기회는 있었다. 완전히 밀려난 것은 아니었지만 명치를 제대로 한 방 얻어맞은 기분이었다.

일격이 더 따끔하게 느껴졌던 이유는 그게 환희의 일주일이었어야 했기 때문이다. 며칠 뒤면 첫 딸이 태어날 예정이었다. 우리 가족에게 굉장한 시간이 다가오고 있었고, 상사도 그걸 알고 있었다. 기업의 세계란 그 정도로 무례하다.

그렇게 나의 커리어는 커피가 식을 겨를도 없이 종료되었다. 방금 대체 무슨 일이 일어난 거지? "석 달의 말미를 줄 테니 새로운 역할을 찾아보게"라니! 평생 들어본 적 없던 그 말은 도자기 가게 안에 들어온 황소처럼 막무가내로 내 머릿속을 들이받았다.

언제나 완벽한 직원이 아니었다는 점은 인정할 용의가 있다. 하지만 그간의 업무 실적은 견고했다. 많은 시간을 헌신했고, 직원이자 공헌자로서 두각을 나타내기 위해 노력했다. 요청받은 일은 어김없이 완수했고, 노고와 결과물에 대해 칭찬을 받는 편이었다. 상사와 나는 방법 면에서 이견이 있었지만, 기술업계에서 15년 동안 일한 끝에 이런 일이 벌어지리라고는 꿈에도 생각지 못했다.

나는 동요했다. 이런 식이어서는 곤란했다. 이것은 내가 평생 꿈꾸어 왔던 길이 아니었다.

그렇다고는 해도 나는 왜 그것이 유일한 길이라 생각했을까?

나도 회사형 인간이었다

나는 3대째 회사형 인간이다.

할아버지는 2차 세계대전 중 미 육군에서 훈련부사관으로 복무하셨다. 해외에서 복귀한 후로는 보험을 판매하셨다. 매일 사무실에 출근하며 열심히 일하셨고, 회사와 사회보장 계약을 체결했다. 은퇴하신 후에도 보험회사에서 나오는 연금과 육군에서 제공하는 몇 가지 수당을 받으셨다.

아버지는 미연방수사국^{FBI}에서 근무하시다가 민간부문으로 자리를 옮기셨다. 석유회사 쉘오일^{Shell Oil}의 보안팀에서 일하면서 진급을 거듭해 결국 보안 부문 전체를 총괄하셨다. 아버지 역시 오랜 세월 열심히 일하셨고, 은퇴하셨을 때는 연금이 기다리고 있었다.

그것은 나와 우리 세대의 모두가 믿는 약속이었다. 즉, 열심히 일하고 출퇴근 잘하면 평생 한 직장을 지키다가 각종 복지 혜택을 받고 은

퇴할 수 있다는 약속이었다. 회사는 단지 일하는 장소가 아니라 인생의 일부였다. 구성원들은 차근차근 진급하고 영향력을 발휘할 기회를 얻으면서 회사와 함께 성장했다.

그것은 내가 따랐던 모델이자 내 인생 계획의 근간이었다. 나는 회사원의 삶을 원했다.

나는 고등학교 때 공부를 열심히 해서 좋은 대학에 들어갔다. A급 학생은 아니었지만 대학생활을 제법 잘했다. 성적으로 보여줄 수 없는 것들은 삶의 경험을 통해 보완했다. 누구 못지않은 수영 실력에, 라디오 진행을 했으며, 학생회 회장으로도 활동했다. 그런 다음 대학원에 진학해 내가 진출하고 싶은 사업 분야에서 시장성 높은 사람이 되려고 노력했다. 그래서 결국 원하던 업계에 취업했고, 열심히 일해서 차근차근 사다리를 올라갈 작정이었다.

'직접 해봄으로써 배우기.' 그것은 내가 양육된 방식이었고, 인생을 살아온 방법이었다. 내가 아는 가장 확실한 고용 보장의 길이었고, 나는 이후 15년 동안 그렇게 인생을 살았다.

내가 손댄 모든 일은 실험과 학습의 연장이었지만 아버지가 간략하게 보여주신 그 황금길이 안전하다는 확신이 있었다.

마음 한구석에서 계속 딸아이 생각이 났다. 예정일이 얼마 남지 않았다. 나는 딸에게 세상을 주고 싶을 뿐이었다. 아버지가 우리 가족을 위해 해주셨던 것처럼 든든한 부양자가 되고 싶었다.

그래서 곧 '전' 상사가 될 그분 맞은편에 앉아 있던 그 순간 내 삶의 기반이 발밑에서 무너져내리는 것처럼 느껴졌다. 곧 마흔이었고 아버지가 될 예정이었는데 내 인생 계획이 방금 산산이 조각났다.

마음을 추스르기까지 며칠이 걸렸다. 그렇게 내가 인생 최악의 순간을 겪는 와중에 아내는 최고의 순간을 선사해주었다.

며칠 후 딸아이가 태어났다. 아기는 선물이었고, 내 머릿속의 모든 우선순위를 재설정해버린 놀라운 기적이었다. 나는 미래에 대한 기대감과 공포감을 동시에 느꼈다. 아내와 갓난아기가 머물던 방에 함께 있을 때는 영원히 계속되었으면 하는 감정에 푹 빠져들었다. 그러다 어느 순간 현실이 그 친숙한 불안감과 함께 슬그머니 엄습했다. 그날 밤 나는 아내와 갓난아기가 자는 동안 밖에 나가서 바람을 쐬며 걸었다.

어떻게 하지? 새로운 회사를 찾아서 충성을 맹세하고 다시 진급의 사다리를 기어올라야 하나? 그 길은 이제 그리 안전하게 느껴지지 않았다. 나는 지난 며칠간 벌어진 일을 이해해보려고 애쓰며 그렇게 차가운 밤공기 속에 서 있었다.

새로운 책임감에 압도당하는 기분이었다. 나는 주어진 임무를 잘 완수하려 애쓰고, 다음번 승진을 따내고, 할애할 수 있는 모든 시간에 악착같이 일하면서 너무나 많은 에너지를 소비해왔다. 그런데 갑자기 시간이 남아돌았다. 공백이 생겼다. 나 자신을 다시 계발하고 앞으로의 길을 스스로 그려나갈 여력이 생겼다. 문제는 그 기회로 무엇을 해야 하느냐였다.

그때 나는 늘어나는 식구들을 생각하면서 내 이야기를 찾기 위한 새로운 여정을 시작하기로 했다. 딸아이가 세상에 태어나는 순간 모든 것이 달라졌다. 가족은 나의 세계였고, 우리 가족의 삶은 내 유일한 관심사가 되었다. 내가 가진 기술, 내가 일하는 직장, 내가 제공하는 생계가 모두 그들에게 직접 영향을 끼쳤다. 나는 안전할 뿐 아니라 내 적절성과 노련함을 유지하면서 계속 일하고 성장할 수 있게 도와줄 경로를 찾을 필요가 있었다.

그러려면 오래된 사고방식에 작별을 고해야 했다. 회사가 안전하고 확실한 길을 제공해주겠지 하는 생각은 이제 안녕이었다. 나의 경로를 스스로 그려나가고, 기존 규범에 의문을 던지고, 일하는 방식을 과감히 바꿔야 할 때였다.

새로운 길을 개척하다

이후 3개월에 걸쳐 나는 몇 가지 방안을 추려보았다. 제일 먼저 한 일은 경력개발 전문가, 일명 커리어 코치에게 연락한 것이었다.

잠시 딴 얘기를 하자면, 어째서 사람들은 커리어 코치를 이용하지 않는 것일까? 우리는 아플 때 의사에게 진료를 받는다. 어떤 스포츠를 위해 훈련이 필요할 때는 코치와 함께 운동한다. 법적 문제에 처했을 때는 변호사를 찾는다. 그렇다면 최고의 커리어를 찾는 데 도움을 줄 수 있는 산업은 이미 마련되어 있는데, 왜 사람들은 더 적극적으로 활용하지 않는 것일까?

나의 커리어 코치들은(두 명이었다) 내가 이 여정에 착수하는 과정에서 대단히 큰 도움이 되었다. 그들은 내게 자신감과 명료한 목적의식을 심어주어 계속 전진하게 했다.

나는 이미 가진 기술을 다른 회사에 가서 적용할 수 있었다. 대기업과 스타트업에서 인터뷰를 했고, 몇 군데에서는 입사 제안까지 받았다. 유혹이 생겼지만 몇 년 안에 비슷한 상황에 부닥치지 않는다는 보장이 없었다.

약간의 자본을 투자해 내 사업을 시작할 수도 있었다. 이미 창업한 친구들이 있었는데, 그들은 새로운 모험에 항상 들떠 있었다. 명확한 목표를 세우고 그것을 성공시키기 위해 어떻게든 굉장한 노력을 쏟아붓는 친구들의 모습은 늘 감동적이었다.

지난 2014년 2월, 사티아 나델라*Satya Nadella*가 마이크로소프트의 최고경영자로 취임했다. 그는 조직에 새로운 에너지와 목소리를 불어넣었다. 기업 문화가 예전과 다르게 느껴졌고, 그래서 계속 남아볼 마음이 생겼다. 관건은 새로운 역할을 빨리 찾는 것이었다.

얼마 안 있어 나는 수석보좌관 자리를 놓고 한 중역과 인터뷰 자리에 마주앉게 되었다. 정말로 원하는 자리였다. 단지 안전한 길이 아니라, 내가 똑같은 마음가짐을 유지하고 현재 상태를 지킬 수 있는 길이었다.

나는 회사에서 좋은 시절과 나쁜 시절을 다 겪었고, 거기에는 그럴 만한 이유가 있었다. 나는 내가 가치를 제공할 수 있는 곳에 뛰어들기를 좋아했다. 혁신적이고 모험적인 역할들을 맡았고, 그 가운데 회사는 끊임없이 변화했다. 그런 유동성은 내가 빛날 기회를 주었지만 들쭉날쭉한 인사 고과로도 이어졌다.

그 중역에게 이렇게 이야기한 것으로 기억한다. "허구한 날 평가와 고과 놀음이나 할 사람을 찾고 계신다면 저는 이 자리에 맞는 사람이 아닙니다. 하지만 열심히 일하고, 위험을 감수하고, 업무에 활력을 불어넣을 사람을 찾고 계신다면 함께 일해보겠습니다."

나는 결국 합격했지만, 기술이란 불안정을 내포하고 있는 산업이다. 뉴스에서는 매번 새로운 혁신이 등장하고, 대형 기술기업조차도 경쟁이 치열한 시장과 변화하는 고객 요구에 맞추려면 끊임없이 모습을 바꾸고 조직을 재편성해야 한다. 그런 특성이 익숙하게 느껴질 정도로 업계에 오래 있긴 했지만, 그게 나에게 무엇을 남겨주었는지에 대해서는 확신이 없었다.

완벽한 직장은 없을지 몰라도, 나는 내 인생에서 원하는 바를 알고 있었다. 도전정신과 기대감을 불러일으키는 일을 원했다. 우리 회사와 업계 내에서 가치를 제공하고 영향력을 발휘하고 싶었다. 그리고 무엇보다도 가족을 부양하고 여정을 함께할 수 있어야 했다.

아울러, 우리 딸들이 노동시장에 진출할 때 제시해줄 답을 찾아야만 했다. 나는 딸들에게 우리 아버지와 할아버지가 가셨던 길을 똑같이 따르라고 설득할 생각은 없었다. 딸들은 언젠가 미래의 진화하는 하이브리드 노동시장을 이해해야 할 것이다. 자신의 역량을 재교육하고 적절성을 유지하려면 시간을 마련하는 방법을 알아야 할 것이다. 그들이 이 길을 따르도록 가르치려면 내가 먼저 방법을 배워야 했다.

당신이 갑갑함을 느끼는 이유

이 책을 읽고 있는 당신도 다음과 같은 상황에 부닥쳐보지 않았을까 싶다.

왠지 안전한 느낌이 들지 않는다. 기술은 너무 빠르게 진보하며, 끊임 없는 파괴적 혁신의 속도를 따라잡기가 버겁다. 계속해서 시장이 요구 하는 꼭 필요한 사람이 되어야 한다고 생각하면서도, 개인생활을 위한 여유까지 마련해야 하는 처지가 부담스럽다. 자꾸만 '분명 다른 방법이 있을 텐데'라는 생각이 든다.

하루에 8~9시간 일하지만 생산성은 형편없다. 무의미한 회의에 참석 하고, 새로운 기술에 대한 자료를 찾고, 지루한 정보 검색을 하면서 가 까스로 하한선을 맞출 뿐이다. 어떻게 해야 그 틀을 깨고 성장할 수 있 을까?

당신만 그런 게 아니다. 미국의 경우,

· 28퍼센트만이 주어진 휴가 일수를 다 채운다.[2]

· 24퍼센트는 읽을 시간이 없다는 이유로 책을 손에 들지 않는다.[3]

· 평균 주 47시간 근무하고 매일 밤 6시간 반 잠을 잔다고 밝혔다.[4]

· 60퍼센트는 원하는 일을 할 시간이 충분치 않다고 이야기한다.[5]

새로운 길이 있다. 더 크게 성장하게 하고, 시간적 여유를 주며, 전혀 다른 업무방식을 제시하는 그 길은 바로 '긱 마인드'를 갖는 것이다. 우리는 미래를 더 철저히 준비해야 한다. 수명이 길어졌고, 더 오랜 기간 일하며, 주변 산업이 부침을 겪는 모습을 목격하고 있기 때문이다.

나는 일과 가정 중에서 하나를 선택해야 한다고 생각했지만 그렇지 않았다. 그럴 필요가 없었다. 나는 내가 하는 일을 사랑하고, 중요한 문제를 해결하길 원하며, 확고한 영향력을 발휘하고 싶다. 예전의 내 업무방식으로는 사무실과 집에서 그러한 목표를 달성할 수 없었다. 꼭 필요한 전문가들의 도움도 얻을 수 없었다. 연초에 예산이 책정되면 그걸로 끝이었기 때문이다. 긱 마인드를 가진 후로, 나는 매일 밤 집에서 저녁을 먹고, 매일 아침 아이들에게 팬케이크를 만들어준다(실제로 '매일' 아침은 아니다. 나도 균형 잡힌 아침식사라는 개념을 이해하는 사람이다). 긱 마인드는 우리가 모든 것을 다 누릴 수 있게 도와주는 과감하고 새로운 업무방식이다.

우리는 오래된 사고를 버려야 한다. 회사형 인간이라는 사고방식은 우리의 부모 세대 때만큼 유효하지 않다. 우리는 상황에 적응하고 더 나은 쪽으로 진화해야 한다.

세상은 말 그대로 우리의 발밑에서 달라지고 있다. 그야말로 매일같이 새로운 기술이 쏟아져 나오는 상황에서는 실력을 갈고닦으며 다룰 수 있는 새로운 도구의 수를 꾸준히 늘려나가야 한다. 단지 소프트웨어를 의미하는 게 아니다. 이런 사고방식을 생활화하고 앞으로의 업무에 대비해 새로운 정신근육을 단련해야 한다. 계획하고, 의사소통하고, 위임하는 능력은 최신 프로그램에 대한 지식 못지않게 중요하다.

직장생활을 하다 보면 답답한 마음이 들고, 과중한 업무에 시달리며, 몹시 스트레스를 받는 상태가 되기 쉽다. 이해한다. 나도 그랬으니까. 당신이 혼자가 아니라는 걸 아는 게 중요하다. 허덕거리며 사다리를 오르는 말단직원이든, 경쟁사보다 앞서서 고객에게 가치를 제공할 묘안을 걱정하는 임원이든, 우리는 모두 시류에 부합하는 역량을 유지하고 고용 안정을 확보할 수 있기를 희망한다. 회사에 가치를 제공하면서 성장하고 성공할 수 있기를 원한다. 가족과 공동체를 위한 유산을 만들고 싶어 한다.

큰소리로 떠들기는 쉽지만 그것을 대체 어떻게 실행에 옮겨야 할까?

이 책에서 나는 바로 그 방법을 알려주고자 한다. 한 걸음 한 걸음 그 여정으로 당신을 이끌 것이다. 당신은 내가 어쩌다가 이 새로운 일과 삶의 방식을 받아들이게 되었는지, 그것이 내 삶을 어떻게 바꾸었는지, 거기서 어떤 영감을 받아 새로운 프로젝트에 착수하고 미래에도 경쟁력 있는 기량을 닦게 되었는지 확인하게 될 것이다. 나는 당신이 나와 똑같은 실수를 반복하지 않도록 힘들고 어려웠던 점에 대해서도 알려줄 것이다. 다른 업계 리더들은 긱 마인드를 어떻게 실천했는지 그들의 이야기도 들려줄 것이다.

무엇보다도, 당신이 직접 이 사고방식을 실천하려면 무엇을 해야 하는지 확실하게 알려줄 것이다.

긱 마인드의 길잡이들

이 책을 읽어나가면서 나는 당신이 혼자가 아니라는 사실을 상기했으면 한다. 변화하는 직장 환경은 우리 모두에게 영향을 끼친다.

얼마 전까지만 해도 이베이에서 모르는 이의 옷을 사는 것은 기묘하고 흔치 않은 행위였다. 그러나 요즘은 할머니도 인스타그램 계정이 있고, 포스트메이츠*Postmates*(미국의 음식 배달 서비스)에서 사무실로 도시락을 배달받으며, 우버와 리프트*Lyft* 카풀로 출퇴근을 하는 세상이다. 모르는 이의 옷만 사는 게 아니다. 모르는 이의 자동차를 타고, 모르는 이의 집에서 잠을 자고, 모르는 이들에게 모든 일거리를 맡긴다. 긱 이코노미는 구조적 변화를 가져왔다.

긱 마인드는 그러한 변화에 적응하는 방법이다. 당신이 스스로 성장하고 진화하여, 세상에 '의해' 억지로 변화하거나 더 심하게는 뒤처지는 일 없이 세상과 '함께' 변화해나갈 수 있도록 도와준다.

하지만 내 말만 믿을 필요는 없다.

귀중한 경험과 전문성을 더해줄 최고경영자와 비즈니스 리더들을 내가 한자리에 모였기 때문이다. 그들은 긱 마인드로 향하는 당신의 여정에 길잡이가 되어줄 것이다. 이 업계 리더들은 당신이 배우게 될 도구와 기법을 자신의 전문 분야에서 이미 사용하고 있다. 긱 마인드 덕분에 그들은 더 많은 일을 하고, 더 나은 성과를 얻으며, 더 많은 사람의 삶을 바꿀 수 있다.

지금부터 그 전문가들을 소개하겠다.

스티브 레이더_Steve Rader_는 현재 미 항공우주국_NASA_ 산하 협력혁신우수센터_Center of Excellence for Collaborative Innovation, CoECI_의 부소장이다. 이 조직은 나사와 연방정부 전반에 경진대회와 크라우드소싱 중심의 혁신 접근법을 도입하려는 취지로 만들어졌다. CoECI는 상과 경진대회를 중심으로 운영되는 맞춤형 크라우드소싱 커뮤니티를 연구하고 이들을 활용함으로써 나사와 미국 정부에 필요한 혁신적인 해결책을 찾아내는 데에 주안점을 둔다.

스티브는 다양한 프로젝트 및 조직들과 공동으로 100개 이상의 경진대회를 고안하고 진행해왔다. 아울러 대외적으로 혹은 나사 내부 직원들을 대상으로 크라우드 기반의 챌린지 혹은 일의 미래와 관련해 나사가 진행하는 사업에 대해 정기적으로 강연을 함으로써 개방형 혁신 도구의 활용을 촉진하고자 한다.

스티브는 라이스대학교에서 기계공학 학위를 받았으며 30년 동안 나사의 존슨우주센터에서 근무했다. CoECI에 합류하기 전 스티브는 지

상관제센터, 우주왕복선과 국제우주정거장을 위한 비행 소프트웨어 개발, X-38 우주선의 지휘통제 시스템 개발과 관련된 일을 했고, 나사의 유인 우주탐사계획Constellation Program을 위한 C3ICommand, Control, Communications, and Information 아키텍처 정의를 주도했다.

마이크 모리스 Mike Morris는 세계 최대의 프리랜서 네트워크 탑코더Topcoder의 최고경영자다. 탑코더는 디자인, 개발, 데이터 과학 분야의 전문가 140만 명 이상이 경쟁을 통해 기업용 소프트웨어 분야의 파괴적 혁신을 도모하는 크라우드소싱 기업이다. 동시에 그는 대표적인 IT 서비스 업체 위프로WiPro의 크라우드소싱 부문 전 세계 책임자이기도 하다. 가족과 함께 시간을 보내거나 수상스키 타러 갈 때를 제외하면 마이크는 2002년부터 탑코더의 경영진 역할에 매진해왔다.

활발하게 활동 중인 보스턴칼리지 동문이자 뼛속까지 엔지니어인 마이크는 다양한 조직에 무한한 소프트웨어 개발 가능성을 제안하는 한편, 탑코더의 재능 있는 다국적 기술자들을 전례 없는 방식으로 공급함으로써 크라우드소싱 혁명을 주도하고 있다. 긱 이코노미 전문가인 그는 열정적인 공동체 육성에 관한 전 세계 강연을 통해 모든 산업에 디지털 자산 개발의 변혁적 속성을 불어넣고자 한다.

다이언 핑커슨 Dyan Finkhousen은 GE 지니어스링크GeniusLink™ 그룹의 대표이다. 이 조직은 고객들이 전문가 시장 방법론을 지렛대로 삼아 속도와 성과를 개선할 수 있도록 돕는 글로벌 혁신 서비스 모델이다.

지니어스링크 전문가 운영시스템은 요청이 있는 분야에 대한 서비스를 제공한다. 네트워크 내에 2,100만 명의 전문가가 있고 60억 달러 이상의 사업적 영향력을 발휘하는 이 그룹은 노동력과 지능적 자동화를 효과적으로 안배하여 업무를 최적화한다.

이 역할을 맡기 전에 다이언은 GE의 자산 최적화 마케팅 리더로 근무하면서, GE 프리딕스*Predix* 브랜드의 론칭을 이끌었고, 글로벌 첨단 제조전략 체제를 개발했으며, GE 프리딕스 인더스트리얼*GE Predix™ Industrial* 인터넷 소프트웨어와 서비스 개발에 관해 사업팀을 지도했다.

종신 재직권을 보장받은 GE 베테랑이자 사내기업가이며 일의 미래에 대한 세계적인 사고 리더인 다이언은 GE의 여러 사업부 임원직을 거치며 마케팅과 경영 관리 임무를 수행했고, 글로벌 전략과 사업 모델 혁신을 제안하여 획기적인 성과를 도출해냈다.

터커 맥스*Tucker Max*는 스크라이브 미디어*Scribe Media*의 공동 창립자다. 그는 네 권의 《뉴욕타임스》 베스트셀러를 써서(세 권은 1위에 올랐음) 전 세계적으로 450만 권 이상의 판매량을 달성했다. 스크라이브 미디어는 어떻게 하면 자신이 직접 글을 쓰지 않고도 머릿속에 있는 아이디어를 책으로 펴낼 수 있을 것인가라는 문제를 해결하기 위해 탄생한 회사다. 그는 출간 절차에 관한 지식을 활용해 도움이 필요한 저자와 재능 있는 집필자를 연결해주는 회사를 창업했다.

그는 말콤 글래드웰과 마이클 루이스에 이어 한꺼번에 세 권의 책을 《뉴욕타임스》 논픽션 베스트셀러 목록에 올린 역대 세 번째 저자다. 2009년 《타임》지가 선정한 세계에서 가장 영향력 있는 인물 100인에 지목되기도 했다. 현재 텍사스 오스틴에서 아내 베로니카, 세 자녀와 함께 살고 있다.

존 윈저^{John Winsor}는 창업가이자 사고 리더이며 일의 미래, 긱 이코노미, 개방형 혁신, 크라우드소싱에 관한 세계적인 권위자다. 그는 글, 강연, 회사 설립 등으로 생각을 표현하면서 혁신, 파괴, 스토리텔링의 교차점에 확고히 자리매김했다.

존은 자신이 세운 크라우드소싱 전문 광고 대행업체 빅터스앤드스포일스가 2012년 세계적인 광고 그룹 하바스^{Havas}에 인수되면서 하바스의 글로벌 최고혁신책임자가 되었다. 윈저는 크리스핀 포터+보거스키 ^{Crispin, Porter+Bogusky}의 전략·혁신 담당 임원 겸 이사로서 광고계에 공동 창작^{cocreation}의 관행을 선보인 이후 빅터스앤드스포일스를 설립한 바 있다.

존은 현재 하버드경영대학원 산하 하버드혁신과학연구소^{Laboratory for Innovation Science at Harvard, LISH}의 초빙기업가이며, 일의 미래를 공동 창조할 수 있도록 조직, 사람, 플랫폼에 콘텐츠, 공동체, 전략적 조언을 제공하는 회사 오픈어셈블리^{Open Assembly}의 창립자 겸 최고경영자다.

윈저의 저서로는 『브랜드를 넘어서서^{Beyond the Brand}』, 『불꽃^{Spark}』,

『플립Flipped』이외에도, 2009년 800-CEO-READ의 우수 경영서 마케팅 부문에서 우승을 차지한 베스트셀러 『베이크드 인Baked In』이 있다.

원저는 하버드경영대학원 디지털이니셔티브Digital Initiative의 고문이며, 《하버드 비즈니스 리뷰》, 《더 가디언》, 《포브스》, 《디지데이》에 정기적으로 기고한다.

앞으로 나아갈 길

이제 당신은 이 책의 나머지 부분에서 나를 도와 길잡이 역할을 해줄 사람들을 모두 만나보았다. 여기서 한 가지 분명히 해두고 싶은 점이 있다. 긱 마인드가 성공하려면 본인의 노력이 필요하다는 사실이다.

이 책에서 당신은 긱 이코노미가 무엇인지, 그리고 그것이 일의 세계를 근본적으로 어떻게 바꾸고 있는지 배우게 될 것이다. 나는 프리랜서들과 함께 일함으로써 시간을 확보하고 업무 능력을 신장할 경우의 혜택을 개략적으로 보여줄 것이다. 이 방법으로 인해 일상적인 과제부터 거대한 기업 프로젝트까지 내가 인생을 사는 방법이 어떻게 달라졌는지, 그리고 전문가 패널의 삶은 어떻게 달라졌는지 직접 확인해보기 바란다. 무엇보다도 나는 일단 시작하고, 계속해나가고, 재창조 프로세스를 구축하는 데 필요한 틀을 제공할 것이다.

나는 지난 몇 년간 이 새로운 사고방식에 따라 생활하면서 그것이 개인생활과 업무에 어떻게 도움이 될 수 있는지 실험해보았다.

쉽냐고? 아니다. 가치 있는 일치고 쉬운 건 없다.

이 책은 문제에 대한 손쉬운 해결책이 아니다. 말하자면 8분 복근운동이 아니다. 다이어트나 운동과 마찬가지로 긱 마인드는 끈기와 결단력이 필요하다. 매일 추적 관리하고 몸을 움직여야 한다. 무엇보다도 당신이 변화를 원해야만 한다. 더 나은 삶을 원해야만 한다.

나는 매일 아침 여전히 낡은 사고방식에 사로잡혀 있는 사람들을 돕기가 얼마나 힘든지 생각한다. 왜 그렇게 어려운 걸까? 그러다가 오바마 대통령이 책상 위에 올려두었다는 명판의 문구 "힘든 일은 힘들다 Hard things are hard"를 되새긴다.

긱 마인드는 연습이 필요하다. 어느 기술을 익힐 때나 마찬가지로 작게 시작해서 차근차근 밟아 올라가야 한다. 만약 이것이 체중 감량과 운동에 관한 책이었다면 내가 처음부터 마라톤이나 크로스핏 대회에 도전하라고 권하지는 않았을 것이다.

해볼 만한 가치가 있는 일은 무엇이든 노력이 필요하다. 인간이 가장 힘들어하는 일이 바로 변화다. 우리는 자기만족과 안락함 때문에 변화에 저항하도록 만들어진 존재다. 과거에는 그 고집스러운 태도가 생존에 도움이 되었지만 지금은 우리의 발목을 잡고 있다. 시간이 걸리고 연습이 필요하더라도 낙담하지 말라. 나도 적절한 접근법과 잘못된 접근법을 구분하기까지 몇 년이 걸렸다. 이 책의 후반부에서 나와 함께해줄 훌륭한 사고 리더들은 이 문제를 풀어나가는 각자의 방식이 있었다.

우리가 다 함께 효과 있는 방법을 당신에게 알려줄 것이다.

이 책을 읽고 있는 당신은 '힘든 일은 힘들다'는 진리를 이미 알 것이다. 일과 가정생활의 적절한 균형을 맞추는 데 필요한 여유를 여전히 찾는 중일 테니까. 하고자 하는 일 혹은 해야 하는 일의 목록은 점점 길어지고, 감당할 방법은 찾을 수 없는 상태일지도 모른다. 하지만 이 책을 덮을 무렵이면 당신도 새로운 일과 삶의 방식을 이해하게 될 것이다.

그래도 당장은 발밑의 땅이 당신을 집어삼킬 것 같은 기분일 것이다. 우선, 우리가 어쩌다 모래 늪流砂(사람이나 물건이 빨려 들어가는 유동성 모래) 위에 서 있게 되었는지부터 알아보자.

1장
모래 늪 위에서

이미 시작된 긱 이코노미

gig mindset

"어떻게 파산했어?"
"두 가지 방식으로 했지. 서서히, 그러다가 갑자기 쾅."

-

어니스트 헤밍웨이, 『태양은 다시 떠오른다』 중에서

영상편집자인 켄은 고민이 있었다. 그는 이 일을 한 지 수년이 지났고 재능도 뛰어났다. 업계 최고 수준의 실력이었다. 소프트웨어를 잘 알았고, 양질의 산출물을 내놓으려면 시간이 얼마나 필요한지 정확히 알았으며, 직장에서 돋보이는 방법도 알았다. 그의 고민은 분량이었다. 그리고 약간의 완벽주의자 기질이었다. 그는 아무리 최선을 다해도 한 달에 대여섯 편의 영상밖에 만들어낼 수가 없었다.

누구나 한 번쯤은 마주해봤을 법한 고민이다. 현재와 같은 수준의 노력으로 그가 생성해 낼 수 있는 작업량은 한계가 있었다. 수년간 시행착오를 거치며 효율성은 높였지만, 그것만으로는 충분하지 않았다. 켄은 교육용 영상을 제작하는 일을 했다. 당신도 이런저런 사이트에서 공유되는 것을 보았음직한 짤막한 소셜미디어 동영상 같은 영상이었다. 그것은 기존의 방법들보다 훨씬 교육생의 흥미를 불러일으키는 교육방법이어서 수요가 치솟았다. 켄의 재능과 성공은 그가 혁신하고 재발명하지 않으면 안 되는 상황을 만들었다.

이러한 상황은 체중 감량과 상당히 비슷하다. 처음에는 몇 킬로그램씩 쭉쭉 빠지는 듯하다가 정체기에 이른다. 식이조절과 운동을 계속해도 체중계 숫자가 꼼짝 않는다. 켄은 업무 정체기에 도달했고, 그러다 보니 이 일자리를 지킬 수 있을까 불안해졌다.

판매, 편집, 기술, 관리 등 직종에 상관없이 당신은 새로운 트렌드와 도구를 부지런히 따라가야 한다. 그런데 물론 끊임없이 새로운 기술을 익혀 성과를 개선하고 경쟁력을 유지할 수 있다면 훌륭하겠지만 누가 그럴 시간이 있는가? 끝없는 회의, 단조로운 업무, 집에서 겨우 찾는 약간의 여유 사이에서 맴돌다 보면 하루하루가 금세 지나간다.

우리는 모두 모래 늪 위에 서 있다. 세상은 그야말로 우리 발밑에서 변화하고 있다. 예전 방식을 그대로 유지하려고 애쓰며 허우적거린다면 가라앉을 것이다. 선택권은 지금 이 책을 들고 있는 당신에게 있다. 세상이 당신을 시류에 부합하지 않는 존재로 만들 때까지 기다릴 것인가, 아니면 진화를 통해 살아남을 것인가?

파괴

"방향을 바꾸지 않는다면 결국 지금 향하고 있는 곳으로 갈 것이다."

— 노자

긱 이코노미는 기존의 모델을 파괴하고 오래된 사업방식을 뒤엎으면서 하룻밤 사이에 세상을 바꾸어놓았다. 『웹스터 사전』은 긱 이코노미를 "기업이 단기계약을 위해 프리랜서나 임시직을 정기적으로 활용하는 자유시장 체제"라고 정의한다. 이전 세대들은 직장을 구하면 수십 년 동안 그 직장에 머물렀지만, 오늘날의 노동인력 가운데 다수는 정기적으로 직장을 바꾸고 계약 기반의 '부업'으로 수입을 보충한다.

최초의 아이폰이 일으킨 시장 파괴에 대해 생각해보자. 출시 일주일 전만 해도 휴대전화의 기능은 전화를 걸거나 받고, 기본적인 계산을 하고, 한정된 수의 메시지를 녹음하는 게 전부였다. GPS 내비게이션이 필요하면 별도의 장비를 사야 했다. 다른 미디어는 둘째 치고 음악 저장공간이 있는 휴대전화도 드물었다. 그런데 거의 하룻밤 사이에 주머니 안의 기기 하나로 이 모든 필요를 충족할 수 있게 되었다.

이제 우리는 이것을 당연하게 여기지만 주머니 안에 인터넷이 들어옴으로써 모든 것이 달라졌다. 무제한으로 정보 접근이 가능하고 그야말로 수백만 개의 애플리케이션을 간편하게 이용할 수 있다. 그게 바로 파괴다. 대중교통에 대한 접근법을 바꾸는 우버가 파괴다. 인공지능 비서를 세상에 선보인 알렉사가 파괴다. 이 모든 것은 우리의 기대치를 바꾸고 우리가 기술과 상호작용하는 방식을 바꾼다.

긱 이코노미는 이전의 방식을 파괴한다. 물론 좋은 쪽으로의 파괴다. 파괴는 비즈니스 세계에서 자연스러운 과정이다. 우리는 꽤 급진적인 시대를 살고 있지만 그것은 우리 모두에게 이익이 될 수 있다. 가장 큰 변화(이자 도전)의 하나는 주문형 대응*on-demand responsiveness* 시스템으로의 전환이다. 만약 내가 영화를 보고 싶다면 순식간에 수만 편의 영화에 접근해 이용할 수 있다. 어딘가에서 차량이 필요하면 운전사가 5분 안에 내 앞에 나타날 것이다.

음식과 제품만이 아니다. 긱 이코노미는 온디맨드 방식으로 전문가와 서비스를 이용할 수 있는 문을 열었다. 클래리티*Clarity.fm* 같은 사이트는 버튼 하나만 누르면 이용자를 수십 개 분야의 전문가와 연결해준다. 파이버*Fiverr*는 내부 직원을 고용하는 것보다 훨씬 적은 비용으로 가상비서 서비스를 제공한다. 업워크*Upwork*는 수백 가지 기능 분야의 프리랜서 수백만 명으로 네트워크를 구축했다. 이런 신생 기업들이 혁신을 주도하는 가운데 오래된 브랜드들도 재빨리 적응 중이다. 이에 관해서는 나중에 자세히 이야기하겠다.

생존하고 더 나아가 번창하려면 변화를 받아들여야 하지만 우리가 이미 확인했듯이 변화는 힘들다. 좌절감을 준다. 나도 이해한다. 땅이 흔들린다고 느꼈을 때 내가 본능적으로 한 행동은 아버지가 알려주신 방법과 정반대였다. 나는 저항했다. 오래된 습관과 경험에 더 집요하게 매달렸고 결국 모래 늪 속으로 더 깊이 빠져버렸다.

만약 당신이 집요하게 매달려 더 열심히 일한다면, 그래서 일주일에 80시간 이상을 일에 쏟아붓는다면 알량한 고용 보장을 확보하게 될 것이다. 그와 동시에 유지해나가기 불가능한 선례를 남기게 될 것이다. 그런 수준의 결과물을 계속 낼 수 있다 한들 정말로 그렇게 살고 싶은가? 가족이나 친구, 취미생활을 위한 공간은 어디 있는가? 그런 상황에서는 죽도록 일하는 게 아니라 일하는 방식을 혁신하고 바꿀 필요가 있다. 일하는 시간을 늘리는 대신 변화에 적응함으로써 필요한 공간을 만들 수 있다.

누구에게나 뒷전으로 미뤄둔 프로젝트가 하나쯤은 있다. 시간만 충분하다면 꼭 해보고 싶은 그런 일 말이다. 나만의 공간을 만든다면 그 프로젝트를 시작할 수 있다.

긱 이코노미

2019년 "긱 이코노미"라는 용어가 『웹스터 사전』에 등재되었다. 긱 이코노미의 영향은 사방에서 감지된다. 스몰비즈니스랩스*Small Business Labs*(소기업과 긱 이코노미에 영향을 끼치는 주요 사회, 기술, 비즈니스 트렌드를 연구하는 조사기관)는 한 기사에서 다음과 같이 밝혔다.

· 미국 노동자의 36퍼센트는 본업 또는 부업을 통해 긱 이코노미에 참여하고 있다.[6]

· 미국 전체 노동자의 29퍼센트는 대안 근무 형태의 본업을 갖고 있다.[7]

· 상근 임원의 63퍼센트는 기회가 주어진다면 독립계약자가 될 의향이 있다.[8]

· 미국 노동인력의 40퍼센트 가까이는 현재 수입의 최소 40퍼센트를 긱 노동으로 얻는다.

· 긱 워커의 75퍼센트 이상은 상근직 근무를 위해 프리랜서 일을 그만두지 않을

거라고 이야기한다.[9]

· 임시 노동자의 55퍼센트는 정규직 또는 상근직 일자리를 가지고 있다.[10]

· 전업 프리랜서, 독립계약자, 컨설턴트의 37퍼센트는 21세에서 38세 사이다.[11]

· 향후 5년에 걸쳐 미국 성인 노동인구의 52퍼센트는 독립기여자로 일하고 있거나 일한 적 있는 상태가 될 것이다.[12]

· 미국인의 최소 90퍼센트는 프리랜서, 컨설팅, 독립계약 근무라는 개념에 대해 열린 마음을 가지고 있다.[13]

· 전통적인 노동자들이 프리랜서 근무를 선택한 가장 흔한 이유 두 가지는 "가외 수입을 얻기 위해서"(68퍼센트)와 "근무시간의 유연성을 누리기 위해서"(42퍼센트)였다.[14]

프리랜서들에게는 여러 가지 새로운 작업을 원격으로 완수할 수 있으니 축복이다. 조직 입장에서도 그러한 작업을 위한 사무실 공간이나 장비를 걱정할 필요 없으니 축복이다.

할리우드식 모델을 생각해보자. 1920년대 초에 대형 영화사들은 작가, 배우, 감독, 제작진을 전부 직원으로 두었다. 고정비가 어마어마했지만 업계의 호황 덕분에 그것은 합리적인 선택이었다. 세월이 흐르자 이 모델은 급속도로 바뀌었다. 이제 영화 제작진은 역할별로 소집된다. 제작자들은 재능 있는 전문가들로 그때그때 팀을 짠다. 노조에 가입된 직원 중에서 필요한 인력을 끌어와 단기계약을 맺는 방식이다. 모두가 계약서에 서명하면 영화를 만든다. 촬영이 끝나고 계약 조건이 충족되었으면 모두 제각기 갈 길을 간다. 주요 목표는 달성된 상태이고, 이제 모두가 그다음 창작 프로젝트로 넘어간다.

다른 산업의 대기업들도 이 새로운 모델에 눈을 뜨고 있다. 수십 년 역사에 걸쳐 잘 정립된 택시 서비스업계는 회사와 고객들에게 들어가는 비용이 기하급수적으로 늘어나는 상황에 직면했다. 그러자 '우버'라는 신생 업체가 나타났고, 프리랜서를 활용해 구식 모델을 억누르던 난제들을 상당 부분 걷어냈다. 이윤 폭이 늘어났고, 대고객 비용이 줄었으며, 시장 점유율이 즉시 상승했다는 뜻이다.

이렇게 역동적인 경제 변화는 적응할 수 없는 (혹은 적응할 의지가 없는) 기업들에 엄청난 타격을 준다. 전략 컨설팅 업체 이노사이트Innosight의 조사에 따르면 1955년 S&P 500대 기업 중 열에 아홉은 시장의 변화로 인해 자취를 감추었다고 한다.[15] 더 나아가 명단에 남은 회사의 대략 절반이 앞으로 불과 10년 안에 사라질 것으로 예상된다! 이것은 새로운 기술의 부상이나 변화와 파괴의 가속화가 경제에 얼마나 강력하고 광범위한 영향을 끼치는지 보여주는 실제 사례이다.

이미 시장 파괴자인 넷플릭스는 스트리밍 서비스를 도입하면서 다시 한 번 판도를 바꾸어놓았다. 우리는 모두 빨간 봉투에 행복해했다 (넷플릭스는 초창기에 로고가 새겨진 빨간 봉투에 DVD를 넣어 우편 배송하는 서비스를 선보였다-옮긴이). 연체 수수료가 없다고? 그것만으로도 평생 고객을 확보할 수 있었다. 그런데 넷플릭스는 우편함까지 없애버렸다. 컴퓨터가 있으면 어디서든 원하는 곳에서 시청할 수 있도록 한 것이다. 그것도 똑같은 가격에. 굉장하지 않은가! 그러더니 불과 몇 년 뒤부터 넷플릭스는 매달 독창적인 콘텐츠를 내놓기 시작했다. 그들은 사전 제작 단계에서부터 고객의 거실까지 전 과정에 걸쳐 할리우드식 모델을 운용한다. 오늘날 이 회사는 HBO, 쇼타임을 비롯한 이전의 모든 프리미엄 채널보다 오리지널 콘텐츠를 더 많이 제작한다.

긱 이코노미는 얼굴도 본 적 없는 노동자들에게 다양한 산업의 문을 활짝 열어주었다. 예를 들면 탑코더는 지구촌 곳곳의 엔지니어와 프로그래머들을 활용한다.

이들 서비스는 업무공간의 제약 없이 새로운 노동인력을 만날 수 있는 통로 역할을 한다. 이어지는 장에서 살펴보겠지만 프리랜서와의 협업은 업무 효과를 증폭시키는 수단이 된다. 영상편집자 켄은 이론상 하루에 최대 24인시*man-hour*(한 사람이 1시간 동안 할 수 있는 업무량)를 제공할 수 있지만 계속 그렇게 일할 수는 없다. 잠도 자야 하고, 가족과 시간을 보내야 하고, 하다못해 뭐라도 먹어야 하기 때문이다.

그러나 긱 이코노미와 함께라면 켄은 생산성을 기하급수적으로 높일 수 있다.

미래 경쟁력을 갖춘 직원

앞서 말했듯이 나는 3대째 회사형 인간이다. 그러나 세상은 이제 많이 달라졌다. 나의 아버지나 할아버지가 가신 길을 그대로 따를 수도, 같은 교훈을 참고할 수도 없다. 기술이 변하는 대로 시류에 부합하려고 애쓰면서 스스로 교훈을 찾아야 한다.

요즘은 평균 수명이 길어졌다. 더 늦은 나이까지 일해야 한다는 뜻이다. 이전 세대는 60세나 65세까지 시류에 편승해야 했다면 이제 우리는 70대까지 가치를 제공할 준비를 해야만 한다.

나는 실직에 가까운 위기를 계기로 회사형 인간의 길에서 벗어났고, 지금까지와는 다르게 생각하지 않을 수 없었다. 무엇을 해야 할지는 몰랐지만 분명 더 나은 방법이 있을 거라는 생각이 들었다. 안전지대를 벗어나 내디딘 그 첫발은 내가 '긱 마인드'를 발견하고 창업가처럼 사고할 수 있게 도움을 주었다.

사업을 시작하는 사람은 반드시 계획이나 목표가 있어야 한다. 말하자면 매일같이 달성하고자 노력할 대상이 필요하다. 임무 지향적인 사고방식은 성공으로 이어질 가능성이 더 크다. 하지만 임무를 맡은 사람이라고 해서 그 임무의 완수까지 도달하는 단계를 하나하나 다 아는 것은 아니다. 이것저것 잘하는 사람은 무엇 하나 제대로 하는 것이 없다는 말도 있지 않은가?

성공하는 창업가는 구체적인 작업별로 전문가의 힘을 빌린다. 최종 목표로 가기 위해 넘어야 할 단계마다 전문가를 활용하는 것이다. 창업가들은 비전뿐 아니라 실행력까지 갖추고 끈질기게 문제를 해결해 나가는 사람들로 알려져 있다. 당신도 똑같이 한다면 무엇을 달성할 수 있겠는가? 아니, 무엇인들 달성하지 못하겠는가?

4년 전에 나도 내 역량의 부적절성에 직면했다. 사실상의 해고 통지였다. 그 사건은 나를 일깨웠고, 내가 주도권을 잡고 내 일에 새로운 사고방식을 도입해야 한다는 사실을 보여주었다. 나는 일하는 '방식'을 재창조해야 했다.

첫째, 기술이 발전하면서 기존의 업무방식이 파괴되고 있었다. 밀레니얼 세대(1980년대 초반부터 1990년대 중반 또는 2000년대 초반까지 출생한 세대)와 Z세대(1990년대 중후반부터 2010년대 초중반까지 출생한 세대)가 새로운 역량과 새로운 기대치를 가지고 노동인구에 합류하는 상황이었다. 그래서 나는 내가 가진 역량을 찬찬히 검토해보았고, 그러면서 정신이 번쩍 들었다. 나는 앞으로 15년, 어쩌면 20년 이상 직장생활을 하면서 직업인으로서 가치를 제공해야 했다. 미래에도 경쟁력을 갖추려면 업무에 접근하는 방식을 바꿀 필요가 있었다. 이 시기는 탐색기였고, 나는 호기심을 발휘해 실험에 임했다.

당신의 업무 적절성은 당신이 다니는 회사의 시장 적절성과 직결되어 있다는 사실을 명심하라. 매일 기술과 사업은 여러 가지 방식으로 새롭게 변화한다. 클라우드 기반의 회사들은 예전의 시장 구도를 파괴했고, 이에 거대 기술기업들도 방향을 틀어 새로운 흐름에 적응하지 않을 수 없었다.

둘째, 나는 항상 내가 일하는 회사에 가치를 제공하기 위해 일해왔다. "하는 일을 사랑하면 평생 하루도 일하지 않게 될 것이다"라는 말이 있다. 나는 일과 회사에 모든 것을 쏟아부었다. 내가 하는 일과 내가 일하는 곳을 사랑했다. 내 열정은 변함이 없었으나 그 열정을 발산할 출구가 없었다. 켄처럼 나도 정체기에 도달한 상태였다. 다른 직원들처럼 그저 출근해서 일하는 것만으로는 만족스럽지가 않았다. 설상가상으로 내가 생각만큼 영향력을 발휘하지 못하고 있다는 느낌이 들었다. 대기업에서는 혁신을 시도하기 어려워 위축된 느낌이 들기가 쉽다. 팀 페리스*Tim Ferris*(베스트셀러 『나는 4시간만 일한다*The 4-Hour Workweek*』에서 완전히 새로운 삶의 방식을 제안한 저술가, 기업가, 생산성 전문가–옮긴이)가 많은 소기업과 창업가들에게 생각을 달리하도록 영감을 주었듯이, 나는 기업 환경에도 '창업가적 사고'를 도입하고 싶었다.

그래서 이런 생각이 들었다. 어떻게 하면 매일 들뜬 마음으로 출근할 수 있을까? 어떻게 하면 내 기량을 계속 최신 상태로 유지하고, 영향력을 발휘하고, 회사와 고객을 위해 가치를 창출할 수 있을까?

셋째, 나는 딸들을 위해 싸워야 했다. 우리는 우리의 아이들이 잘되기를 바란다. 우리보다 더 나은 삶을 만들어주기 원한다. 더 안전하고 더 편한 인생을 물려주고 싶다. 무엇보다도 나는 아이들에게 올바른 길을 가르쳐주었다는 확신이 필요했다. "회사형 인간"의 사고방식은 내게 실패를 안겨주었고, 그런 마음가짐이 나를 시류에 부합하는 사람으로 만들어줄 것 같지 않았다.

나는 성인이 된 이후로 줄곧 기술업계에서 일해왔다. 대략 2년에 한 번씩 새 직장을 구했고, 경쟁이 치열한 환경에서 회사가 진화를 계속해

나가는 사이 35명 이상의 관리자와 셀 수 없이 많은 조직 개편을 겪었다. 이 모든 일을 통해 나는 딸들에게 일의 미래를 가르쳐주어야 한다는 깨달음을 얻었다. 우리 딸들은 정직원, 창업가, 프리랜서가 뒤섞인 하이브리드 노동시장을 마주하게 될 것이다. 딸들이 그러한 환경에서 성공할 수 있도록 준비시키려면 이 새로운 경제를 내가 먼저 이해할 필요가 있었다. 나 스스로 전문가가 되어야만 했다.

미래학자 앨빈 토플러는 이런 말을 한 것으로 유명하다. "21세기의 문맹자는 글을 읽고 쓸 줄 모르는 사람이 아니라, 배우고, 배운 걸 일부러 잊고, 다시 배울 줄 모르는 사람이다." 새로운 경제에서는 배우고 성장할 기회를 놓쳐서는 안 된다.

기술의 반감기

당신이 대학에 다녔다면 적어도 한 가지 기술을 익히며 4년을 보냈을 것이다. 우리의 영상편집자 켄의 경우, 그 기술 덕분에 동영상 일부분을 잘라내거나 붙여서 흥미를 끄는 방식으로 조합할 수 있었다. 그것은 아비드*Avid*나 파이널컷*Final Cut*, 어도비 프리미어*Adobe Premiere*를 비롯해 수십 가지의 소프트웨어와 도구를 익히는 것을 의미했다.

문제는 이런 기술에도 만료일이 있다는 사실이다.

업워크의 최고경영자 스테판 카스리엘*Stephan Kasriel*은 습득한 기술의 반감기를 약 5년으로 본다. 5년이 지나면 해당 기술의 가치가 처음 습득했을 때의 절반이 된다는 뜻이다. 세계경제포럼에 발표한 글에서[16] 스테판은 오늘날 다수의 일자리가 21세기 모델에 부합하는 반면, 교육과 기술은 여전히 20세기에 머물러 있다고 단정했다. 일자리가 그렇게 빨리 변화하고 있다는 것은 기술 업데이트에 대한 요구 또한 높아지고 있다는 뜻이다. 노동인력 재교육에 관한 새로운 보고서에 따르면[17] 성인 네 명 중 한 명은 본인의 기술과 지금 하는 일에 필요한 기술 사이에 불일치가 존재한다고 밝혔다.

이 말은 어떤 기술을 수행하는 능력이 뒤떨어진다는 뜻이 아니라, 그 기술을 적용할 가능성 자체가 사라진다는 뜻이다. ATM 기계 도입 이후의 은행창구 직원이나, 전화기 발명 이후의 전신기사, 트래블로시티Travelocity, 오비츠Orbits, 프라이스라인Priceline(이상 세 곳은 온라인 여행 서비스 업체) 등장 이후의 여행사 직원을 떠올려보라. 시간은 누구도 기다려주지 않고, 발전은(특히 기술 분야에서는) 끊임없이 이루어진다. 계속해서 재교육하지 않으면 쓸모없는 인력으로 전락하는 것은 불을 보듯 뻔하다.

모두가 익히 알다시피 문제는 재교육을 받을 시간이 없다는 현실이다. 나도 물론 외국어를 배우고 싶지만 언제 수업을 받는단 말인가? 내게 할당된 모든 업무의 전문가가 되면 훌륭하겠지만 지켜야 할 마감일이 있고 피하고 싶은 회의가 있다. (회의에 관해서는 나중에 다시 언급할 예정이지만 일단 회의는 마치 전염병처럼 될 수 있는 대로 피해야 할 대상이라는 점만 밝혀두도록 하자.)

　프리랜서들은 이러한 불만 사항을 누구보다도 잘 이해한다. 그들은 항상 다음 고객을 찾는 중이기 때문에, 대다수 사람들보다 트렌드와 유행에 빠른 경향이 있다. 한 가지 일을 마친 후에는 휴식기를 활용해 다음 고객을 위한 재교육 시간으로 삼는다. 그들은 직접 해봄으로써 배우고, 다양한 부류의 고객들을 만나기에 끊임없이 새로운 아이디어와 새로운 목표에 착수한다.

　나는 큰 회사에서 일할 때의 장점을 이해한다. 출퇴근 시간이 확실하고 복지 혜택도 좋다. 그러나 이 전통적인 형태의 직장은 새로운 긱 이코노미에 맞추어 변화해야 한다. 나도 내 역량의 적절성을 유지하고 계속해서 가치를 제공하려면 시간을 내서 재교육을 받을 필요가 있다. 변화하는 구도를 인식하는 것은 더 큰 프로세스의 첫걸음에 불과하다.

　재교육은 사무직 종사자에게만 중요한 것이 아니다. 기술직 노동자들도 항상 재교육을 받아야 한다. 화재경보 기술자는 모나코Monaco(화재·보안 제품 전문업체)와 같은 회사에서 나오는 소프트웨어와 하드웨어에 대한 연례 보수교육에 참석해야 한다. 계량기 검침원은 신형 무선검침기 사용법을 익혀야 신축 빌딩에서 제 역할을 다할 수 있다. 배관공과 용접공은 안전 인증을 획득하고 새 장비에 대한 교육을 받아야 한다. 세상이 복잡해질수록, 인터넷에 점점 더 많은 장치가 연결될수록, 새로운 기술과 새로운 사고방식이 요구된다.

　당신은 학습을 위한 공간을 마련할 필요가 있고, 이때 다음 세 가지를 염두에 두어야 한다. ① '시간'을 내는 것은 당신의 책임이다. ② '직접 해봄'으로써 배울 수 있다. ③ 재교육은 꼭 '필요'하다.

첫째, 모두가 바쁘다. 우리가 사는 세계의 현실이 그렇다. 정보 노동자가 훈련과 계발에 집중할 시간은 일주일에 대략 24분[18]이라고 한다. 엎친 데 덮친 격으로 현대인의 집중 시간은 훨씬 짧아졌다. 사람들은 읽는 데에 4분 이상 걸리는 이메일을 읽지 않으려 한다. 회의는 시간과 에너지를 고갈시킨다(그리고 이익을 빠르게 감소시킨다). 재교육이 필요함을 인정하고 이를 위한 시간을 마련하라.

둘째, 사람들 대부분은 직접 해봄으로써 배운다. 우리가 소비자로서 살아가는 방식은 일하는 방식에 영향을 끼친다. 우리는 새로운 것을 시도하고 실험하고 협업할 때 필요한 기술을 배우는 경향이 있다. 지난 한 해 동안 당신은 동료나 친구들과 상호작용하는 것만으로도 뭔가 새로운 능력을 얻었을 것이다. 그런 인적 관계는 기술에 내재적인 의미와 가치를 부여했고, 당신이 더 빨리 배울 수 있게 도와주었다.

셋째, 재교육이 '필요'하다는 점을 이해하라. 이제는 모든 기업이 기술기업이다. 우리는 인터넷 속에서 살고 숨 쉬며, 클라우드로 의사소통하고, 중앙의 어떤 위치가 아닌 네트워크를 통해 명령을 내린다. 이것은 어느 업계나 마찬가지이며, 따라서 과거의 비전에 연연할 필요가 없다. 당신은 배우고, 성장하고, 진화해야 한다.

나는 해고 통지와 함께 깨달음의 순간을 경험했고, 운 좋게도 새로운 직책에 뛰어들어 직업인으로 사는 삶을 재창조할 수 있었다. 이것은 여정의 시작이었고, 새로운 전망과 새로운 마음가짐이 필요하다는 인식의 순간이었다. 당신도 나를 거울로 삼아 새로운 업무방식을 받아들이기 바란다.

긱 마인드의 4단계 모델

"학습을 위한 공간을 마련하라"라고 말하기는 쉬워도 구체적인 방법을 떠올리기는 상당히 어렵다.

그래서 나는 일명 T.I.D.E. 모델이라는, 새로운 업무방식을 위한 청사진을 구상했다. T.I.D.E.는 작업화Taskify, 식별Identify, 위임Delegate, 진화Evolve의 앞글자를 따서 만든 말이다. 긱 마인드와 더불어 이 모델을 활용하면 선택한 목표가 무엇이든 달성하고 원하는 성과를 얻을 수 있다.

일단 목표를 세웠다면 방법은 다음의 4단계로 아주 간단하다.

작업화: 일감을 세부적인 작업으로 나눈다.

식별: 반드시 해야 하는 일, 안 해도 되는 일, 나중으로 미루거나 위임할 수 있는 일을 구분한다.

위임: 적절한 전문가를 찾아서 기대치를 전하고 효과적으로 위임한다.

진화: 긱 마인드를 계속 발전하고 성장시켜 개인생활과 회사 업무에 이 방법을 도입한다.

위 네 단계를 꼭 기억해두기 바란다. 앞으로 이어지는 장에서 각 단계를 차례로 짚어보고, T.I.D.E. 모델이 혁신과 성취에 어떻게 도움이 되었는지 사고 리더, 제조업자, 행동가들의 이야기를 들어볼 것이다.

프리랜서 혁명

"교사들이 기술로 대체되지는 않을 것이다. 그러나 기술을 활용하지 않는

교사는 기술을 적극적으로 활용하는 교사로 대체될 것이다."

– 하리 크리슈나 아리아(Hari Krishna Arya), 인도의 교육 행정가

프린스턴대학교의 로런스 카츠*Lawrence Katz*와 앨런 크루거*Alan Kreuger* 교수는 한 연구에서 향후 20년 안에 미국 내 직업의 30퍼센트 가까이가 작업화될 것으로(프리랜서에 의해 수행된다는 뜻-옮긴이) 전망했다.[19]

이 수치가 조금 두렵게 느껴질 수 있다. 나는 당신이 그 두려움을 기쁨으로 바꾸어보길 바란다. 이런 혼란으로 인해 당신은 배우고 성장하지 않을 수 없게 되겠지만, 그만큼 혁신의 속도도 빨라질 것이기 때문이다.

늘어나는 수요 때문에 고민이었던 영상편집자 켄을 기억하는가? 켄도 똑같은 우려에 직면해 있었다. 일정한 품질의 산출물을 내놓고 싶은 욕구 때문에 그는 한 달에 몇 편의 영상밖에 만들 수 없었다. 기술이 있었

지만 규모를 확대해 수요를 충족시킬 수가 없었다. 해결책이 필요했다.

나는 켄에게 한 가지 제안을 했다. 그의 잔업 중 상당 부분은 영상 제작 초기 단계에서 발생했다. 대본을 쓰고, 자료를 수집하고, 스토리보드를 만들고, 음악과 소리를 추가하는 것은 지루한 작업이었다. 하지만 정확히 같은 작업을 해주는 프리랜서 편집자들의 서비스를 제공하는 웹사이트가 셀 수 없이 많았다. 나는 켄에게 그런 서비스를 한 번 이용해보라고 권했다.

이후 몇 주 동안 켄은 프리랜서를 통한 규모 확장의 위력을 직접 확인했다. 그는 프로젝트의 다양한 부분을 처리해줄 네트워크를 구축하기 시작했다. 늘어나는 수요에 따라 작업 규모를 늘릴 수 있도록 시스템을 만든 것이었다. 더 나아가 그는 새로운 기술을 습득했고 전 세계의 재능 있는 창작자들과 소통하면서 새로운 인맥을 쌓았다. 한 달이 지났을 무렵, 켄은 엄청나게 많은 영상을 조율하고 편집하고 세련되게 다듬는 작업을 도왔다. 그의 산출물은 6개에서 무려 46개로 늘어났다!

그것은 생각의 전환점이 되었다. 켄은 자신이 만드는 영상의 시장가치(800달러)를 인식했고 산출물을 극대화하기 위한 시스템을 구축했다. 그는 제작감독의 사고방식으로 전환해 프리랜서 전문가들로 이루어진 소규모 팀을 자기 밑에서 일하게 했다. 그다음 달 그는 수십 개의 영상 작업을 외부에 맡겼다. 신뢰가 쌓이기까지는 시간이 걸렸지만 머지않아 켄과 그의 네트워크는 시스템을 최적화시켰다. 그는 전과 다름없이 열심히 일했지만, 이제는 영상편집자가 아닌 제작감독으로서 일했다. 생산성은 급격히 상승했고, 영상의 질은 그가 본래 가지고 있던 높은 기준에 여전히 부합했다.

켄은 모래 늪 위에 서서 여정을 시작했다. 과거의 업무방식은 그의 발목을 붙잡기만 한 게 아니라 땅 밑으로 끌어내렸다. 긱 이코노미를 받아들이고 긱 마인드를 실천함으로써 그는 생산성을 기하급수적으로 높이고 더욱 큰 영향력을 발휘할 수 있었다.

당신도 혼자서 일하는 스트레스를 내려놓고 업무를 분담하기 시작한다면 어떤 일을 할 수 있을지 상상해보라.

2장
긱 마인드

긱 이코노미에 어떻게 적응할 것인가

"빨리 가고 싶으면 혼자 가고, 멀리 가고 싶다면 함께 가라."

-

아프리카 속담

둘째 딸이 태어난 직후의 어느 토요일 오전, 나는 슬라이드 자료를 만들고 있었다. 이 발표 자료는 여러 달 공들인 작업물인데 임원 보고용으로 쓰일 예정이었다. 중요한 일이었다. 하지만 책상에 앉아 있는 동안 내 우선순위가 틀어졌다는 느낌을 떨쳐버릴 수 없었다. 아내가 딸들과 행복한 시간을 보내는 동안 나는 슬라이드 자료나 만들고 있다니.

나는 가족보다 일을 우선하고 있었다. 물론 중요한 회의이긴 했다. 회사 전체의 고위 경영진을 대상으로 한 비전 발표였으니까. 하지만 내가 이 발표 자료에 몇 시간씩 파묻혀 있는 동안 우리 딸들은 저쪽에서 쑥쑥 커가고 있었다. 그 찜찜한 느낌은 점점 더 커졌다. 머릿속 목소리가 점점 크게 들려왔다. 뭔가 잘못됐어. 변화가 필요해.

당신도 나와 비슷한 순간에 비슷한 기분이 든 적이 있을 것이다. 발표 준비든 중요한 프로젝트든 자기 자신과 가족보다 일을 우선한 적 말이다. 그건 잘못된 것 아닌가? 주객이 전도된 것이다. 아무리 일을 사랑하고 회사를 사랑한다 해도, 완벽하게 아름다운 토요일을 허비하고 인생에서 가장 중요한 사람들과 함께 보내는 소중한 시간을 놓쳐서는 안 된다.

그 순간, 친구 애덤 벤지온*Adam Benzion*의 조언이 떠올랐다. 그는 창업
가였다. 자신이 만든 스타트업들과 일을 하느라 하루를 초 단위로 계획
해서 생활하는 사람이었다. 시간 관리에 따라 사업의 성패가 갈리기 때
문에 그는 시간 관리에 능했다. 그가 나에게 가상비서를 얻으라고 말했
던 게 기억났다. 당시에는 멋진 아이디어이긴 한데 딱히 나한테 필요는
없다고 생각해서 머릿속에서 지워버렸던 것 같다. 그 토요일 아침, 그
의 조언은 출발 신호를 알리는 권총 소리처럼 느껴졌다.

나는 만들던 발표 자료에서 잠시 손을 떼고 인터넷을 검색해 팬시 핸
즈*Fancy Hands*라는 웹사이트를 찾았다. 가상비서 구하기는 식은 죽 먹기
였고, 순식간에 나에게는 필요하면 무엇이든 도와주는 제2의 일손이
생겼다. 그러자 자연스럽게 이런 질문이 떠올랐다. 나한테 무엇이 필요
하지?

답은 정확히 알고 있었다. 가족과의 시간이었다.

나는 회사일이 가정생활을 너무 많이 침해하도록 내버려두는 데에
죄책감이 들었다. 그래서 새 비서에게 가족과 함께할 수 있는 활동을
찾아달라고 부탁했다. 집에서 8킬로미터 이내의 가까운 곳, 아내와 딸
들을 데리고 갈 수 있는 어딘가를 원한다고 말했다. 비서는 즉시 업무
에 돌입했다. 내가 발표 자료를 마무리하는 동안 지역 행사를 모두 검
색해 간단한 목록을 작성했다. 요청 후 한 시간 만에 나는 회신을 받았
다. 집에서 겨우 열 블록 거리에 딸기축제가 열리고 있었다.

그걸 내가 직접 찾을 수도 있지 않았냐고? 물론이다. 축제 정보가 어

디 숨어 있는 것은 아니었다. 나도 얼마든지 검색엔진에 단어를 입력할 수 있지만, 그것은 내가 한 시간 동안 여러 사이트를 뒤지면서 토끼굴에 빠져 길을 잃기도 하고 결국 검색 피로에 시달리게 된다는 뜻이다. 가상비서의 도움으로 그 시간은 온전히 내 소유가 되었다. 가상비서들은 나의 구체적인 필요를 바탕으로 알맞은 대안을 선별해주는 능력이 있었다.

나는 보고서를 마무리하는 데에 토요일을 썼다. 그리고 다음 날은 가족들을 데리고 딸기축제에 갔다. 신나는 음악과 페이스 페인팅과 게임으로 가득한 마법 같은 날이었다. 내 우선순위가 정확히 지켜진 날이었다. 무엇보다도 나는 긱 이코노미의 가능성에 눈을 뜨게 되었다.

아내와 나는 미국 기업에서 오랫동안 직장생활을 했다. 나는 끊임없이 글을 쓰거나 책을 구상한다. 한마디로 우리는 아주 바쁜 가족이었다. 하지만 그날 하루, 가상비서의 작은 도움으로 나는 가장 소중한 사람들을 돌보는 데에 필요한 여유를 마련할 수 있었다. 머릿속에 번쩍 번개가 치는 듯했다. 그밖에 또 무얼 할 수 있을까? 개인생활이 이렇게 긍정적인 방향으로 달라질 수 있다면 이걸 업무에 적용했을 때의 효과를 상상해보라.

우리는 프리랜서 혁명 속에 살고 있다. 당신이 아직 수박 겉핥기식으로만 접해보았을 서비스들이 너무나 많다. 일단 택시를 타는 대신 우버를 이용할 수 있다. 포스트메이츠나 그럽허브*Grubhub*에서 음식을, 인스타카트*Instacart*에서 식료품을, 스티치 픽스*Stich Fix*에서 옷을 주문할 수 있다. 99디자인스*99designs*에서 그래픽 디자인을 구하고 업워크를 통해 웹사이트를 구축할 수 있다. 당신이 알고 사용하는 사이트가 하나 있다면 발견되기를 기다리는 사이트가 수백 개 더 있다. 긱 마인드를 갖는다면 그런 정보원들이 눈부신 세상을 열어줄 것이다.

나는 인터넷 검색을 더는 하지 않는다. 매일 아침 팬시 핸즈에 가서 몇 가지 과제를 올려놓을 뿐이다. 그러면 점심 때쯤 필요한 응답이 도착해 있고, 저녁 무렵이면 그 과제들은 완료된다. 내 시간 10분을 사용하고 하루치의 노력을 얻는 것이다.

이것은 마치 우편으로 처음 빨간 봉투를 받아보고 비디오 대여업이 결코 예전으로 돌아가지 않을 것을 알아챈 순간과 비슷하다. 또는 아이폰을 보고 정보의 세계가 주머니 속에 들어왔음을 깨달은 순간과 비슷하다. 긱 마인드는 우리가 일하는 방식을 영원히 바꾸어놓는다. 주문형*on-demand* 전문가들을 활용해 시간을 되찾을 수 있게 해준다. 나는 그 사실을 깨달았을 때, 다시 말해 기술이 내 역량을 몇 곱절로 늘려놓았음을 확인한 순간, 미래가(나의 미래가) 달라지리라는 것을 알았다.

긱 마인드와 함께한 첫날, 나는 한 명의 전문가를 사용해 집에서 몇 블록 거리의 딸기축제를 찾았다. 이제 나는 전문가 네트워크를 사용하고, 그럼으로써 내가 소중히 여기는 일을 할 시간을 마련했다. 운동할 시간이 생겼고, 딸들의 숙제를 봐줄 수 있게 되었으며, 가족들과 뜻 깊은 시간을 보낼 수 있게 되었다.

프리랜서의 도움을 받아본 경험은 업무에 대한 새로운 사고로 이어졌다. 긱 이코노미가 주문형 서비스에 대한 기대치를 바꾸었듯이, 긱 마인드 역시 업무에 대한 내 기대치를 바꾸었다. 이것은 엄밀히 말해 완전히 생소한 변화는 아니다. IT의 소비재화*consumerization of IT*(스마트 기기에 익숙한 직원들이 자신의 최신 기기와 기술을 업무에 활용하는 현상-옮긴이) 과정에서 비슷한 현상이 일어나는 것을 우리는 이미 목격한 바 있다.

정보기술은 현대 업무환경에서 결정적인 역할을 한다. 내 말이 믿어지지 않는다면 예기치 않게 프린터가 고장 나거나 네트워크가 갑자기 느려지기 전후의 사무실 분위기를 비교해보라. IT의 소비재화는 직장에서 개인용 전자제품(예: 아이폰과 태블릿)을 사용하는 수준을 뛰어넘어, 온라인 데이터 저장소, 웹 기반 이메일, 소셜미디어, 소셜 네트워킹 등의 온라인 서비스 차원에서도 이루어지고 있다.

이러한 변화가 시작된 시점은 직원들이 본인의 기기를 일터로 가져와서 회사 네트워크에 연결하고 업무 효율의 변화를 입증해 보이면서부터였다. 그 결과, 기업들은 그러한 관행을 표준운영절차*SOP*로 채택하기에 이르렀다. 마찬가지 방식으로 긱 마인드를 일터에 도입한다고 상상해보라. 직원들이 어떤 과제에도 대응할 준비가 된 자신의 프리랜서 네트워크와 함께 회사에 출근한다고 생각해보라.

내가 혼자서도 이렇게나 훌륭한 긱 마인드의 효과를 보았는데, 팀 내의 모든 사람이 긱 마인드를 실천한다면 무슨 일이 벌어질지 상상해보라. 전 직원이 각자의 프리랜서 네트워크를 업무에 끌어들이면 어떻게 될까?

내가 이제부터 보여주겠다.

인터넷, 기존의 틀을 깨다

넷플릭스는 불과 몇 년 만에 큰 폭으로 성장했다. 2011년에 1,200만 명이었던 구독자 수가 2019년에는 전 세계적으로 1억 3,900만 명으로 늘어난 것이다(2020년 말 2억 명을 돌파했다). 글로벌 네트워크를 개시하면서 구독자 수가 껑충 뛰었다. 이제 넷플릭스는 공유하는 콘텐츠만이 아니라 직접 제작하는 오리지널 시리즈와 영화로도 유명하다.

인터넷은 모든 것을 바꾸어놓았다. 물론 그게 새로운 소식은 아니지만, 나는 한참이 지나서야 비로소 인터넷이 우리가 세상과 상호작용하는 방식을 얼마나 많이 바꾸어놓았는지 깨달았다. AOL 채팅방에 처음 들어갔던 때를 기억하는가? 혹은 초창기의 검색엔진을 사용해 지식을 얻었던 일을 기억하는가?

기억날지 모르겠지만 넷플릭스는 사용자들이 처음 로그인할 때 간단한 게임을 하게 했다. 몇 편의 영화를 제시하면서 이미 보았으면 추천된 영화에 평점을 매기게 했다. 넷플릭스는 그 서비스를 시네매치 *Cinematch*라고 불렀는데, 그것은 사용자의 이력을 바탕으로 영화를 추천해주는 단순한 알고리즘이었다. 음…… 대체로 정확한 편이었다. 3만 5,000개의 타이틀 중에서 추천하다 보니 전부 다 사용자에게 꼭 맞는 선택일 수는 없었다.

2006년에 넷플릭스는 이 알고리즘을 업데이트하고자 했다. 그들은 수백만 달러를 주고 소프트웨어 회사를 고용하는 대신 인터넷의 힘을 빌리기로 했다. 넷플릭스는 더 우수한 알고리즘을 찾기 위해 경연대회를 공지했고, 우승자에게는 100만 달러의 상금을 걸었다. 성장 중인 긱 이코노미를 받아들이는 동시에 비용도 절약한 셈이었다.

새로 생긴 산업들만 변화의 시기를 이용한 것은 아니다. 택시회사들은 모든 면에서 상승하는 비용의 압박에 직면해 있다. 도로는 더 혼잡해지고, 차량 유지비와 보험료가 비싸졌으며, 택시 영업 면허증이 있는 기사의 인건비도 천정부지로 치솟았다. 이로 인해 택시 요금이 급격히 상승하자 손님들은 이용을 꺼렸고, 수익성이 점점 떨어졌다.

그런 상황에서 등장한 것이 우버였다. 자동차 공유 서비스 우버는 택시 산업을 즉각 혼란에 빠뜨렸다.

택시가 필요한 손님은 택시회사에 전화를 걸어야 한다. 정확한 현재 위치를 알아야 한다. 가고자 하는 곳의 주소도 정확히 알아야 한다. 많은 택시기사가 신용카드보다 현금을 선호하고, 팁 액수를 둘러싼 갈등이 끊이지 않는다. 이에 반해 우버는 스마트폰만 있으면 된다.

이런 회사들은 생긴 지 불과 10년밖에 되지 않았지만 우리의 삶에 이미 지대한 영향을 끼치고 있다. 건물 밖으로 나와서 휴대전화의 버튼을 누르면 내장된 GPS가 현재 위치를 파악하고 자동으로 핀을 꽂아준다. 주소를 입력하면 휴대전화가 자동으로 필요한 정보를 완성해준다.

승차가 수락되는 순간 차량 사진, 운전자 이름, 차량등록번호가 표시된다. 하차 시에는 다시 한 번 버튼을 눌러서 운전자에게 비용을 치르면 그걸로 끝이다. 스트레스도 없고 계산도 필요 없이, 낯선 이가 친절하게 제공하는 간단한 차량 서비스를 이용하면 된다.

이것은 "모든 것의 우버화*Uberization of everything*"로 이어졌다. 호텔, 여행, 고용에 이르기까지 우리가 일상적으로 이용하는 서비스를 주문형 방식으로 제공하는 새로운 기업들이 등장했다.

인터넷은 오래된 문제에 관한 토론을 벌이고, 해결책을 제안하며, 시장의 빈 곳을 메워줄 기업들이 등장하는 일종의 장터이다. 당신에게 완료되어야 할 어떤 일이 있다면 인터넷에는 도와줄 준비가 된 누군가가 있다. 그들을 찾는 방법만 알면 된다.

긱 이코노미 받아들이기

휴대전화에서 버튼 하나만 누르면 누군가에게 반려견의 산책을 대신해달라고 주문할 수 있는 앱이 있다는 것을 알고 있는가?

멋지지 않은가?

물론 도그워커*dog walker*라는 직업은 예전에도 있었다. 애완견을 키우는 사람들도 직장에 나가야 하고 주 7일 24시간 내내 집에서 개를 돌볼 수는 없기에 생겨난 직업이다. 이 동물 친화적인 프리랜서들은 고객의 집을 방문해 애완견을 데리고 나가서 운동을 시켜준다.

당신은 속으로 의아해할 수도 있다. '그래도 뭘 이런 일에 회사까지 써야 해? 내가 직접 인터넷에서 도그워커를 검색하고 직접 일을 맡기면 되지. 그런 서비스를 모아놓은 업종별 전화번호부가 분명 있을 텐데'라고 생각하면서.

직접 조사를 해보시겠다? 의도는 칭찬할 만하다. 하지만 그렇게 찾은 도그워커를 어떻게 믿고 맡길 것인가? 안전을 보장해줄 기록이 있는가? 고객들의 개인적인 추천은 어떤가? 당신은 그들에게 몇 통의 이메일을 보내야 할까? 비용 결제는 어떻게 처리할 것인가? 물론 이 모든 일을 당신이 직접 할 수도 있지만 그걸 일일이 관리하느라 얼마나 많은 시간을 쓰게 될까?

긱 이코노미는 기업들이 바로 그런 문제점을 혁신하도록 압박한다. 우버와 리프트는 신원 조사를 하고 고객 데이터를 사용해 운전자를 분류하며 그 모든 정보를 사용자가 간편하게 확인할 수 있도록 한곳에 모아놓는다. 반려견 산책 서비스도 마찬가지다. 버튼 한 번만 누르면 워커별 프로필, 고객 리뷰, 자격증 목록이 제공된다.

프리랜서를 활용할 때의 장점은 명백하다. 특정 분야의 전문가를 임시로 활용함으로써 유연성을 확보할 수 있을 뿐 아니라, 내부적으로 가지고 있지 않은 지식과 기술을 들여올 수 있다. 또한, 이러한 네트워크를 통해 빠르게 작업 규모를 확장할 수 있다. 그것이 바로 긱 이코노미이고, 지금은 시작에 불과하다.

가령 몇 시간 동안 독서삼매경에 빠졌다가 슬슬 배가 고파졌다고 가정해보자. 당신은 무엇을 먹고 싶은가? 예전 같으면 서랍에다 가까운 식당의 메뉴판을 잔뜩 모아두었을 것이다. 너무 귀찮지 않으면 패스트 푸드 음식점으로 차를 몰고 갈 수도 있다. 이런 방법은 결국 기름지고 느끼한 음식으로 귀결되고, 그런 식사가 딱히 건강에 좋을 리 없다.

그러나 요즘에는 신선한 식료품을 집 앞까지 직접 배달받을 수 있다. 홀푸드*Whole Foods Market*를 비롯한 다수의 식료품점이 구매대행 서비스를 제공한다. 소액의 수수료만 내면 그들은 주문한 품목을 고르고 포장해서 몇 시간 안에 당신에게 가져다준다. 심지어 선호하는 조리법이나 아보카도의 숙성도와 같이 개인적인 취향을 전달할 수도 있다. 식재료를 선별해서 세심한 설명과 함께 보내주는 블루 에이프런*Blue Apron*이나 헬로프레시*HelloFresh* 같은 구독 서비스도 있다.

오늘 저녁에는 딱히 요리할 기분이 아닌데 좋아하는 음식점이 배달을 해주지 않는 경우도 있을 것이다. 예전 방식대로라면 아쉽지만 먹고 싶은 음식을 먹지 못한다. 요즘에는 그럽허브와 포스트메이츠 같은 회사들이 원하는 음식은 무엇이든 받아서 배달해준다. 맥도날드를 먹고 디저트로 크리스피 크림 도넛을 원한다면 그 또한 버튼 하나로 주문이 가능하다.

사람들의 기대치가 빠르게 변하고 있다. 아마존은 현재 일부 지역에서 당일 배송 서비스를 제공한다. 이런 혁신이 쉬운 일은 아니었다. 기업들이 열심히 노력한 결과 고객들이 주문형 서비스를 즐길 수 있게 된 것이다.

그냥 유쾌한 이야기로 들리겠지만 이것은 결국 시간 절약을 의미한다. 교통 혼잡 속에 신호 대기하고 음식점에 들러 원하는 음식을 주문하고 조리를 기다렸다가 다시 운전해 집으로 돌아오는 대신 계속 집에 있어도 된다. 가족들과 시간을 보낼 수 있다. 중요한 보고서에 필요한 자료를 찾을 수 있다. 마음만 먹었던 그 소설을 쓸 수 있다.

이 모든 과제를 직접 해결하는 대신 중요한 일에 집중할 여유가 확보되는 것이다. 당신에게 매일 추가로 30분의 여유가 생긴다면 무엇을 할 수 있을지 상상해보라. 그 시간이 쌓이고 또 쌓인다고 생각해보라. 그토록 오랫동안 묵혀두었던 프로젝트를 진행할 자유시간이 며칠씩 생긴다면 당신이 하고 싶은 일은 무엇인가?

내가 할 줄 모르는 일

나는 방금 세금 신고 준비에 관한 멋진 광고를 보았다. 인튜이트*Intuit*의 광고였다. 인튜이트는 터보택스*TurboTax*라는 소프트웨어를 소유한 기업이다. 이 회사는 자사의 프로그램이 얼마나 사용하기 간단한지 홍보하는 광고를 매년 내놓는다. 그런데 올해는 앱이 업데이트되어 세금 신고를 겨우 5분 안에 끝낼 수 있다고 한다! 무료로 문법 체크까지 해준단다! 세액 공제를 받는 고객은 온라인 자산 관리 앱 민트*Mint*를 무료로 사용할 수 있다고 한다!

터보택스는 시장에 나와 있는 유일한 제품이 아니다. 쿠폰과 무료 서비스의 확대도 한계가 있다. 그러면 인튜이트는 어떻게 차별화했을까? 그들은 세금 신고에 들이는 시간을 최대한 아끼고 싶은 사람들에게 어떤 방법으로 더 나은 경험을 전달했을까?

그들은 소프트웨어에 공인회계사를 집어넣었다고 광고했다. 세금 신고를 준비하는 동안 고객이 요청만 하면 공인회계사가 도움을 준다는 얘기다. 그래서 "공인회계사를 들이세요"가 홍보 문구가 되었다.

세금 신고는 결코 신나는 일이 아니다. 계산을 많이 해야 하고, 매년 규정이 바뀌며, 자칫 실수라도 했다가는 정말 골칫거리다. 많은 이들에게 스트레스를 안겨주는 이 세금 신고에 대해 차근차근 알려줄 누군가가 곁에 있다면 신세계가 열릴 수 있다. H&B 블록*H&B Block*(미국의 세무 법인 서비스)이 여전히 성업 중인 이유다. 무료 온라인 서비스보다 다소 비용이 많이 들긴 하지만 전문가의 편안함을 제공한다.

인튜이트는 정확하게 도움이 필요한 시점에 요청만 하면 실제 전문가와 상담할 수 있는 기능을 추가함으로써 제품의 본질을 바꾸었다. 그들은 단지 저렴한 세금 신고 방법을 제공하고 있는 게 아니었다. 자신들이 든든히 뒤를 봐주겠다고 이야기하고 있는 것이었다. 이 중요한 작업을 하다가 궁금한 점이 생기면 전문가가 길잡이가 되어줄 거라고 고객을 안심시켰다.

이것이 긱 마인드의 핵심이다. 어떤 종류의 작업이든 여러 단계로 쪼개고 각 부분을 처리해줄 전문가를 찾는 것. 이 경우에는 그 작업이 세금 신고일 뿐이다.

또 하나의 훌륭한 사례는 이케아다. 이 회사는 제품을 완전히 분리한 상태로 판매하고 그렇게 절감한 비용을 고객에게 돌려줌으로써 가구 업계를 이미 변화시켰다. 그러나 이케아 가구 조립이 얼마나 어려울 수 있는지에 관한 우스갯소리는 끊이지 않는다. 일부 복잡한 제품은 안전한 조립을 위해 적어도 두 사람 혹은 그 이상이 필요하다. 유아용 침대 하나 제대로 만들지 못하는 당신을 보고 아내가 박장대소하는 사태가 벌어질 수도 있다.

그래서 태스크래빗TaskRabbit이 등장했다. 숙련된 조립 전문가를 보내주는 업체다. 2017년 이케아는 요청 시 출장 조립 서비스를 제공하기 위해 태스크래빗을 인수했다. 제품을 구매할 때 조립 서비스를 묶어서 신청하면 조립 팀이 집으로 와서 가구를 만들어주고 고객은 마음의 평화를 유지할 수 있다.

이런 종류의 상품은 "라스트 마일Last Mile" 서비스라고 알려져 있으며, 당신도 아마 이용해본 적이 있을 것이다. 베스트 바이Best Buy(전자제품 전문 유통업체)는 가정 내 설치와 문제 해결을 위해 긱 스쿼드Geek Squad를 인수했다. 홈 디포Home Depot(건축자재, 인테리어, 디자인 도구 판매업체)는 프로 서비스Pro Service를 제공한다. 셔터플라이Shutterfly(온라인 사진 서비스)는 고객의 포토북 완성을 도와주는 디자이너를 두고 있다. 구글과 아마존은 다양한 홈서비스를 가상비서 시스템에 통합해, 고객들이 목소리만으로 수십 가지 서비스를 이용할 수 있도록 했다.

상상도 못 했던 세상이다! 불과 몇 년 전만 해도 이런 수준의 서비스 통합은 그저 꿈이었다. 덧없는 희망에 지나지 않았다. 이제 긱 이코노미를 통해 대기업들은 특수 기술자 및 전문가들과 협업함으로써 고객에게 더 많은 서비스를 제공할 수 있다. 업워크, 파이버, 우버, 리프트, 위워크*WeWork*, 슬랙*Slack*, 줌*Zoom*, 에어비앤비*Airbnb*는 모두 사람들을 연결한다는 아이디어를 바탕으로 만들어졌다. 지금 이 시점이 더욱 중요한 이유는 이 회사들이 지난 한 해 동안 이미 주식을 공개했거나 상장을 계획 중이라는 사실 때문이다. 그들의 시장 진출로 인해 이미 변화하고 있는 환경은 더욱 빠르게 바뀔 것이다.

사람과 트렌드를 연결하는 것, 그것이 바로 긱 이코노미의 본질이다. 업워크와 파이버, 리프트와 우버에 이르기까지 이 새로운 기업들은 모두 사람들을 서로 연결한다는 아이디어를 중심으로 운영된다.

단순히 고객에게 서비스를 제공하는 것이 아니라, 일을 완수하기 위해 관계 맺는 방식을 개편했다는 데에 의미가 있다. 이것은 우리가 일하는 방식을 변화시킬 뿐 아니라 개인생활에도 영향을 끼칠 것이다. 그 사실을 빨리 인식할수록 미래에 대한 마음가짐을 빨리 바꿀 수 있다.

긱 이코노미의 해가 도래했다.

더 큰 배가 필요해질 것이다

긱 이코노미가 대두하자 많은 대기업들은 B2C, 즉 기업 대 소비자의 관점으로만 그것을 바라보았다. 우버와 리프트가 처음 등장했을 때였다. 오래된 회사들은 그들을 보고 이렇게 말했다. "우리와는 아무 상관 없는 이야기야. 우리 업계를 '우버'할 수는 없잖아." 하지만 내가 긱 마인드를 받아들이고 보니 기존의 내 업무방식이 더는 통하지 않는다는 사실이 분명해졌다. 나는 B2B 기업들(기업 대 기업 서비스에 초점을 맞추는 업체들)을 탐구하기 시작했고, 도사리고 있는 기회들을 발견했다. 그리고 내가 일하고 생활하는 방식을 바꿀 수 있다는 걸 깨달았다. 나는 이런 생각을 나누고 싶었다. 다른 이들에게도 영감을 주고 싶었다. 그게 내가 이 책을 쓴 이유이다.

명심하라. 긱 이코노미는 인터넷의 등장만큼이나 중대한 변화다.

사람들은 긱 이코노미에 어떤 식으로 접근해야 할지 곤란해한다. 이해할 만하다. 큰 변화는 눈에 쉽게 띄지 않게 진행되는 경우가 많다. 머리 위로 구름이 흘러가는 모습을 지켜볼 때와 거대한 폭풍 전선이 몰려오는 모습을 지켜볼 때의 차이다. 폭풍 전선처럼 거대한 것이 다가올 때는 변화를 거의 인지하지 못하다가 느닷없이 그 변화에 둘러싸이는 상황이 벌어진다.

1장에 소개한 어니스트 헤밍웨이의 작품 한 구절을 다시 한 번 보라. "어떻게 파산했어?" "두 가지 방식으로 했지. 서서히, 그러다가 갑자기 쾅." (나중에 이 인용문을 자주 상기하게 될 테니 지금 형광펜으로 표시해두는 게 좋겠다.)

긱 이코노미는 초기에 차량 공유와 음식 배달 영역에서 규모를 넓혀 갔는지 모르지만, 그 도달 범위는 훨씬 더 넓다.

업워크, 톱탈Toptal, 파이버, 에어비앤비, 비즈니스 탤런트 그룹Business Talent Group, 탑코더를 비롯한 수십 개의 회사를 변수에 넣으면 큰 그림은 더욱 또렷해진다. 인재의 수가 늘어난다는 데서 그치지 않는다. 켄이 교육용 영상을 만들면서 느꼈던 것처럼, 그들은 자기 분야의 최고 전문가들이다. 어느 순간 우리는 유동적이고 재능 있는 긱 기반의 전문인력이 내부 직원들의 역량을 곱절로 늘려주는 상황을 맞이하게 되었다.

더 나아가, 우리는 긱 이코노미에 의해 창출되고 굳어진 트렌드에 주목해야 한다. 잘 알려진 바와 같이 1980년대에 빌 게이츠는 "책상마다 컴퓨터가 한 대씩 놓이게 될 것이다"라고 말했다. 그러더니 인터넷이 등장해 각자의 집에 있던 사람들을 서로 연결했다. 이어서 스마트폰이 전 세계 사람들을 실시간으로 연결했고, 소셜네트워크에 의해 만들어진 플랫폼을 기반으로 커뮤니티가 구축되었다. 이러한 일련의 혁신은 새로운 경제 모델을 부채질했다.

큰 배를 돌리려면 시간이 걸리고, 세계경제는 엄청나게 큰 배다. 이 프리랜서 기반의 기업들은 벤처 투자 자금으로 시작했고, 일부는 오랫동안 그 상태로 남아 있었다. 이제 많은 기업이 주식을 공개하고 있는 만큼, 우리는 곧 이 모델이 다시 한 번 진화하는 모습을 목격할 것이다.

더 광범위한 산업 차원에서의 협업이 이루어질 거라는 뜻이다.

인튜이트나 이케아, 홀푸드의 경우처럼 대기업들은 고객에게 새롭고 특별한 서비스를 제공하기 위해 이러한 주문형 서비스를 적극적으로 받아들이고 있다. 아울러 전문가 자문, 다양한 애플리케이션 할인, 각종 재교육 사이트를 통한 훈련 등이 직원 복리후생으로 제공된다.

이것은 커다란 변화다. 얼마나 큰 성장이 가능한지 이해하는 것이 중요하다. 이 진화가 시작된 이후 불과 몇 년 안에 우리는 이미 대기업들이 긱 이코노미에 뛰어드는 모습을 목격했다. 문제는 이걸 나 자신에게 어떻게 적용할 수 있느냐다. 당신이 이 책을 들고 있는 이유도 그 때문이 아닌가?

나도 얼마 전까지는 당신과 똑같은 입장이었다. 그 좌절감을 이해하고, 그동안 생활과 업무를 잘못된 방식으로 해왔구나 싶은 착잡한 심정을 이해한다. 혼자가 아니라는 점을 알았으면 한다. 당신의 수고는 헛된 일이 아니었다. 그리고 항상 더 나은 방법은 있다.

딸기축제에 갔을 때 바로 그런 생각들이 내 머릿속을 스쳐 지나갔다. 나는 집집마다 찾아다니며 물건을 판매하는 영업사원인데, 나 혼자 머리로 문을 들이받아서 안에 들어가려 하고 있었다. 나는 평생 한 방향으로만 살아왔다. 한 방향으로만 계획했다. 한 방향으로만 생각했다. 그러다 갑자기 가족들과 함께 나선 멋진 소풍에 모든 것을 깨닫게 되었다. 내가 완전히 틀렸다는 사실을 말이다.

이제 나는 유능한 전문가 네트워크를 갖추어놓고, 매일 새로운 기술을 배운다. 정말 끝내주는 기분이 든다. 시류에 부합하는 기술을 유지하는 한편 변함없는 영향력을 발휘하고자 노력하고 있기 때문에 더욱 그렇다. 나는 기업들이 변화해야 하고 변화할 수 있다고 굳게 믿는다. 모든 것은 우리가 일하는 방식이 더는 통하지 않는다는 사실을 이해하는 것으로부터 시작된다.

낡은 사고방식을 내려놓기만 하면 되는 일이었다.

새로운 사고방식

"생각이나 전략이 아무리 기발해도 경기에 혼자 임한다면

팀에게 항상 밀릴 수밖에 없다."

– 리드 호프먼(Reid Hoffman), 링크드인 공동 창업자

2018년 12월, 딸아이가 고열에 시달렸다. 부모라면 아이가 아플 때 어떤 심정이 되는지 이해할 것이다. 세상이 멈추고, 부모는 아픈 아이에게 온 신경을 쏟게 된다. 그 무엇도 앞을 가로막을 수 없다. 물론 병원의 영업시간이 끝났고, 다음 주 화요일까지 예약이 다 찼으며, 다른 병원으로 진료 의뢰가 필요한 상황이라면 문제가 달라지지만 말이다. 내경우, 문밖에 쌓인 눈이 또 하나의 장애물이었다.

그래도 나는 아빠다. 내 아이가 아프다. 눈은 아무래도 상관없다. 어

떻게 이 난관을 헤쳐나갈 것인가?

그 무렵 우리 회사는 의료보험제도를 갱신한 상태였다. 일반적인 부가 혜택 외에 직원들은 텔레닥*Teledoc*이라는 앱을 이용할 수 있었다. 스마트폰을 통해 비응급 환자를 의사와 연결해주는 시스템이다.

말했듯이 지금 나는 아픈 아이가 있는 아빠다. 동시에 얼리어답터이기도 해서, 텔레닥이라는 새로운 앱을 휴대전화에 깔아둔 상태였다. 머뭇거릴 이유가 하나도 없었다. 만약 앱이 번거롭게 굴면 차를 몰고 병원에 가는 방법이 여전히 남아 있었다.

우리는 버튼을 클릭해 앱을 열었다. 그러자 갑자기 휴대전화에 의사의 얼굴이 나타났다. 컴퓨터가 아니고, 이것저것 묻지도 않고, 경험이 풍부한 진짜 의사가 거기에 있었다. 그는 앱을 통해 즉시 상담을 진행했다. 몇 분간 대화를 나누었고, 딸아이의 증상을 말했더니 의사는 진단을 위해 몇 가지 질문을 했다. 상황을 이해한 그는 그 자리에서 당장 처방을 내려주었다. 나는 그날 제설차가 지나간 뒤 약을 타러 갈 수 있었다.

천우신조의 순간이었다.

나는 우리 가족에게 뭔가가 필요할 때마다 손가락 끝으로 전문가를 구했다. 딸기축제로 소풍을 계획해야 했을 때는 가상비서가 든든히 나를 받쳐주었다. 발표 자료를 준비하거나 까다로운 주제에 대한 조사가 필요할 때는 자판만 몇 번 두드리면 숙련된 프리랜서를 찾을 수 있었다.

이 모든 일은 긱 이코노미 때문에 가능한 일이었다. 원격 진료, 차량 공유, 음식 배달 등 다양한 이름으로 불렸지만, 핵심은 플랫폼을 통해 사람을 서비스와 짝지어주는 것이다. 덕분에 나는 '무엇이든' 가능하다는 사실을 깨달았다. 엄청난 힘을 발견한 것이다.

나는 내 생활을 일련의 작업으로 바라보기 시작했다. 매일 내가 해야 할 일들이 있었다. 집 수리, 계획 짜기, 자잘한 볼일들. 매일 업무상 해야 할 일들도 있었다. 자료 조사, 수많은 검토 작업, 끝없는 회의. 매일 나는 달성하고 싶은 목표들이 있었지만 그걸 할 수 있는 시간은 유한했다.

그렇다면 나는 어째서 할 줄 모르는 (혹은 하고 싶지 않거나 할 시간이 없는) 작업에 시간을 낭비하고 있었단 말인가? 기꺼이 도와줄 사람들이 저기 있는데?

나는 언제든 다음과 같은 사이트의 도움을 받을 수 있다(이것은 일부에 지나지 않는다).

· 업워크: 기업과 독립적인 전문가들이 원격으로 관계를 맺고 협업하는 세계 최대의 프리랜서 플랫폼.

· 팬시 핸즈: 업무를 대행해주고 전화를 걸어 약속이나 예약을 대신해주는 미국 기반의 가상비서 시스템.

· 파이버: 프리랜서 인력시장. 웹 개발, 전사 작업, 글쓰기, 인터넷 검색 등의 다양한 프로젝트를 진행하고, 나는 심지어 우리 가족의 캐리커처를 맡긴 적도 있다.

· 클래리티: 수백 가지 분야에 대한 전문가 조언을 제공한다. 어떤 문제에 대해서든 즉각 실제 사람과 대화를 나눌 수 있다. 말하자면 개인적인 '친구 찬스'

나 다름없다(퀴즈쇼에서 친구에게 전화해 모르는 문제의 답을 물어보는 기회에 빗댄 표현이다-옮긴이).

· 애스크 원더*Ask Wonder*: 어떤 주제에 관해 혼자서 자료 조사를 하느라 몇 시간을 허비한 적이 얼마나 많았는가? 애스크 원더에는 합리적인 시간 내에 어떤 주제에 관해서든 정보를 제공해줄 수 있는 전문 조사원들이 모여 있다.

한 번에 받아들이기에는 많아 보일 수 있다. 사고방식을 바꾸기란 쉽지 않지만 분명히 가능한 일이다. 늙은 개에게 새로운 재주를 가르칠 수 있다는 증거가 바로 나다. 내가 그랬던 것처럼 당신도 비틀거릴 수 있지만 연습하다 보면 결국 길을 찾게 될 것이다.

긱 이코노미는 헤아릴 수 없이 많은 전문가를 한곳에 모은 수백 개의 기업을 탄생시켰다. 이제는 우리가 그 자원을 이용해 시간을 되찾고 앞으로 가능한 일이 무엇일지 다시 생각해볼 때다.

가장 먼저 해야 할 일이 뭐냐고? 당신이 안다고 생각했던 모든 것을 잊어야 한다.

실행 과제

1. 할 일 목록을 만든다. 종이를 한 장 꺼내어 놓고 도움이 필요해 미루어둔 작업이나 개인적으로 열정을 다하고 싶은 프로젝트, 자원

봉사하고 싶은 단체 등을 생각나는 대로 기록한다.

2. 다른 종이에다 선을 그어 페이지를 반으로 나눈다. 1번에서 작성한 할 일 목록을 참조해 개인생활에서 할 일과 업무나 부업을 위해 할 일을 분리한다.

3. 인터넷으로 가서 이번 장에 언급된 서비스들을 몇 가지 탐색해본 다. 조금 친숙해졌다면 목록의 각 할 일 항목에 어떤 서비스를 적용할 수 있을지 메모한다.

4. 플랫폼을 하나 골라 작업을 한 가지 요청해본다.

3장
기본값 재설정

다르게 바라보고 다르게 실행하라

gig mindset

"기회는 작업복을 입고 있으며 힘든 일처럼 보이기 때문에
대부분의 사람이 놓치고 만다."

–

토머스 에디슨

바쁨의 함정*Busy Trap*에 관해 이야기하고 싶다.

주변의 여러 가지 일에 휘말려 시간을 조금씩 갉아먹다 보면 결국 시간이 하나도 남지 않기가 쉽다. 아침에 눈을 떠서 일하러 가고 잠자리에 들기를 반복하다 보면 순식간에 몇 주가 흘러가버리고, 자기 자신을 위해서는 어떠한 진전도 이루지 못한 상태가 된다. 가족은 늘 뒷전이고, 개인 프로젝트도 손을 놓은 지 오래다. 이것이 바로 바쁨의 함정이며, 우리 모두 어느 시점에 한 번쯤 이 함정에 걸려든다. 바쁨의 함정은 스트레스, 불안, 정신건강 문제로 이어져 삶의 모든 측면을 저해한다. 인간관계에 긴장이 찾아오는 것은 두말할 필요도 없다.

나는 긱 마인드를 탐색하기 시작하면서 내 생활의 많은 부분에 대해 재설계가 필요하다는 사실을 깨달았다. 하루의 모든 측면을 다르게 바라볼 필요가 있었다. 전국을 다니며 사람들과 대화를 나누어보니 내 경험이 아주 드문 경우는 아니라는 것도 알게 되었다. 나는 포천 500대 기업들을 방문했고, 콘퍼런스에서 강연을 했으며, 많은 직장인에게서 연락을 받았다. 그들은 혁신과 재창조를 원했다.

우리는 모두 바쁨의 함정에 빠졌다는 공통점이 있었다. 가족이나 자기 자신을 위한 여유시간이 없고, 재교육이나 성장을 위한 시간도 전혀 없었다. 무엇을 추구하든(개인생활이든 직장생활이든) 돌파구가 필요하다는 데에 모두가 의견을 같이했다.

어느 콘퍼런스에서 강연을 마친 뒤였다. 한 여성이 울 것 같은 표정으로 내게 다가왔다. 실제로도 두 눈에 눈물이 글썽글썽했다.

"잠시 시간 괜찮으세요?"

무언가에 짓눌려 도움이 필요한 분이라는 걸 금세 알 수 있었다. 그래서 나는 물었다. "네, 어떻게 도와드릴까요?"

대화를 시작하자마자, 그분은 자신의 신상을 밝혔다. 스트레스가 많은 직장에서 일하면서 혼자 아이를 키우는 여성이었다. 일에 대한 열정도 있었다. 본인이 원했던 직장이라고 했다. 다만 스트레스를 해소할 시간도, 생활을 감당할 만한 수준으로 재편성할 시간도 전혀 없다는 점이 문제였다.

그 여성은 덫에 갇힌 기분이라고 말했다. 한편으로 이곳은 꿈에 그리던 직장이었다. 오랜 세월 열심히 일하고 공부한 끝에 마침내 이 회사에서 일할 수 있게 되었다. 자신이 하는 일을 좋아했고 동료들도 마음에 들었다. 문제는 그 모든 일 사이에서 균형을 찾을 수가 없다는 사실이었다. 가정생활과 업무에서 오는 중압감이 그녀를 짓눌렀다. 충분히 공감하는 종류의 스트레스였다. 나도 똑같은 역경을 겪었기 때문에 충분히 이해했다.

잠자코 이야기를 듣다가 내가 물었다. "제가 무엇을 도와드릴까요?"

그 여성은 잘 모르겠다고 대답했다. 뭔가 제대로 돌아가고 있지 않다는 건 알았지만 본인이 문제와 너무 가까이 있었다. 나무를 보느라 숲을 볼 수가 없었다. 누구나 어느 시점에는 이런 상태에 도달한다. 할 일 목록이 너무 길어져서 도저히 감당할 수 없는 상태다. 할 일이 산더미처럼 쌓여 절대 완수할 수 없는 지경이다. 적어도 혼자만의 힘으로는 다 해내기가 불가능하다.

"목록의 할 일 중에서 오늘 끝낼 수 있는 일이 뭔가요? 해야 할 일을 하나만 골라보세요. 딱 하나만."

그분은 잠시 생각했다. 머릿속으로 자잘한 볼일과 허드렛일을 더듬어보는 그 모습에서 스트레스가 느껴졌다. 마침내 그 여성은 고개를 들었다. "부모님을 뵈러 가려면 이것저것 예약을 해야 하는데 좀처럼 그럴 여력이 없었어요."

그거야 쉬운 일 아니냐고? 카약^{Kayak}(온라인 여행 검색 서비스)이나 트래블로시티에 가서 도시명을 입력하고 자신에게 필요한 항목을 예약하면 되지 않느냐고? 일단 바쁨의 함정에 빠진 상태에서는 바로 그 점이 문제다. 이런 작업을 하는 데에 겨우 30분 정도가 걸릴지 모르지만, 그 시간이 대체 어디서 나온단 말인가? 대다수 사람들은 훈련과 계발에 집중할 시간이 일주일에 24분밖에 없다는 통계 수치를 기억하라. 기술기업에서 일하는 싱글맘은 한 달에 24분도 빠듯할 수 있고, 그나마도 한꺼번에 시간이 나지 않을 가능성이 크다.

부모라는 것은 풀타임 직업이다. 병가를 낼 수도 없고, 15분조차 휴식을 취할 수도 없으며, 아이들을 놔두고 점심 먹으러 나가서 긴장을 풀 여유도 없다. 하루 24시간 매달려야 하는 일자리다. 배우자라도 있으면 약간의 여유가 생기고 숨 돌릴 겨를이 있지만 혼자 아이를 키운다면 모든 일을 전부 혼자 떠맡아야 한다.

부모여야만 바쁨의 함정을 경험할 수 있다는 이야기가 아니다. 이 책을 읽는 누군가는 장시간 근무를 하거나, 여러 개의 부업을 뛰거나, 가족과 친구들을 위해 도저히 시간을 낼 수 없는 처지여서 그 느낌을 잘 알 것이다. 슬프게도 이것은 어느 누군가의 특별한 경험이 아니라 우리 모두의 경험이다. '더 나은 방법이 분명 있을 텐데'라고 생각해본 적 있지 않은가?

나는 컴퓨터를 켜고 가상비서 서비스에 로그인한 후 요청 사항을 입력했다. 모든 정보가 취합되는 데는 약 한 시간이 걸렸다. 내 비서가 가장 적절한 가격의 항공편, 렌터카, 부모님 댁에서 가까운 에어비앤비 숙소 몇 군데에 관한 세부 정보를 모아주었고, 나는 그것을 그 여성의 이메일로 보냈다. 내가 실제로 작업에 들인 시간은 2분 정도였을 것이다. 그분의 눈이 휘둥그레졌다. 나는 그 표정을 잘 알고 있었다. 나도 몇 년 전에 그런 표정을 지었으니까. 긱 마인드에 대해 강연을 하기 시작하면서부터는 무수히 많은 사람에게서 보았던 표정이다.

바쁨의 함정에 빠져 있을 때는 외롭다고 느끼기가 쉽다. 나의 할 일 목록은 오직 나만이 감당해야 하고 아무도 도움을 줄 수 없다고 생각하기 때문이다. 이 새로운 마인드에 눈을 뜨면 진실이 환히 보인다. 손가락 몇 번만 움직이면 저 밖에 도와줄 준비가 되어 있는 사람들이 있다는 진실이다. 어떤 작업, 어떤 프로젝트, 어떤 요구 사항도 재능 있는 프리랜서들의 손을 빌리면 해결할 수 있다.

그분은 내가 웹사이트를 사용해 문제를 해결하는 것만 본 게 아니었다. 그로 인해 만들어진 공간을 보았다. 내가 찾아서 돌려준 시간도 보았다. 긱 마인드로 할 수 있는 일을 정확히 목격했다.

시간과 공간만 있다면 어떤 일이라도 할 수 있다. 당신에게 몇 시간의 여유가 생긴다면 무엇을 할 수 있을지 상상해보라. 내 경험상 이 방법을 사용했더니 1년에 8일 정도 원하는 목표에 집중할 수 있는 여유가 생겼다. 전에는 없었던 192시간을 원하는 방식대로 활용할 수 있게 된 것이다.

해야 할 일과 하지 말아야 일을 말로 설명하기는 쉽다. 그건 기름진 햄버거와 도넛을 먹지 말라고 소리치는 건강관리 전문가나 마찬가지다. 말이야 쉽지만 실천은 그보다 어렵다. 관건은 당신이 기본값을 재설정할 수 있느냐이다.

쉽지는 않지만 그만한 가치가 있다

다이어트를 관둔 적이 있는가?

물론 있을 것이다. 다들 그러니까. 그것은 보편적인 경험이다. 체중 감량을 시도했든, 특정 음식을 끊고자 했든, 당신은 해야 할 일과 하지 말아야 할 일을 목록으로 적어놓고 그걸 지키려 애썼다. 그리고 실패했다.

아, 실패한 인생은 아니다. 자기 자신에게 너무 엄격해지지 말았으면 좋겠다. 어쨌든 그 다이어트는 계속되지 못했다.

간편한 해결책은 대부분 실패한다. 본질상 계속해나갈 수 없기 때문이다. 이것은 조금 빠르게 걸을 때와 최대한 열심히 뛸 때의 차이점과 같다. 전속력으로 뛰면 당신은 얼마나 멀리 갈 수 있는가? 장담컨대 그리 멀리 가지 못한다. 잘해야 1.5킬로미터쯤? 이에 반해 조금 빠르게 걸으면 얼마나 멀리 갈 수 있을지 생각해보라. 더 오래 걸릴지는 몰라도 그것은 계속해나갈 수 있다. 온종일이라도 걸을 수 있다.

이게 바로 다이어트와 생활방식의 차이다. 원시인 다이어트나 저탄수화물·고지방 다이어트에 관한 책을 읽어보면 전부 똑같은 이야기를 할 것이다. 이러이러한 식단을 일시적으로 혹은 특정 목표에 도달할 때까지만 유지하지 말고 생활 자체를 이런 식으로 바꾸라고 말이다. 이것을 '뉴노멀', 즉 새로운 표준으로 삼으라고 가르친다. 그렇지 않으면 머릿속으로는 벌써 중단할 생각부터 하게 된다. 실패해도 된다고 허락해버린다.

사고방식의 조정도 이와 다르지 않다. 생각날 때만이 아니라 항상 긱 마인드를 실천해야 한다. 매일 하루도 빼놓지 않고 프리랜서들과 함께 일하면서 긱 마인드를 중심으로 움직이겠다고 계획하라. 그것을 새로운 표준으로 삼으면 그렇게 될 것이다.

생활방식의 변화와 마찬가지로, 사고방식을 바꾸는 일도 서로 지지해주는 사람들이 있으면 더 수월해진다. 가족이든 친구든, 아니면 직장 동료들이든 여정을 함께하면 즐거워진다. 혹시 중간에 비틀거리더라도 그들이 안전망 역할을 해준다. 궁금한 점이 있으면 무리 중 누군가가 답을 알고 있을 가능성이 크다.

내가 우리 팀에 이 개념을 처음 도입했을 때, 많은 팀원이 이미 똑같은 고민과 과제를 안고 있었다. 모두가 바쁨의 함정에 걸려 있었다. 우리는 함께 성장하고 배우면서 에너지를 모아 계속 전진했다. 팀으로서 성과를 함께 기념했고, 그것은 계속해나갈 힘이 되어주었다.

1960년에 맥스웰 몰츠*Maxwell Maltz* 박사는 새로운 습관을 들이거나 버리는 데에 대략 21일이 걸린다고 밝혔다. 그보다 장기간에 걸쳐 이루어진 2009년의 다른 연구에서는 기본값을 재설정하는 데에 평균 66일 가까이 걸리는 것으로 드러났다. 당연히 사람마다 편차가 있으므로, 더 오래 걸린다고 해서 낙담하지 말라. 하지만 한번 생각해보라.

66일. 2개월 남짓한 시간이다. 그 정도는 해볼 만하다. 8주 동안 파이버나 업워크에 로그인하고, 8주 동안 작업량을 분담하고, 8주 동안 프리랜서 전문가들과 함께 일해보라. 아침에 일어나 인스타카트에서 식료품을 주문하라. 일하러 가기 전에 스티치 픽스에서 새 옷을 몇 벌 골라라. 사무실에 도착하면 클래리티에 전화해서 자료 조사를 부탁하고 팬시 핸즈에도 다른 할 일들을 넘겨라. 갑자기 잡일이 없어진다. 간단하지 않은가? 당신은 이런 일을 꿈에서도 하게 될 것이다. 어느 날 눈

떠보면 긱 마인드로만 움직이는 자신을 깨닫게 될 것이다. 그러면 재설정이 끝난 것이다.

이것도 다이어트처럼 예전 습관으로 돌아가기가 쉽다. 긱 마인드로 개인적인 필요를 해결하는 습관은 확실히 자연스럽게 기를 수 있다. 우리는 남이 만든 음식을 먹고 남이 운전하는 차를 타고 인터넷에서 질문에 답하는 데에 이미 익숙해 있기 때문이다. 그건 기본적이다. 하지만 그보다 더 중대한 문제라면 어떨까? 가족들과의 주말을 계획하는 수준이 아니라, 중요한 업무 프로젝트가 걸려서 저녁식사 후까지 일해야 한다면 어떻게 될까?

바로 이런 부분에서 지지 시스템이 효력을 발휘할 수 있다. 첫째, 당신에게는 이 책이 있다. 나는 가이드로서 당신이 진행할 처음 두어 건의 프로젝트를 단계별로 안내해줄 것이고, 당신을 올바른 길로 이끌 것이다. 당신이 어떤 문제에 봉착한다 해도 그건 내가 이미 겪은 문제일 가능성이 크다.

둘째, 내가 모아놓은 사고 리더들의 체험담이 있다. GE부터 나사, 탑코더까지, 명석한 두뇌의 혁신가들이 자신의 무용담을 들려주고 당신의 의욕을 북돋울 것이다. 나무를 보느라 숲을 보지 못하고 있다면 그들이 여기 있다.

마지막으로, 공동체가 형성되고 있다. 나는 강연하러 가는 곳마다 바쁨의 함정에 갇힌 사람들을 만나게 된다. 그들은 하나같이 머리 위에 마치 비구름처럼 할 일 목록을 이고 있고, 내가 그 비구름에서 벗어나는 방법을 보여주면 모두 환호성을 올린다.

당신은 혼자가 아니다. 절대로. 우리는 모두 하려고 마음먹은 일들을 끝내고자 하며, 그러려면 시간을 되찾아야 한다. 그리고 시간을 되찾는 최고의 방법은 낭비를 멈추는 것이다. 하루라는 시간의 온전한 주인이 되어라.

회의는 이제 그만

회의시간이 끔찍하다는 사실에 모두 동의하는가? 창문도 없이 갑갑한 회의실에 여러 명의 동료와 함께 앉아서 끝도 없이 이어지는 발표를 듣고, 리더는 안건과 상관없이 이 주제에서 저 주제로 갈팡질팡하고, 몇 시간 뒤 아무런 소득 없이 자리를 뜨는 그런 회의 말이다. 정말 최악이다. 회의는 완전히 무의미한 경우가 많고, 차라리 필요한 정보를 담은 이메일을 한 통 보내는 편이 훨씬 낫다. 내가 더는 회의에 참석하지 않기로 한 이유가 바로 여기에 있다.

아, 약간의 부연 설명이 필요하겠다. 모든 문제를 이메일로 해결할 수는 없기에, 협업이 필요한 회의는 참석한다. 생산적인 회의를 위해 잘 정립된 규칙을 따르는 회의라면 나도 괜찮다. 하지만 그게 아니라면 회의는 최대한 사양한다. 내가 시간을 되찾는 방법은 아주 간단하다. 끝없는 회의로 시간을 낭비하지 않는 것이다. 회의 참석을 거절하기가 쉽지만은 않지만, 내가 가치를 제공할 수 있는 부분과 그렇지 못한 부분을 열린 마음으로 솔직하게 밝히고, 회의록을 읽은 뒤에는 충실하게 후속 조치를 하는 편이다.

"사람 잡는 파워포인트"라는 표현을 들어보았는지 모르겠다. 이것은 막강한 프레젠테이션 소프트웨어를 만성적으로 오용함에 따라 발생하는 사태로서, 전 세계의 사무실을 감염시키는 전염병과 같은 현상이다. 대개는 혼란을 주는 그래픽을 사용하고, 슬라이드 한 장 한 장에 너무 많은 텍스트를 담고, 발표자가 적절한 발표 준비를 하는 대신 입력한 내용을 글자 그대로 읽는 것이 문제의 원인이다. 결과적으로 몇 시간 뒤 목표는 어디론가 실종된다.

새로이 유입되는 노동인구는 회의와 함께 성장하지 않았다. 그들은 즉각적인 만족과 함께 성장한 세대이다. 페이스북, 유튜브, 구글 등을 통해 한 번 클릭으로 정보를 얻는 시대에 자랐다. 그들은 업무에도 똑같은 태도로 접근해 영향력을 발휘하고 싶어 한다. 그들이 일하는 방식은 열정적이고 주도적이다. 따라서 5분짜리 이메일이면 끝날 일로 비좁은 회의실에 가두어놓고 한 시간짜리 발표를 듣게 하면 당연히 업무 의욕이 꺾인다.

이렇게 말하면 내가 밀레니얼 세대만 지칭하는 것처럼 느껴질 수도 있겠다. 젊은 세대만 회의를 싫어한다는 인상을 심어주고 싶지는 않다. 회의가 짜증스러운 이유는 중요한 정보가 제대로 전달되지 않기 때문이다. 슬라이드는 빠르고 효율적으로 아이디어를 공유하는 수단이다.

협업에 도움을 주느냐 혼란만 가중시키느냐가 여기서 갈린다. 글자 크기 8포인트의 슬라이드를 만드느라 몇 시간을 쏟아붓는다면 팀과 효과적으로 커뮤니케이션이 이루어질 리 없다. 그 시간은 영향력을 발휘하기 위해 더 잘 쓸 수 있는 시간이다.

수익의 관점에서 생각해보자. 경영 컨설팅회사 베인앤드컴퍼니 *Bain&Company*가 대기업의 시간 예산 운영에 관해 연구했다. 그 결과 주 1회꼴의 중간관리자 회의가 조직에 발생시키는 비용이 연간 1,500만 달러 이상이라는 사실을 발견했다. 일주일에 한 번인데 그 정도다.[20]

당신이 참석하는 회의가 그 정도로 큰 비용을 발생시키지는 않는다 해도 비용은 비용이다. 예를 들어 평균 연봉 10만 달러인 5명의 팀원이 한 시간 회의를 할 때마다 발생하는 비용은 350달러이다. 이 팀이 매주 평균 15시간 회의를 한다면 회의의 주간 비용은 5,250달러에 달한다.

다섯 명만 따져보아도 연간 27만 3,000달러다. 이 숫자에다 회사 전체 인원을 곱한다고 상상해보라. 직원 100명인 회사의 경우 연간 550만 달러. 의미 있는 변화로의 진전을 가로막는 업무 습관을 이어가기 위해 이런 비용을 들인다니, 전혀 말이 되지 않는다.

회의의 수나 길이를 줄이는 방법을 찾으면 회사의 비용을 대폭 절약할 수 있다. 얼마나 줄어드는지 궁금하다고?《하버드 비즈니스 리뷰》는 간편하게 회의시간의 값어치를 산정할 수 있는 멋진 비용 계산기를 만들었는데, 내가 보기에 회의는 그만한 투자 가치가 없다.

회의가 소모적이라는 점만 문제는 아니다. 점점 늘어나고 있다는 점도 골칫거리다. 1960년에 기업의 임원들은 일주일에 10시간을 회의에 빼앗겼다. 그런데 이제는 23시간 가깝게 늘어났다. 어쩌다 그렇게 됐을까? 물론 1960년에는 10명을 한 회의실에 앉혀 놓고 의견을 모으는 편이 더 간단했을 것이다. 하지만 요즘에는 이메일 한 통으로 5분이면 똑같은 일을 할 수 있다. 관리자들에게 문자를 보내면 내 메시지를 보았는지 몇 초 안에 확인할 수 있다. 이런 기술이 존재하는데 왜 나와 그들의 소중한 한 시간을 낭비해야 하는가?

회의는 상당히 피상적일 때가 많다. 안건이 있어도 마찬가지다. 깊이 있는 대화나 학습은 없다. 대부분은 특정 주제에 관해 앞으로 할 회의의 사전 회의로 변질되곤 한다. 그러다가 실제 중요한 회의가 다가올수록 쓸데없는 잡담이 너무 많이 늘어나 중요한 메시지는 완전히 묻혀버린다.

일론 머스크는 테슬라 직원들에게 생산성에 관한 팁을 공지했다. 회의를 제한하는 쪽으로 무게 중심을 많이 실은 목록이었다. 회의로 낭비하는 시간을 줄이기 위해 그가 제시한 방안은 다음과 같다.

· 내가 가치를 더해줄 수 없는 회의는 참석하지 않는다.

· 커뮤니케이션을 어렵게 만드는 어휘와 약어를 사용하지 않는다.

· 지휘 체계에 따라 커뮤니케이션하지 말고 가장 짧은 경로를 사용한다.

· 직급과 부서 간에 자유로운 정보의 흐름을 허용한다.

· 특정 상황에 회사 규정을 적용하기 어려울 때는 상식을 동원한다.

사티아 나델라도 사람들이 시간을 어떻게 쓰는지 생각했다. '괴짜 경제학*Freakonomics*' 팟캐스트 인터뷰에서 그는 이렇게 말했다. "제가 보고 일정을 한 번 잡으면 사람들은 저를 만나기 전에 적어도 다섯 번 보고를 해요. 일이 늘 그런 식이더라고요. 관리자를 만나 보고하고, 그 관리자는 또 그의 관리자를 만나 보고하고. 주제와 조직 체계에 따라서 무한정 늘어날 수도 있는 구조예요." 사티아는 효율적인 회의를 위한 규칙을 다음 세 가지로 압축했다.[21]

· 덜 말한다.
· 더 듣는다.
· 때가 되면 결단력을 발휘한다.

회의는 바쁨의 함정에 빠졌을 때 나타나는 한 가지 증상에 불과하지만, 시대에 뒤떨어진 사고방식에 그 뿌리를 두고 있다. 상사가 회의에 갔고 그 상사의 상사들도 회의에 갔으니까 너도나도 똑같은 패턴을 이어가는 것이다. 다시 한번 말해두자면 직원들이 모이는 것 자체가 나쁘다는 의미가 아니라, 명확한 초점을 가지고 모여야 하고 협업의 방식을 이해해야 한다는 뜻이다.

긱 마인드를 실천하면서 내가 사람들과 협업하는 방식도 달라졌다. 처음에 프리랜서들과 프로젝트를 논의하기 시작할 때, 나는 화상통화 시간을 따로 내어달라고 요청했었다. 화상통화가 무엇인가? 회의다.

초기에 한 프리랜서에게 연락했을 때의 일이 기억난다. 아직 새로운 방식을 시험해보던 무렵이었다. 나는 작업의 세부 사항을 전달하면서, 잠시 전화로 논의할 시간이 있는지 물었다. 그분은 글머리 기호 목록 형태로 필요한 항목을 정리해서 이메일로 보내주시기만 하면 된다고 대답했다. "구체적으로 서술해주세요. 무엇이 필요하고, 언제 필요한지, 어떤 형식을 원하시는지." 스스로 시간을 들여 생각을 정리하고 나서 지시를 내려달라는 요청이었다.

나의 네트워크 안에 있는 프리랜서들은 자신의 영향력을 극대화하거나 새로운 기술을 익히기 위해 하루하루를 계획적으로 생활한다. 나와 20분간 통화를 함으로써 그 체계가 엉망이 될 수 있었다. 그래서 나는 짤막한 디자인 개요를 작성해 내 생각과 필요한 항목을 간략하게 정리했다. 총 10분이 소요되었고 전송 버튼을 누르는 데에 1초가 걸렸다. 완료!

지시 사항을 글로 적는 것은 프리랜서에게만 이로운 일이 아니다. 그것은 생각을 모으고 비판적으로 사고하기 위한 훌륭한 연습 방법이다. 글로 적다 보면 기대치를 가장 효과적으로 전달할 방법을 숙고하지 않을 수 없다.

아마존의 창립자이자 최고경영자인 제프 베이조스는 한 인터뷰에서 자신은 임원들에게 슬라이드 발표를 못 하게 한다고 밝혔다. 그 대신 아마존 임원들은 간단명료한 표현을 사용한 6쪽 분량의 서술형 메모를 작성한다. 프리랜서 네트워크와 소통할 때도 똑같은 방식이 적용된다.

나는 전화통화 대신 기대치를 적어서 명확하게 전달한다.

　나는 긱 마인드를 발휘해 프리랜서가 이 작업을 완수하려면 어떤 정보가 필요할까 생각해봄으로써 아이디어를 포착하고 전달하는 새로운 방식을 배울 수 있었다. 회의를 피하고, 서로의 시간을 존중해주며, 더 빠르게 일을 진척시킬 수 있는 방식이다.

　시간을 되찾고 일하는 방식을 재창조하는 과정에서 내가 실천해온 원칙 다섯 가지는 다음과 같다.

1. 형식을 갖춘 회의가 필요한지 확인한다

　나는 팀과 의논해 우리에게 정말로 회의가 필요한지 판단한다. 회의 일정을 잡기에 앞서 형식을 갖춘 회의가 정말 필요한지, 바라는 결과를 달성하기 위해 더 나은 방법이 있는지 항상 질문한다. 긱 마인드를 실천하면서부터 나는 목표를 더 작은 단위의 작업으로 쪼개는 습관이 생겼다. 이런 '작업화'를 통해 획일적이고 경직된 회의를 피할 수 있다. 나는 나의 모든 권한을 동원해 사람들을 회의실로 불러모으는 일을 막는다. 정말로 회의가 필요하다면 명확한 안건과 분명한 결과물을 염두에 두고 회의시간을 30분 이내로 제한한다. 나는 제프 베이조스의 조언 두 가지를 따르고 싶다. 피자 두 판의 법칙(회의에 참석하는 사람의 수가 피자 두 판으로 식사를 마칠 수 있는 규모 이상이 되어서는 안 된다는 법칙)과 퇴근 직전 회의 금지 원칙이다(오전 10시는 회의하기 딱 좋은 마법의 시간이다).

2. 공개적으로 일한다

나는 공개적으로 일함으로써 투명성을 높이는 데에 주력한다. 그러면 좀 더 유연한 대화 분위기가 조성되고, 더 빠른 혁신이 가능해지며, 더 뛰어난 품질의 프로젝트 결과물을 만들어낼 수 있다. 또한, 프로젝트 기반의 작업 전체를 슬랙이나 마이크로소프트 팀즈*Microsoft Teams*에서 진행해 모든 커뮤니케이션이 투명하고 공개적으로 이루어지도록 보장한다(둘 다 업무용 커뮤니케이션 및 협업 플랫폼). 우리는 형식을 갖춘 회의를 제안하기 전에 협업 도구들을 사용해 아이디어를 구체화하고 계획을 작성한다. 혁신의 속도를 높이고 팀에게 자율성을 부여하는 것이 목표지만, 형식을 갖춘 회의의 필요성을 최대한 줄이는 역할도 할 수 있다.

3. 현대판 휴게실 한담을 적극적으로 이용한다

나는 중요한 프로젝트, 개인적인 관심사, 엉뚱해 보이지만 혁신의 실마리가 될 수 있는 사항에 관해 자연스러운 대화를 나누는 데에 많은 시간을 쓰려고 한다. 장기적으로 나는 이런 대화 내용의 일부를 슬랙이나 마이크로소프트 팀즈로 옮겨서 더 많은 사람이 대화에 참여하도록 독려한다. 요즘 부쩍 인터넷 세상 속 대화의 장으로 자리 잡게 된 링크드인을 통해 다른 사고 리더들의 참여를 끌어내기도 한다. 나는 전략에 관한 대화를 일상 업무가 이루어지는 환경 밖으로 끄집어내어 더욱 생산적인 대화를 장려한다. 이것은 생각의 다양성을 확보하고 내게 익숙한 공간 밖 사람들과의 소통을 위해 중요한 일이다. 개를 산책시키거나 커피를 사러 갔다가 우연히 나눈 전략 이야기가 더 생산적이고 활발한 대화로 이어진 적도 있었고, 이러한 소통은 결국 공식적인 회의 없이도 아이디어를 진전시키는 데에 도움이 된다.

4. 기록한다

다양한 전략과 프로젝트를 진척시키고자 할 때, 나는 시간을 들여 아이디어를 곰곰이 잘 생각해보고 기록으로 남긴다. 개인적으로 팀원들에게 6쪽 분량의 서술형 메모 형태로 새로운 사업 혁신과 현재의 사업 과제를 정리하게 하는 아마존의 접근법이 매우 인상적이었다. 이 방식은 깊은 사고를 요구하고 팀 협업과 합의를 유도한다. 게다가 슬라이드가 필요 없다! 누군가에게 메시지를 보내어 정보를 요청했더니 "전화로 말씀드리는 편이 쉽겠네요"라는 대답을 들은 적이 얼마나 많은지 아는가? 프리랜서들이 내 버릇을 고쳐준 이후로, 나는 내 생각을 이해하고 체계화하는 데에 더 많은 시간을 들였다. 생각을 글로 기록하는 것은 머리를 비우고, 목표, 우선순위, 취지를 분명히 하도록 도와준다.

5. "아니요"라고 말하는 법을 배운다

만족을 모르는 호기심 탓인지 내가 가장 어려워하는 일은 바로 거절이다. 나만 소외되지 않을까 하는 두려움(고립 증후군, FOMO, Fear of Missing Out) 때문이기도 하고, 뭔가 배울 기회를 놓칠 수도 있다는 걱정 때문이기도 하다. 나는 시간을 좀 더 신중하게 사용하고, 어떤 부분에서 내가 회의에 가치를 제공할 수 있는지 진정으로 이해한 상태에서 동료들과 협업하려고 노력한다. 아울러 가치를 제공할 수 없는 회의는 사양한다.

각종 데이터는 우리에게 변화를 요구하고, 리더들도 우리를 변화로 떠밀고 있으며, 우리도 스스로 변화를 원한다. 나는 시간의 효율을 높이고 내 주위 사람들의 시간을 존중하기 위해 이상의 다섯 가지 원칙에 전념한다. 시간은 우리가 가진 자원 중 가장 소중할 뿐 아니라 재생이 불가능하다. 다른 사람들이 자율적으로 일할 수 있게 돕고, 나를 재충전하며, 개인적·직업적으로 더 많은 성과를 달성하는 데에 그 시간이 쓰이기를 바란다.

생활 속에서 회의를 없애면 다른 일을 할 시간과 공간이 생긴다. 이를테면 새로운 기술을 익혀 시류에 부합할 수 있다.

이건 피할 수 없는 현실이에요

폴: 기본값 재설정은 곧 시대의 흐름에 맞추어 변화하는 일이고, 그 점을 선생님만큼 잘 아시는 분도 드물 듯합니다. 선생님께서는 수많은 업계에서 일해왔고, 긱 이코노미의 급속한 영향력을 직접 목격하지 않

으셨나요?

존: 맞아요, 폴. 저는 광고계에서 수십 년을 보냈고, 이 산업은 긱 이코노미로 인해 변화에 적응하고 상황을 극복해야만 했죠. 개인적인 차원에서는 아니었을지 몰라도, 광고주들은 기본값 재설정하는 법을 배워야만 했어요.

저는 긱 워커들이 디지털 기술을 발판으로 마이크로 기업가로 활동하게 되는 모습이 참 경이롭게 느껴져요. 그중에서 제가 좋아하는 건 지미 친Jimmy Chin이라는 친구의 사례예요.

지미는 암벽등반을 하는 사람들 사이에서 "넝마주이 등반가"로 알려져 있었어요. 등반에 돈을 쓰려고 일부러 최소한의 비용으로 생활을 하기 때문이었죠. 그는 내셔널 지오그래픽의 사진작가였고, 영화를 두 편 만들었어요. 영화제작자와 결혼했고요. 그러다 3년 뒤, 장편 다큐멘터리 <프리 솔로Free Solo>로 오스카상을 받았죠. 그는 오랫동안 암벽등반 파트너로 활동해왔어요. 그가 지나온 여정을 살펴보았더니, 인스타그램 팔로워가 3년 만에 1만 4,000명에서 300만으로 늘었더라고요. 그래서 저는 과거에는 정보가 어떤 식으로 퍼졌는지 떠올려보게 됐어요.

과거에 정보가 전파되는 방식은 이랬죠. 지미가 오스카상을 타고, 《아웃사이드Outside》 잡지사가 그 사실을 알게 돼요. 《아웃사이드》의 편집자는 "오, 이거 멋진데. 지미라는 친구한테 연락해봅시다. 작가와 사진작가 팀을 보내서 이 사람에 관한 취재를 진행하는 거예요"라고 말해요. 그 작업에 두어 달을 들이고 나서 《아웃사이드》 편집자는 또 이렇게 말해요. "저걸 촬영해서 제작해봅시다. 우리 잡지의 이 페이지에다 배치하기로 하죠. 인쇄 들어갑시다." 여기에 또 두어 달이 걸리죠. 마지막으로 편집자는 이렇게 말해요. "이제 곧 기사를 마감할 건데, 재규어랜드로버*Jaguar Land Rover Ltd*의 광고를 이 기사 옆에다 실읍시다. 그쪽에서 광고비용으로 15만 달러를 지불하겠다고 하네요."

《아웃사이드》를 읽는 독자는 65만 명입니다. 인스타그램 팔로어도 80만 명이 있죠. 요즘에는 어떤 줄 아세요? 재규어랜드로버사가 지미의 오스카상 수상 소식을 듣고 지미에게 직접 전화를 걸거나 인스타그램으로 다이렉트 메시지를 보내요.

"안녕하세요, 지미 씨. 저희와 함께 작업해보실래요? 바이럴 마케팅 어때요?"

지미는 대답하죠. "좋아요. 잭슨 홀*Jackson Hole*(와이오밍 주의 휴양도시)로 자동차 한 대를 몰고 와주세요. 제가 그 차와 함께 찍은 사진들로 인스타그램 게시물 두 개를 올릴게요. 비용은 5만 달러로 하죠." 그렇게 이틀이면 뚝딱 촬영이 끝납니다. 이렇게 되면 스토리 전략을 짜고 기사를 쓰고 사진을 찍고 광고를 팔고 잡지를 인쇄하던 수십 명의 중간 단계 사람들이 전부 필요 없어져요. 재규어랜드로버라는 브랜드가 지미에게 직접 연락을 했고, 지미는 사진을 두 장 찍죠. 다음 날 그걸 인스타그램에 올리면 300만 명이 봐요.

이것은 비용 관점에서 더 효율적일 뿐 아니라 마케팅 관점에서도 훨씬 낫죠. 진정성이 있으니까요. 훨씬 더 많은 독자 혹은 팬에게 가닿을 방법이기도 하고요. 게다가 더 나은 시스템이에요. 그러다 보니 다양한 분야에서 이런 일이 일어나는 것 같아요. 우리가 주변에서 목격하는 일은(제가 마케팅/광고업체에서 목격하는 일은) 기존 조직에 몸담고 있는 사람은 이해하기 힘든 인식의 전환이에요.

당신은 인식의 전환에 관해 이야기하고 있는데, 저도 그 부분에 관심이 많아요. 이 업계에서는 너무나 중요한 이야기죠.

저는 며칠 전 컬럼비아 주 출신의 어떤 남자와 전화통화를 했어요. 우리는 앞으로 긱 이코노미가 뜰 것인지, 그리고 무엇이 긱 이코노미를 가로막고 있는지 이야기를 나누었죠. 그는 아주 흥미로운 통계를 언급했어요. "현재 미국에는 핸드폰 기지국이 21만 5,000개 있어요. 기지국을 세우고 장비를 유지보수하는 인력으로 현재 대형 이동통신사들이 보유한 인원은 수천 명에 불과하죠. 5G 시대가 되면 기지국이 550만 개로 늘어나요. 기업들이 그 모든 핸드폰 기지국들을 세우려면 상근직 직원만 채용해서는 턱도 없겠죠."

그때는 당연히 프리랜서 노동자들이 시장의 주축이 될 거예요. 프리랜서들은 어떤 사이트에 로그인해서 "기지국을 세우고 인증을 받겠다"라고 밝힌 다음, 여기저기 돌아다니면서 초소형 기지국들을 하나하나 세우겠죠. 개통되면 보수를 받고요. 이건 피할 수 없는 현실이에요. 당신이 이야기하듯이 새로운 기술을 갖춘 사람들이 승자가 될 겁니다.

수리공의 집 짓기

긱 마인드를 받아들이기로 했다면 아무 훈련 없이 뛰어들어서는 안 된다. 작업화하는 방법, 적절히 위임하는 법을 비롯해 필요한 줄도 몰랐던 기본적인 기술을 전부 새로 배워야 한다는 뜻이다.

일단 각오를 단단히 하라. 나도 처음 시작할 때는 내가 무엇을 하게 될지 전혀 몰랐다. 사실 이건 명심해두어야 할 포인트다.

어떤 직업군이든 당신이 존경하는 사람을 한 명 떠올려보라. 운동선수나 창작자, 기업가도 좋다. 그들을 머릿속으로 그려본다. 그들의 어떤 부분이 당신에게 영감을 주는가? 뛰어난 재능인가, 애쓰지 않아도 수월하게 해내는 천재성인가, 아니면 경지에 다다른 노련함인가?

이번에는 그들도 인생의 어느 시점에는 전혀 지금과 같은 모습이 아니었다는 점을 기억하라. 베스트셀러 작가 스티븐 킹은 인생의 한 시점에 소설을 한 편도 써본 적 없는 평범한 사람이었다. 그가 한 편이라도 팔기까지는 오랜 시간이 걸렸다. 팀 페리스는 하룻밤 사이에 성공하지 않았다. 빌 게이츠는 경쟁사들로 갑자기 붐비게 된 업계에서 독보적인 위치로 부상하기까지 고군분투해야 했다.

우리는 이런 사람들을 생각할 때 성공한 현재 상태에만 초점을 맞추는 경향이 있다. 그들이 거쳐온 여정을 이해할 생각은 하지 않는다. 엄청난 노력 끝에 성공을 거둔 16인을 탐구한 '비즈니스 인사이더*Business Insider*' 기사가 있었다. 이 기사에 따르면 비너스 윌리엄스와 세리나 윌

리엄스 자매는 각각 일곱 살과 여덟 살 때부터 새벽 6시에 일어나 테니스공을 쳤다. 펩시의 최고경영자 인드라 누이는 안내데스크 직원으로 야간 당직 근무를 서면서 예일대학교에 다녔다. 마크 큐번(기업인이자 NBA 댈러스 매버릭스의 구단주)은 첫 번째 사업을 일구는 7년 동안 한 번도 휴가를 가지 않았다.[22] "하룻밤 사이의 성공"에 관한 이야기는 많아도, 가까스로 자립할 때까지 기를 쓰고 새로운 기술을 갈고닦은 늦은 밤과 이른 새벽에 관한 이야기는 많지 않다. 다시 말해, 당신이 지금 당장 완벽한 상태가 아니라고 해서 포기하지 말라는 뜻이다.

나도 긱 마인드를 처음 시작했을 때 이런 부분이 걱정스러웠다. 하지만 매일 새벽 3시에 일어나 새로운 작업과 새로운 프로젝트를 시험해보았다. 시간과 연습이 필요했다. 이른 새벽과 밤늦은 시간을 할애해야 했다. 내가 생활하고 일해온 방식을 바꾸어야만 했다. 지금 이 문단을 읽은 당신은 다소 불안한 마음이 들 수 있다. 엄두가 나지 않는 이야기로 들리기 때문이다. 하지만 전부 내가 이미 해본 일이니 당신은 그렇게까지 할 필요가 없다.

성공하려면 기꺼이 실패할 마음이 있어야 한다. 실험해보아야 하고, 직접 해보면서 배워야 한다.

많은 대기업이 동영상이나 강의로 직원들을 교육한다. 우리는 새로운 기술을 배운다고 할 때 머릿속에 커다란 교실과 필기시험을 떠올린다. 어디서 공인 받은 진짜배기 전문가를 모셔다 약어와 전문용어를 큰 소리로 따라서 외치지 않으면 발전할 수 없다고 생각한다.

당신은 하루도 거르지 않고 무언가를 배운다. 딱히 의식하지 못할 뿐이다. 회사에 출근하는 더 빠른 경로를 배우고, 식사 준비를 더 효율적으로 하는 방법을 배우며, 자신이 어떤 노래를 좋아하거나 싫어하는지 배운다. 직접 해보면서 배운다. 그렇다면 그보다 중요한 기술을 익히는 데에도 똑같은 방법을 적용하지 못할 이유가 어디 있는가? 빌 게이츠가 한 유명한 말처럼 "사람들은 하루에 할 수 있는 일을 과대평가하고, 평생 할 수 있는 일을 과소평가한다."

이것을 설명하는 또 한 가지 방법은 수리공의 집 짓기에 비유하는 것이다. 기본값을 재설정하라는 이야기는 당신이 몸담은 업계와 회사에서 성장하는 방식을 달리해야 한다는 뜻이다. 배우고 진화해야 한다는 뜻이다. 안전지대를 재정의해야 한다는 뜻이다.

어떤 수리공이 집을 한 채 짓는 일을 맡았다고 상상해보자. 그는 혼자서도 대단히 유능한 수리공이다. 배관을 고칠 수 있고, 벽을 마감할 수 있고, 페인트칠도 잘한다. 하지만 이번에 그가 맡은 집 짓기 작업은 혼자 하기에 너무 덩치가 크다. 감당하기 벅차다. 집 전체를 무슨 수로 혼자서 짓겠는가?

거기다가 마감일자가 다가오고 있다고 상상해보자. 하루 중 일할 수 있는 시간이 제한된 상황에서 그는 어떻게 해야 맡은 일을 완수할 수 있을까? 당연히 계약자들의 손을 빌려야 한다. 다양한 작업을 맡아줄 전문가들을 찾아야 한다.

이 부분에서 T.I.D.E. 모델이 필요하다. 수리공에게는 완료해야 할 큰 작업이 있고, 그는 다음의 간단한 네 가지 단계를 사용해 성공적으로 그 일을 해낼 것이다.

첫째, 집 짓기의 과정을 여러 개의 작업으로 쪼갠다. 그는 기반을 닦고, 벽을 세우고, 지지 구조를 올리고, 배관과 전선을 깔고, 비품을 설치하고, 페인트칠을 하고, 지붕을 덮어야 한다. 물론 더 세부적으로 나눌 수도 있겠지만 어떤 개념인지 이해가 갈 것이다.

둘째, 자신이 해야 할 일, 생략해도 괜찮은 일, 나중으로 미룰 수 있는 일, 전문가에게 위임할 일을 식별한다. 수리공은 이 일을 잘 해내고 싶어 한다. 이 중요한 공사에 영향력을 발휘하기 원한다. 하지만 모든 것을 혼자서 다 할 수는 없기에, 전문가 수준의 작업을 맡아줄 다양한 분야의 계약자들을 데려온다.

셋째, 일감을 위임한다. 데려온 계약자 한 명 한 명은 무슨 일을 해야 하는지, 그 일이 전체와 어떻게 맞아떨어지는지, 언제까지 완료해야 하는지 구체적인 지시 사항을 전달받는다. 모두가 똑같은 계획을 바탕으로 일하기 때문에 수리공의 의도를 이해한다. 모두가 같은 생각을 가지고 출발하므로 끊임없이 만나서 회의하고 결정을 내릴 필요가 없다.

넷째, 필요한 부분을 검토하고 개선해나가며 프로세스를 발전시킨다. 그는 더 이상 단순한 수리공이 아니다. 프로젝트 관리 방법을 익혔고 이제 집을 지을 수 있는 도급업자가 되었다.

이해되는가?

수리공이 혼자서 그 일을 해낼 수도 있었을까? 물론 가능은 하다. 하지만 작업 기간이 늘어났을 것이고, 가족과 함께 집에서 보내는 시간이 줄었을 것이며, 그 모든 상황은 부가적인 스트레스로 이어졌을 것이다. 그는 바쁨의 함정에 빠지고 말았을 것이다.

그는 긱 마인드로 이 거대한 공사를 감당하는 데에 필요한 네트워크를 찾아냈다. 프리랜서와 함께 일함으로써 자신의 능력치를 확장하고 생활 속 공간을 만들어낼 수 있었다.

수리공은 달라지지 않았다. 그의 목표도 달라지지 않았다. 일에 대한 생각을 바꾼 것뿐이다.

무슨 일이든 척척 해낼 수 있는 만능 공구상자를 만드는 열쇠는 바로 실험이다. 이제 실험실로 갈 시간이다.

세상은 실험실이다

긱 마인드로 생활하기 시작할 즈음 나는 시간이 나면 꼭 하려고 벼르던 일들을 실행에 옮겼다. 딸들과 함께할 수 있는 활동을 원해서 딸기 축제에 가게 되었고, 멋진 연주회 입장권을 구했으며, 휴가지로 떠나는 항공편을 예약했다. 그러다가 문득 그런 생각이 들었다. 긱 이코노미가 내 생활을 이렇게 바꿀 수 있다면 내가 일하는 방식도 바꿀 수 있지 않을까? 똑같은 서비스와 기법을 사무실에서도 활용한다면 나의 생산성은 어떻게 될까?

그것은 훌륭한 출발점이다. 우리는 생활 속에서 프리랜서의 손을 빌리는 일에 익숙하다. 오래전부터 그렇게 해왔기 때문이다. 가령 전화로 피자를 주문하는 것과 포스트메이츠에서 피자를 주문하는 것 사이에는 별다른 차이가 없다. 그런 일들은 일회성으로 끝나는 쉬운 작업이다. 그다음 단계는 프로젝트를 맡기는 것이다.

프로젝트의 경우 당신 쪽에서 조금 더 계획이 필요하다. 마찬가지로 작게 시작하라. 나는 처음에 겁이 났지만 터널 끝에 빛이 있다는 쪽으로 마음이 바뀌었고, 그러기까지 엄청난 믿음이 필요하지는 않았다. 기꺼이 실험해볼 의지가 필요할 뿐이었다.

그래서 작은 규모로 시작해야 한다. 실패해도 손해 볼 것이 적은 프로젝트를 하나 골라라. 실험해보고 실패하고 배우고 나아지면 된다. 이 과정이 점점 편안해지고 네트워크에 확신이 생기기 시작하면 프로젝트의 규모도 점차 커질 것이다. 구체적인 지시 사항을 제시하고 기대치를 더 명료하게 전달하는 요령을 익히게 될 것이다. 이것은 거꾸로 프리랜서들이 점점 더 나은 최종 결과물을 내놓는 데에 도움이 된다.

물론 당신이 스스로 일을 해결할 때도 있고, (보안이나 특허 문제 때문에) 회사 밖 인력에게 일감을 나누어줄 수 없는 경우도 있다. 하지만 긱마인드를 통해 새로운 방식으로 접근해볼 수 있는 생활 속 프로젝트는 수없이 많다. 프리랜서들의 손을 빌려 예전부터 구상해둔 창업 아이디어를 위한 자료 조사를 한다거나, 비영리사업과 관련한 도움을 받거나, 부업을 관리할 수도 있다. 머릿속 한구석에 묵혀두었지만 한 번도 빛을

본 적이 없는 아이디어가 있다면 누군가에게 검토를 맡길 수 있다.

2017년 《하버드 비즈니스 리뷰》는 누구에게나, 심지어 기업의 경영자들도 부업이 필요하다고 주장하는 글을 실었다.[23] "야간 부업"이라는 단어는 원래 부정적인 의미로 통했다. 본업을 진지하게 받아들이지 않는다는 표시로 여겨졌기 때문이다. 이제는 자유시간을 활용해 새로운 기술을 익히고, 지평과 인맥을 넓히고, 불확실한 미래를 대비하는 일이 거의 당연하게 받아들여진다.

이제 당신의 생각을 행동에 옮길 때다. 걱정과 기다림은 그걸로 충분하다. 소매를 걷어붙이고 프로젝트를 하나 골라서 착수하라. 그러지 않으면 결론은 하나뿐이다. 새로운 기술을 익히지 않으면 당신은 죽는다.

새로운 기술을 익히지 않으면 죽는다

그래 뭐, "죽는다"라는 표현은 좀 심한 듯하다. 내가 열정이 지나쳤다. 나는 수년간 긱 마인드로 생활하고 그에 관한 글을 썼다. 그것은 말그대로 내 인생을 바꾸어놓았고, 나는 긱 마인드가 수백 명의 사람들에게 끼친 영향력을 목격했다. 긱 마인드는 현실이고, 효과적이며, 당신에게도 효력을 발휘할 것이다.

하지만 당신은 정말로 재교육이 필요하다. 당신이 받은 교육은 만료일이 다가오고 있다. 당신의 전문성은 매일 그 유용성이 줄어든다. 당신이 앞으로도 지금과 같은 인재로 남으려면 배우고 성장할 시간과 공간이 필요하다. 나는 당신의 성공을 바란다. 그것이 내가 열심히 당신 등을 떠밀고 있는 이유이다.

업워크의 최고경영자 스테판 카스리엘의 말대로, 당신이 가진 기술의 반감기를 점검할 필요가 있다. 카스리엘은 자율주행 트럭이 가까운 미래에 불가피한 시장 혼란을 가져올 거라고 지적했다. 당신이 트럭 운전사라면 지금 당장 새로운 기술을 익혀야 한다. 미래에 대한 준비는 일자리를 잃을 때를 대비해서만 필요한 것이 아니다.

2010년을 되돌아보라. 그때만 해도 소셜미디어 관리자나 유튜브 창작자, 앱 개발자 같은 직업은 존재하지 않았다. iOS와 안드로이드만 따져도 그사이에 1,000만 개의 애플리케이션이 만들어졌다. 우버 모바일 앱은 2011년에 출시되었고, 이제 미국에 40만 명의 운전자가 있으며 전 세계 사용자 수는 1억 1,000만 명이 넘는다. 2025년이면 10만 명의 드론 조종자가 다양한 산업에서 활동하면서 지금의 우리가 상상하지도 못하는 서비스를 제공할 것이다.

이런 숫자들을 보면 마음이 들뜨지 않는가? 그것은 우리가 기대할 수 있는 미래이고, 관련 기술은 이미 존재한다. 긱 마인드를 실천함으로써 얻는 지식은 앞으로 만날 험난한 길 위에서 든든한 밑천이 되어 줄 것이다. 미국 노동부에 따르면 평균적인 미국인은 한 직장에서 겨우 4.2년을 보낸 후 다음 직장으로 이직한다고 한다. 어떤 방법으로 영향력을 발휘할 것인지 걱정하지 말고, 긱 이코노미의 다양함이 제공하는 기회를 마음껏 누려라.

나는 바쁨의 함정에 빠져 살던 시절을 기억한다. 매일 엄청난 스트레스 상태로 눈을 떴다. 딸들과 시간을 보내려고 최선을 다했지만, 대개는 작별 인사를 하고 다음 회의를 하러 집을 나섰다. 아니면 회의 준비를 위해 일찍 출근해야 했다. 내가 발전하고 있다는 느낌이 들지 않았고, 받은 편지함 속의 산더미 같은 이메일은 조금도 줄어들 기미를 보이지 않았다. 그저 너무 바쁘다는 느낌뿐이었다.

나는 생각할 시간이 없었다. 공격 계획을 구상할 여력조차 없었다. 더 심각한 문제는 아이디어를 떠오르는 대로 일단 제쳐두어야 일거리가 산더미처럼 쌓이지 않는다는 사실이었다. 나는 긱 이코노미에 관한 책을 쓰고 싶었다. 모든 산업에서 일어나고 있는 변화에 관해 이야기하고 싶었다. 그런데 그럴 시간이 어디 있는가? 그 아이디어에 시간을 들인다면 나도 더 효율적으로 일하고 생활하는 방법을 배우고, 우리 회사와 고객들에게도 도움을 줄 수 있을 텐데 하는 아쉬움만 들었다.

사무실로 꾸며놓은 방에 앉아서 창밖으로 아름답고 화창한 날씨를 내다보았던 기억이 난다. 우리 딸들이 더 자라면 어떻게 될까 생각했던 기억이 난다. 아이들이 스포츠 경기에 참여하는데, 내가 발표 자료 준비와 회의로 시간이 없어서 그 경기를 보러 가지 못한다면 어떤 기분일까?

그건 죽음이나 다름없다. 쓰디쓴 죽음을 미리 맛본 기분이었다.

당신은 재교육이 필요하다. 재교육을 위해서는 공간이 필요하고, 공간을 확보하려면 생활 속의 어떤 부분을 바꿀 필요가 있다. 기본값을 재설정해야 한다.

나는 내 사무실에서 휴식이 절실한 싱글맘과 마주 앉아 있던 그 순간을 기억한다. 그분은 긱 마인드가 불과 몇 분 안에 자신에게 어떤 도움을 줄 수 있는지 확인하고 눈을 반짝였다. 그분의 인생은 내 앞에서 달라졌다. 그분은 눈 깜짝할 사이에 가능성을 보았다. 자신만의 공간을 보았다.

이제 당신도 당신의 공간을 만들 때다.

4장

T.I.D.E. 모델

긱 마인드는 이렇게 일한다

"우리가 얻은 최고의 기회들은
대부분 필요 때문에 만들어진 것이었다."

-

샘 월튼, 월마트 창립자

헨리 포드와 그의 조립라인 이야기를 알고 있는가? 상당히 흥미진진한 이야기다. 자세한 내용은 몰라도 최종 결과는 모두가 알고 있다. 포드 사의 모델 T는 더욱 저렴하고 빠른 생산이 가능해졌고, 결국 시장을 휩쓸며 역대 가장 많이 팔린 자동차가 되었다. 이와 동시에 포드는 9시부터 5시까지 일하는 근무시간의 개념을 정착시켰다.

산업혁명을 떠올릴 때, 우리는 새롭게 부상한 기술이나 새롭게 형성된 산업에 한정해 생각하는 경향이 있다. 세상의 이 거대한 전환으로 인해 일어난 사고방식의 놀라운 변화에 관해 이야기하는 사람은 드물다. 그러나 실은 사고방식의 진지한 변화 없이는 어떠한 종류의 혁명도 불가능하다. 헨리 포드는 기본값인 현재 상태를 살폈고 변화가 필요하다는 사실을 깨달았다.

시작은 모델 N이었다. 포드는 모델 N을 하루 두 대꼴로 만들어냈다. 노동자들이 커다란 청사진 위에 부품을 펼쳐놓은 다음 일련의 단계에 따라 조립하는 방식이었다. 그러려면 자동차가 완성되기까지 그 작은 구역 안팎으로 많은 부품을 가지고 들락날락해야 했다. 포드는 이것이 비효율적이라고 생각했고, 그래서 차량을 통째로 썰매 위에 올려 라인의 한쪽 끝에서 반대쪽 끝까지 끌고 갔다. 이제는 그 경로를 따라 모든 부품을 늘어놓았다가 차량이 지나갈 때 하나씩 추가할 수 있었다.

그렇게 해도 모델 N 한 대를 만들어내기까지는 12시간이 걸렸다. 기억해야 할 단계가 너무 많았고, 노동자들은 곡예 부리듯 다양한 작업을 한꺼번에 처리해야 했다. 그래서 포드는 새로운 모델 T의 조립 공정을 84개의 세부 단계로 쪼갰다. 그런 다음 노동자 한 명 한 명이 그중에서 딱 하나의 단계만 수행하도록 훈련시켰다. 개별 작업의 전문가들을 만든 셈이었다.

그런 다음 그는 동작 연구 전문가를 불렀다. 사물과 사람의 움직임을 분석하여 좀 더 효율을 높이는 방향으로 개선하는 사람이었다. 이 전문가는 각 작업 단계에 되도록 적은 시간이 소요되도록 조립 공정을 설계했다. 아울러 포드는 거대한 기계들을 제작해 모델 T의 부품을 빠르게 찍어냈다.

1분에 1.8미터씩 움직이는 자동화 라인 덕분에, 모델 T는 겨우 2시간 30분 만에 완벽한 모습으로 세상에 나왔다. 조립라인은 그 자체로 혁명이었고, 이로 인해 모든 것이 달라졌다.

헨리 포드가 이룬 성취는 현대인도 참고할 만한 좋은 선례이다. 우리는 긱 마인드에 관해 필요한 모든 것을 바로 여기에서 배울 수 있다.

지금부터 우리는 T.I.D.E. 모델을 살펴볼 것이다. 나는 다양한 사고 리더들과 함께 당신에게 작업화하고, 식별하고, 위임하고, 진화하는 방법을 가르쳐줄 것이다. 이것은 지식노동과 디지털 노동에 필요한 현대적인 시스템이지만 헨리 포드가 조립라인을 개발하기 위해 거친 과정이기도 하다.

제일 먼저 그는 모델 T의 조립 방법을 84개의 단계로 나누었다. 생각해보라. 내가 당신에게 자동차를 한 대 만들어보라고 하면 어떻게 하겠는지. 자기 집 뒷마당에서 자동차를 만드는 사람들이 많으니까 불가능한 일은 아니다. 그래도 참고할 만한 설명서 정도는 필요할 것이다. 그런데 내가 '1단계: 자동차를 만든다'라고만 적혀 있는 종이 한 장을 건넨다면 어떻겠는가?

어디서부터 시작해야 할지 감이나 잡을 수 있겠는가?

그렇지 않고 내가 단계를 잘게 나눈 84페이지짜리 책자를 내민다면 어떻겠는가? 목표가 좀 더 감당할 만하게 느껴지기 시작할 것이다. 미 육군참모총장 크레이턴 에이브럼스 주니어*Creighton Abrams Jr., 1914~1974*의 말처럼 "코끼리를 먹을 때는 한 번에 한 입씩 먹으면 된다." 프로세스를 간단한 단계로 나누면 복잡한 일도 갑자기 선명해진다. 그게 바로 작업화*Taskify*다.

헨리 포드는 작업 단계를 나눈 뒤 전문가들을 지정해야 했다. 노동자들에게 각 단계를 할당했고 프로세스를 조율할 전문가를 불러들였다. 동선의 최적화는 포드가 프로세스를 개선하려면 꼭 해야 할 일이었다. 그것이 바로 식별*Identify*이다. 전문가를 적절히 활용하고 당신이 직접 할 일을 선별하는 과정을 말한다.

그렇게 모든 세부 사항을 준비해놓고 포드는 업무를 위임*Delegate*했다. 그는 조립라인 위로 지나가는 백만 대의 모델 T 차량을 가만히 앉아 구경만 하지 않았다. 그는 전체 업무의 총괄자로서 프로세스에 대한 통제력을 내려놓는 대신 기대치를 설정했다. 기대치가 충족되는 한 프로세스를 더는 통제하지 않았다. 많은 사람이 이 부분을 가장 어려워한다. 위임은 명확한 커뮤니케이션, 지침, 신뢰가 필요하다.

마지막으로 모든 일을 진행하는 과정에서 헨리 포드는 진화*Evolve*했다. 청사진을 사용하는 방법이 너무 더디어서 자동차를 썰매 위에 올렸다. 그 방법마저도 너무 더디어서 자동으로 움직이는 트랙을 만들었다. 각 차량의 부품을 만드는 시간이 너무 오래 걸리자, 더 빠르게 찍어내기 위한 기계를 발명했다. 그는 개선이 필요한 분야를 파악했고 그 부분을 개선했다. 진화는 까다로운 일이며, 실수를 받아들이고 거기서 배우려는 자세를 요구한다.

진화는 지속적인 학습에 대해 열린 마음을 갖는 일이다. 캐럴 드웩 *Carol Dweck* 교수는 이것을 성장 마인드셋*growth mindset*과 고정 마인드셋 *fixed mindset*으로 구분했다. 고정 마인드셋을 가진 사람은 재능과 지능이 정해져 있고 따라서 일정 수준 이상으로는 달라지거나 성장할 수 없다고 믿는다. 반면, 성장 마인드셋을 가진 사람은 개인의 능력이 장기적으로 성장하며, 따라서 노력으로 꾸준히 역량을 개선할 수 있다고 믿는다. 이것을 진화라는 개념과 조합해보면 당신이 움직이기를 멈추는 순간 잠재력도 그 자리에서 멈춘다는 사실을 알 수 있다.

헨리 포드는 1913년에 조립라인을 도입했고, 1924년에 1,000만 대의 모델 T가 출고되는 모습을 지켜보았다. 그가 사고방식을 바꾼 덕분에 포드 사는 경쟁사보다 앞서나가고, 가치 있는 존재로 살아남았으며, 오늘날까지 이르는 영향력을 발휘할 수 있었다. 그는 오래된 대본을 집어던졌고, 새로운 모델을 발명했으며, 자신의 팀에게 성공하는 방법을 가르쳤다.

이제 나도 당신과 함께 똑같은 일을 하려고 한다.

T.I.D.E. 모델

사람마다 하고자 하는 일들을 적은 목록이 있다. 내 친구 한 명은 그것을 "해야 할 일 목록*Should List*"이라고 부른다. 만약에 시간과 공간이 생긴다면 해야 하는 일들의 목록이라는 뜻이다. 어느덧 이 친구의 집에서 "해야 한다"는 부정적인 의미의 단어가 되었다. "이 일은 절대 하지 않겠다"라는 의미를 간략하게 표기한 것이나 마찬가지였다. 그래서 친구는 마음을 고쳐먹었다. 화이트보드를 꺼내놓고 해야 할 일 목록을 써내려갔다. 가족 모두가 힘을 합쳐 혹은 개인적으로 끝내고 싶은 귀찮은 집안일도 모두 적었다. 그런 다음 "해야 한다*should*"라는 단어를 지우고 그 자리에 "하겠다*I will*"를 집어넣었다.

사고방식을 바꾸는 것이 첫 단계다. 어떤 작업을 "언젠가" 할 일에서 "오늘" 시작할 프로젝트로 전환하려면 생각의 스위치만 딸깍 누르면 된다. 그 작업을 실제로 행동에 옮길 시간을 마련하려면 조금 더 노력이 필요하다. 친구는 해야 할 작업 각각에 대해 마감일을 정했다. 혼자서 처리할 수 없거나 가족들이 시간을 낼 수 없으면 프리랜서에게 외주를 주었다. 친구의 생각은 작업을 반드시 끝내겠다는 것이었고, 그 작업을 반드시 본인이 직접 해야 할 필요는 없었다.

내 경험상 간단한 작업을 프리랜서들에게 맡기자 나만의 해야 할 일 목록에 집중할 생활 속 공간이 생겼다.

긱 마인드를 실천한 첫해가 기억난다. 나는 새 장난감을 얻은 아이와도 같았다. 매일 아침 눈을 뜨면 아래층으로 내려가 새로운 프로젝트를 개시했다. 프리랜서들과의 교류는 나에게 활력을 주었다. 나는 새로운 콘텐츠, 기사, 웹사이트를 만들기 시작했고, 매일의 할 일 목록을 위임했다. 그들의 언어로 말하는 법, 내가 원하는 바를 빠르게 설명하는 법, 프로젝트에 알맞은 사람 찾는 법을 배웠다.

어느 날 나는 팟캐스트를 시작해보고 싶다는 생각이 들었다. 예전 같았으면 어디서부터 시작해야 할지 감도 못 잡았을 것이다. 해야 할 일이 너무 광범위해 더럭 겁부터 났을 것이다. 나중에 깨달은 사실이지만, 나는 목표를 시각화하는 데 있어 그 목표를 한 번의 거대한 도약으로 바라보고 있었다. 말하자면, 1단계를 "팟캐스트를 만든다"라고 생각하고 있었다. 그런 식으로는 불가능하다. 그것은 마치 1단계를 "자동차를 만든다"라고 말하는 것이나 마찬가지다.

나는 낙담하지 않고 새로 얻은 초능력을 사용했다. 전문가들에게 물어본 것이다. 한 사이트(Clarity.fm)에서 나는 팟캐스트 제작 전문가를 찾았고, 그 사람은 장비부터 프로세스까지 모든 것을 가르쳐주어 나의 온라인 정보 탐색 시간을 절약해주었다. 또 다른 사이트에서는 에피소드별 대본 작업을 도와줄 수 있는 작가들을 찾았다. 그리고 또 다른 사이트에서는 음향 편집자들의 도움을 얻어 인터뷰를 편집할 수 있었다. 불과 몇 주 만에 프로젝트의 구현을 도와줄 팀이 갖추어졌다.

덕분에 내가 얼마나 많은 시간을 절약했는지 모른다. 예전 같았으면 인터넷을 직접 검색하느라 몇 시간을 썼을 것이다. 핵심 검색어를 몇 개 입력해보고, 운이 좋으면 괜찮은 사이트를 몇 군데 찾고, 여러 가지 새로운 기술도 직접 공부하려고 애썼을 것이다. 주제에 관해 자료 조사를 하고, 대본을 쓰고, 새로운 소프트웨어를 익히고, 음향 처리에 필요한 여러 가지 장비를 찾는 시간은 아직 언급하지도 않았다.

약간의 시행착오를 거치긴 했지만 나는 효율을 살피기 시작했다. 자동차 공장을 감독하던 포드처럼 새로운 전문가 네트워크에서 마찰이 발생하는 지점을 파악했다. 시간이 지나면서 팟캐스트는 나만의 작은 조립라인이 되었다. 나는 목표를 달성하는 데에 필요한 일손을 얻었고, 내 분야에 주력하려면 꼭 필요한 공간도 확보했다.

나는 이 방식이 마음에 들기 시작했다. 몇 달이 지나자 이 새로운 사고방식을 위한 시스템이 잘 갖추어졌다. 항공편 예약부터 발표 준비를 위한 자료 조사까지, 모든 일을 다양한 온라인 프리랜서 시장을 통해 해결했다. 나는 유명하고 신뢰할 만한 프리랜서들로 네트워크를 구축했고, 유용한 도구와 전문가를 제공해주는 사이트들을 목록으로 상시 관리했다. 그러는 사이 우리는 서로에 대한 신뢰를 쌓기 시작했고 효율적으로 협업하는 법을 터득해나갔다. 회의용 탁자에 둘러앉아 하품하면서 슬라이드 발표 자료를 보지 않고도 일을 할 수 있었다.

프로젝트의 수가 늘어날수록 프로세스는 점점 더 개선되었고, 내 업무방식에 대한 생각도 더욱 확고해졌다. 실제로 일일 생산량은 더 늘었는데도, 내가 쓸 수 있는 시간은 더 많이 남아돌았다. 긱 이코노미를 이용해 시간을 되찾은 것이다. 나는 우리 회사 크리에이티브 팀과 온종일 일하고, 사이드 프로젝트를 진행하고, 내 방식으로 실험을 계속하면서도, 여전히 가족을 위해 시간을 낼 수 있었다. 다년간의 연습이 진가를 발휘하고 있었다.

머지않아 나의 새로운 생활방식은 '긱 마인드'라는 이름으로 불리게 되었다. 나는 무슨 일을 어떤 식으로 하고 싶은지 알고 있었다. 매일 프로세스를 조금씩 다듬었고, 그러다가 그 프로세스를 네 개의 쉬운 단계로 정리했다. 아, 쉽다고 말하기는 좀 그렇고 따라하기 쉽다고 해야겠다. 오바마 대통령 책상 위의 명판에 적힌 문구대로, 힘든 일은 힘든 법이니까. 긱 마인드를 따라 해보고 싶고 프로세스를 이해하고 싶다면 거기에 들여야 하는 수고에 대해 마음의 준비를 하기 바란다.

그나마 다행스럽게도, 기초적인 자료 수집은 내가 대부분 이미 끝내놓았다. 아침 일찍 일어나 새로운 프로젝트 시작하기를 습관화하면서 나는 4단계 성공 방법을 발견했다.

원래 나는 자기 수업에 와서 강연 좀 해달라는 어느 동료의 부탁을 받기 전까지 프로세스가 존재한다는 사실조차 인식하지 못했었다. 나는 이 새로운 라이프스타일, 이 새로운 사고방식으로 생활해왔을 뿐이었고, 동료는 내가 실천하고 있는 방식을 학생들에게 소개해주고 싶어했다. 그때까지 나는 누군가에게 이 프로세스를 가르치는 일에 대해서 진지하게 생각해본 적이 없었다. 학생들이 실질적으로 가치 있는 무언가를 얻어가게 하려면 어떤 식으로 수업을 해야 할까?

나는 화이트보드에 생각을 적기 시작했다. 사진을 붙이고 선을 그려서 서로 다른 아이디어들을 연결했다. 누가 보았다면 미친 사람 같았을 것이다. 마치 영화 〈뷰티풀 마인드〉의 한 장면처럼, 모든 것이 딱 맞아 떨어지고 하나로 합쳐지는 순간 눈앞에 간단한 모델이 하나 등장했다. 내가 자각하지 못한 사이에 실천해온 것은 바로 T.I.D.E. 모델, 즉 작업화*Taskify*, 식별*Identify*, 위임*Delegate*, 진화*Evolve*였다.

작업화

헨리 포드는 모델 T를 만드는 공정을 84개의 단계로 나누었다. 단계마다 아주 구체적인 조치가 필요했고, 포드는 직원 한 명 한 명을 각 단계를 책임지는 전문가로 변신시켰다. 당신도 똑같이 해야 한다.

더 중요한 것은 목표 지향적이어야 한다는 점이다. 이 모델에서는 결과가 가장 중요하다. 당신이 잘 아는 작은 일부터 시작하라. 가령, 가족들과 즐거운 나들이를 원한다고 가정해보자. 그건 아주 간단한 요청 사항이다. 시간만 충분하다면 모든 계획을 끝내는 데에 두어 시간쯤 걸릴 일이다.

생각해보면 생활은 작업으로 이루어져 있다. 출근도 그냥 되는 게 아니다. 침대에서 일어나 이를 닦고 샤워하고 옷을 챙겨 입고 아침을 만들어 먹고 차를 몰고 일터로 가야 한다. 이 모든 것은 독립적이고 개별적인 작업이다.

업무 또한 마찬가지다. 발표 자료는 저절로 만들어지지 않는다. 자료 조사가 선행되어야 하고, 개요를 잡고, 데이터와 그래프를 채워 넣어야 한다. 다양한 프로젝트를 진행하고 있는 사람들로부터 최신 정보를 받아서 피드백을 종합해야 한다. 이 모든 것은 각각의 작업으로서 최종 결과물로 이어진다.

웹사이트를 론칭하려는 경우에도 그 목표 안에 대여섯 가지에서 일곱 가지의 작업이 있다. 전반적인 사이트 디자인은 물론이고 콘텐츠, 사이트 관리, 데이터 입력, 코딩, 프론트엔드와 백엔드, 글쓰기 등의 작업이 필요하다. 이 모든 작업을 한 사람에게 맡길 수도 있겠지만 그 경우 시간적 이점은 없다. 좀 더 정확히 말하자면 최상의 결과물을 얻지 못한다. 한 사람이 이 모든 분야의 전문가일 것으로 기대하지 않기 때문이다.

작업화는 목표를 가져다 일련의 단계들로 바꾸는 일이다. 좀 더 구체적으로는 작업을 전문가별 역할들로 쪼개야 한다. 헨리 포드는 바퀴와 차축을 조립하는 팀과 좌석과 거울을 설치하는 팀을 따로 분리했다. 똑같은 맥락에서, 당신에게 레스토랑을 찾아준 사람이 최고의 나들이 장소를 찾아주지 못할 수도 있다.

업무적 관점으로 보면 웹사이트를 디자인할 수 있는 사람은 그 사이트에서 최고의 광고 수익을 내는 방법이나 경쟁사와의 비교 방법, 검색 엔진을 최적화하는 방법에 관해서는 잘 모를 수도 있다.

최종 목표를 이해하면 작업화를 정교하게 가다듬는 데에 도움이 된다.

나는 처음에 작은 프로젝트들을 골랐다. 매년 받는 정기검진 일정을 잡아야 해서 프리랜서에게 예약을 부탁했다. 집 안 여기저기 고칠 데가 생기자 비서에게 인근의 수리기사를 찾아달라고 했다. 회사에서 중요한 발표를 앞두고 씨름할 때는 조사원과 디자이너들로 네트워크를 만들어 강렬하고 설득력 있는 슬라이드 자료를 작성하게 했다. 효과는 마치 언덕을 굴러 내려가는 눈덩이 같았다.

프로세스가 개선되자 좀 더 복잡한 작업을 시도해보고 싶어졌다. 나는 팟캐스트 채널을 구축하는 일에 주력해보기로 하고, Clarity.fm을 비롯한 여러 사이트의 도움을 받아 흥미로운 주제를 발굴했다. 그렇게 몇 개의 키워드가 확보된 상태에서 나는 청취자들의 관심을 끌 만한 콘텐츠를 만들어낼 수 있었다. 또 다른 프리랜서의 도움을 받아 그 콘텐츠를 광고하고 새로운 청중을 발굴할 수 있는 최적의 장소들을 찾을 수 있었다.

프리랜서들은 내 강연을 메모하고 텍스트로 옮겨 소셜미디어에 공유할 수 있는 콘텐츠를 제작해주기도 한다. 자료를 조사하고, 이미지를 찾고, 내 목소리와 스타일에 맞게 콘텐츠를 편집하는 작업도 그들이 한다. 내 일정을 확인하고 우리 가족을 위해 데이브 매슈스 공연 입장권을 구해준다. 우리 딸들이 먹고 싶어 하는 음식과 냉장고 안에 남아 있는 식재료를 바탕으로 레시피를 제안하기도 한다. 나는 작업 의뢰에 5분을 씀으로써 몇 시간의 업무 시간을 확보할 수 있다. 그것은 절대 과소평가할 수 없는 가치다.

작업화는 앞에서 이야기한 주제와도 연결된다. 바로 '회의 없애기'다. 목표를 작업 단위로 쪼개면 간결하고 단순한 지시 형태로 생각하지 않을 수 없다. 부품을 하나하나 추가해가며 자동차를 만들어야 하므로, 복잡하면 큰일이다. 이것은 의사소통에서 두 배로 중요한 문제다. 슬랙이나 마이크로소프트 팀즈 같은 현대판 "휴게실"을 이용하면 협업을 세부적으로 계획하고, 파일의 링크를 주고받으며, 업무 내용을 실시간으로 공유할 수 있다.

모델 T를 만들던 노동자들은 자동차를 수십 년 동안 제조해오던 사람들이 아니었다. 그들에게도 꽤 새로운 일이었기 때문에, 헨리 포드는 모든 작업을 단순한 표현으로 잘게 쪼개야만 했다. 이와 마찬가지로, 당신도 프리랜서 팀에게 분명하고 간결하게 지시하는 방법을 익힐 필요가 있다. 그들에게 유행하는 단어와 전문용어를 남발하지 말라. 당신에게 필요한 것이 무엇이고 그들의 작업에 대해 기대하는 바가 무엇인지 이야기하라. 어디서부터 시작하고 언제 끝내야 하는지 알 수 있도록 가이드라인을 제시하라.

작업화는 제어의 수단이기도 하다. 긱 마인드를 처음 실천하기 시작할 때는 과거의 습관으로 회귀하기가 쉽다. 새로운 팀이 미덥지 않고, 프로젝트를 망칠까 봐 걱정되고, 너무 푹 빠져들까 봐 걱정스럽기 때문이다. 하지만 작업이 하나하나 완료되는 것을 지켜보면 조금씩 마음의 평화가 생긴다. 그것은 당신의 팀이 목표에 도달할 때까지 따라갈 수 있는 빵 부스러기와도 같다(동화 「헨젤과 그레텔」에서 아이들이 빵 부스러기를 따라 집으로 돌아가는 길을 찾은 일에 비유한 표현-옮긴이).

작업화를 연습하는 일은 중요하다. 사실 너무나 중요하기 때문에 나는 한 챕터 전체를 할애해 다양한 분야의 사고 리더들과 함께 이 주제에 관해 나눈 이야기를 담았다. 그 내용은 뒤에 살펴보기로 하자.

목표를 세웠고 그 목표를 구체적인 작업으로 세분화했다면 이제는 팀을 찾을 차례다.

식별

긱 이코노미에서 전문가를 구하기란 어렵지 않다. 오히려 일손이 필요한 사람들과 빨리 연을 맺고 싶어 하는 사람들이 넘쳐난다. 온라인에서 몇 분만 검색해보면 금방 찾을 수 있고, 그들은 여러 가지 방면에서 도움을 줄 수 있다. 내 네트워크 안의 프리랜서들은 다양한 학문 분야를 배경으로 하지만 모두 각자의 영역에서 전문가들이다. 나에게는 계획, 개발, 집필, 디자인, 시장 조사, 동영상과 관련해 믿고 맡길 수 있는 사람들이 있다. 일상적인 작업에 대해서도 어디에 가서 누구의 도움을 받아야 하는지 알고 있으며, 그것은 헤아릴 수 없을 만큼 소중하다.

프로젝트에 맞는 적절한 전문가를 찾으려면 '식별'이 대단히 중요하다. 직무에 대한 설명을 준비해야 하고, 매일 해야 할 작업과 함께 일하기에 적절한 특질을 갖춘 후보자들이 있어야 한다.

일반 채용과의 차이점은 해야 할 일의 범위뿐이다. 정직원을 채용할 때는 그 직원이 수행해야 하는 직무가 길고 상세한 목록으로 정리되어 있다. 사실상 무슨 일이든 다 할 수 있는 팔방미인을 원한다. 하지만 프리랜서와 일할 때는 다르다. 그들은 당신이 명시해놓은 한 가지 작업의 전문가이기만 하면 된다.

작업화가 첫 번째 단계인 이유가 여기에 있다. 완료해야 하는 일이 무엇인지, 그 일이 개별 부분으로 어떻게 쪼개어지는지 모른다면 알맞은 인재를 제대로 찾아낼 수 없다. 원하는 것을 정확히 알아야 구체적인 작업 한 가지를 완벽하게 수행해낼 전문가를 찾을 수 있다.

여기에는 프리랜서들이 천부적인 재능을 가진 영역 안에 머물도록 배려해야 한다는 의미도 있다. 정직원에게는 자신의 역할에서 약간 벗어난 일을 요청할 수도 있다. 대부분의 직무 명세서에는 마지막 줄에 "그밖에 필요한 업무 수행"이라는 항목이 빠지지 않는다. 내부 직원이라면 그렇게 해도 괜찮지만 프리랜서 전문가들에게 그래서는 안 된다. 프리랜서가 A와 B를 할 수 있다고 이야기했다면 C를 요구하지 말라. 텔레비전을 고치는 데에 배관공을 부르지는 않는 법이다.

식별은 또한 필요한 자원을 찾아서 제공하는 일이기도 하다. 프리랜서는 조직의 일원이 아니므로, 내부 문화에 관한 맥락을 제공하는 것은 당신의 몫이다. 그것은 특정 소프트웨어로 제공할 수 없는 부분이다.

프리랜서는 행동가다. 기업가 정신을 보탬으로써 프로젝트를 증강하고 활력을 불어넣는 역할을 한다는 점에서 그렇다. 기업가 정신은 프로젝트에 일정 수준의 에너지를 주입해 팀 전체의 분위기를 고조시킨다. 그러나 자칫 잘못하면 프리랜서들에게 무리한 일을 시키고 귀중한 시간을 허비하기가 쉽다. 명확한 지시 사항을 주고 기대치를 설정하는 일이 중요한 이유가 이 때문이다.

개별 작업에 프리랜서를 따로따로 동원하는 경우, 일의 테두리를 쉽게 파악할 수 있다. 하지만 프리랜서들을 모아서 능동적인 팀을 구성하고자 할 때는 그들이 관리해야 할 영역을 아주 구체적으로 지정해야 한다. 그렇다면 당신이 뽑은 사람들이 해당 작업에 잘 맞는지 어떻게 확신할 수 있을까?

당신이 방문하게 될 사이트는 거의 모두 프리랜서의 작업 포트폴리오를 보여줄 것이다. 프리랜서 대부분은 자신이 완수한 작업 결과를 과시하기 위해 개인 웹사이트도 운영한다. 그런 정보는 팀을 구성할 때 큰 도움이 된다.

정직원 채용을 위해 지원자를 인터뷰한다고 상상해보라. 이력서 외에 어떤 정보를 바탕으로 채용 결정을 내리겠는가? 인터뷰를 통해 회사 분위기에 맞는 사람인지 조금 알아볼 수도 있겠지만 실제 업무 결과물에 대해서는 무슨 수로 알 것인가? 채용은 도박이나 다름없다.

이에 반해, 프리랜서들은 아무것도 우연에 맡기지 않는다. 그럴 수가 없다. 그들은 웹사이트, 추천서, 평점, 온라인 피드백을 비롯해 당신이 정보에 근거한 결정을 내리는 데에 필요한 모든 자료를 제공한다. 그들은 긍정적인 계약 관계를 원한다. 그래서 각 작업을 끝낼 때마다 평가를 받고, 다음 의뢰인은 그 평가 의견을 참고할 수 있다. 직장에서도 그런 평가가 이루어진다고 상상해보라. 모든 업무 하나하나에 얼마나 더 많은 에너지를 들이겠는가?

모든 일이 그렇듯, 프리랜서 네트워크를 구축하려면 시간과 실험이 필요하다. 나는 프리랜서 수백 명과 함께 일해본 끝에 현재의 네트워크에 정착하게 됐다. 지금도 나는 신선한 시각이 내 프로젝트에 도움을 줄 수 있다면 새로운 프리랜서에게 연락을 취한다. 그럼으로써 새로운 아이디어를 시험해보고 손쉽게 생각의 다양성을 활용한다.

내 친구 한 명은 미국 중서부 지역에서 부동산 기획 분야의 일을 한다. 그는 긱 이코노미가 일의 미래에 끼치는 영향을 물리적인 업무 환경과 연관 지어 조사해보길 원했다. 예전 같으면 그는 컨설팅 업체에 의뢰해 필요한 정보를 수집했을 것이다. 어마어마한 비용이 들었을 것이고, 시간이 한없이 지나고 나서도 경영진 보고에 필요한 핵심 정보를 간략한 형태로 받아보지 못했을 것이다.

대신에 그 친구는 전문가 서너 명의 힘을 빌려 아주 짧은 시간에 이 주제에 관한 자료 조사를 마쳤다. 이들 프리랜서는 주제 분야의 전문가여서 어느 부분에 노력을 쏟아야 하는지 잘 알았다. 따라서 시간이 덜 걸렸고, 전반적인 비용도 줄어들었다. 그는 경영진 앞에서 근거와 기초 조사가 충분히 뒷받침된 멋진 프레젠테이션을 마칠 수 있었다. 무엇보다도 그 회사는 원하던 결과를 얻었다. 최소한의 마찰로 원하는 목표를 달성하는 것, 그것이 바로 이 프로세스의 핵심이다.

힘든 일은 힘들다. 적절한 인재를 찾아내는 일에 지금 당장 뛰어난 역량을 발휘하게 될 것으로 기대하지 말라. 노력해보고, 실험해보고, 본능을 믿어라. 작업을 세분화하고 팀을 구성했다면 이제 실제로 일을 맡길 차례다.

위임

이것은 T.I.D.E. 모델에서 가장 도전적인 부분이다. 이 점을 미리 알고 있기 바란다. 첫 단계인 작업을 작은 단위로 쪼개는 것은 연습을 통해 점점 쉬워진다. 두 번째로, 전문가를 식별하는 일은 그냥 실험해보면 된다. 하지만 세 번째 단계, 업무를 위임한다는 것은 힘든 일이다. 처음부터 이 사실을 명심해둘 필요가 있다.

컴퓨비전*CompuVision*이라는 캐나다 기업의 최고경영자 라이언 베스트비*Ryan Vestby*가 멋진 사례를 들려주었다. 그의 팀은 중요한 영업 기회를 제안하는 날까지 일주일을 남겨두고 있었다. 수백만 달러가 걸린 사안이었다.

그날은 월요일이었고, 금요일에 큰 회의가 열리기로 되어 있었다. 팀은 발표 자료를 검토하려고 시간을 냈지만, 중요한 정보가 여기저기 흩어져 있었고 전문가다운 세련됨도 부족했다. 다른 프레젠테이션을 짜깁기해서 슬라이드를 만든 다음, 프랑켄슈타인의 괴물 같은 이 자료를 최대한 깔끔하게 다듬어놓은 상태였기 때문이었다.

라이언은 도움이 필요하다고 판단했고, 프리랜서 디자이너에게 기존 프레젠테이션 자료를 가져다가 흐름과 전반적인 디자인을 손봐달라고 부탁했다. 전문가다운 비주얼뿐만 아니라 좀 더 일목요연한 스토리를 원한다는 지시사항을 구체적으로 전달했다. 목요일에 프리랜서에게 완성된 슬라이드를 받아본 팀은 깜짝 놀라고 말았다.

스토리가 개선되었을 뿐만 아니라 회사의 이미지와 전달하고자 했던 내용이 더 효과적으로 표현되어 있었다. 팀은 발표 자료에 자신감을 가지고 당당하게 금요일 프레젠테이션을 마쳤다. 모두 팀이 제공한 정보였지만 그 정보를 시각적으로 좋은 인상을 주게끔 바꾸어놓은 것은 프리랜서였다. 컴퓨비전 팀은 결국 원하던 사업을 따냈다.

라이언은 전문성을 갖춘 사람이 필요했지만, 그의 팀에는 그런 사람이 없었다. 다행스럽게도 그는 프리랜서 디자이너의 손을 빌리면 이 문제를 해결할 수 있으리라 자신했다. 적절한 양의 통제와 커뮤니케이션으로 그는 정확하게 필요한 결과물을 얻어냈다. 그때의 경험 이후로 라이언은 업무 전반에 걸쳐 프리랜서의 도움을 받아왔으며, 다른 팀원들도 이 새로운 일의 방식을 받아들이도록 장려하고 있다.

긱 마인드를 실천하면 리더의 입장에 서게 된다. 소규모의 팀과 협업하고 그 팀의 성공을 격려한다는 점이 그렇다. 그것은 묘한 기분을 준다. 관리자의 입장에 서보았다면 친숙한 느낌이 들 수도 있지만, 프리랜서에게 업무를 위임하는 현실은 단순히 관리자의 입장에 서는 것과 완전히 다르다.

첫째, 당신은 프리랜서를 매일 만나지 않는다. 모든 일이 실시간으로 이루어진다. 정상적인 사무실 환경이라면 직원들을 불쑥 찾아가 상태를 직접 점검할 수도 있다. 프로젝트 현황에 관해 간단히 보고를 받고, 자잘한 의견과 수정 사항을 제안할 수 있다. (몸서리가 나지만) 회의를 소집할 수도 있다.

프리랜서는 당신이 정해준 마감일을 향해 달리지만 자신의 일정대로 일한다. 그것은 프리랜서가 누리는 큰 혜택 중 하나다. 갑자기 생기는 회의가 없고, 사소한 부분까지 일일이 간섭하는 관리자가 없으며, 사무실 정치도 없다. 공을 차지하려고 서로 경쟁하거나, 최종 결정권을 얻으려고 다투거나, 회의 중에 똑똑한 척 말을 보태느라 애쓸 필요가 없다는 뜻이다. 이게 프리랜서에게는 반가운 소식이지만 당신에게는 대단히 괴로운 지점일 수 있다.

위임을 효과적으로 수행하려면 약간의 요령이 필요하다. 이를테면 다음과 같은 부분이다.

1. 최종 목표를 명확하게 전달하는 능력

2. 진척 상황을 판단할 수 있는 대조 표준과 이정표 설정

3. 보고와 점검을 위한 단순한 시스템 수립

4. 다른 무엇보다도 신뢰

신뢰가 핵심이다. 신뢰는 당신이 시간을 되찾느냐, 새로운 프로젝트 내내 스트레스를 받으며 시간을 모두 허비하느냐를 갈라놓는 분수령이다.

1번은 비교적 쉽다. 이미 작업을 잘게 쪼개어놓았고, 이 프리랜서가 당신이 원하는 전문가인지 확인했으며, 방금 일을 시작하라고 지시까지 내린 상태이다. 목표 중심이어야 한다고 강조한 이유가 이 때문이다. 당신이 프로젝트의 결과물이 어떠해야 하는지 알고, 나머지 팀원들에게 그것을 전달했다면 굳이 매일 연락할 필요가 없다.

앞 장에서 말한 수리공을 다시 한 번 떠올려보자. 내가 처음에 수리공한테 "이 방을 파란색으로 페인트칠해주세요"라고 지시했다면 매일 와서 상태를 점검할 필요가 있을까? 내가 현장에 없으면 목표가 명확하지 않은가?

그만큼 목표를 명확하게 전달해야 한다. 성공의 가이드라인을 정해

서 당신이 없더라도 팀이 그 목표를 향해 나아갈 수 있도록 하라. 시간을 되찾는다는 것은 실제로 그런 의미이다. 더는 자리를 지키지 않아도 당신이 꿈꾸는 비전이 계속 진행되는 것이다.

대조 표준과 이정표 설정은 마이크로매니징을 피할 수 있는 또 하나의 방법이다. "두 벽을 다 완성한 후에 저한테 이메일을 보내주세요"라고 수리공에게 이야기하라. 그러면 프리랜서의 일을 방해하거나 내가 일부러 시간을 내지 않아도 공사의 진척 상황을 가늠할 수 있다. 이것은 자동으로 이루어지는 프로세스이다. 마치 소프트웨어를 새로 설치할 때 진행 막대가 서서히 채워지는 것과 같다. 보이지 않는 곳에서 많은 일이 진행되고 있지만 당신은 완료까지 남은 시간만 신경 쓰면 된다.

그러나 신뢰가 없다면 이 모든 것은 아무 의미가 없다. 당신이 천성적으로 사소한 부분까지 간섭하지 않으면 안 되는 사람이라면 신뢰를 쌓기가 어려울 수 있다. 언더아머*Under Armour*(미국의 스포츠웨어 브랜드)의 최고경영자 케빈 플랭크*Kevin Plank*의 말처럼 "신뢰란 쌓을 때는 한 방울 한 방울이지만 잃을 때는 양동이째로 사라진다." 이 프리랜서들을 개인적으로 모르는데 어떻게 이 중요한 업무를 믿고 맡기냐고?

당신은 지난번에 이용한 우버 기사를 얼마나 신뢰했는가? 포스트메이츠 배달기사는? 고향 방문을 위한 차표 예약을 도와준 가상비서는 또 어떤가? 다양한 범위에 걸쳐 프리랜서들과 함께 일하다 보면 자신감이 생길 것이다. 작업화나 식별과 마찬가지로, 신뢰도 자꾸 하다 보면 쌓인다. 점점 더 많은 프로젝트를 진행하면서 얻게 되는 것이다. 오래갈 수 있고 믿을 만한 네트워크를 구축하는 것이 중요하고, 그런 일은 하룻밤 사이에 이루어지지 않는다.

세계적인 신뢰 전문가 레이철 보츠먼*Rachel Botsman*은 TED 강연에서 긱 이코노미를 "신뢰 경제"로 설명했다.[24] 보츠먼은 신뢰란 모르는 사람과 맺는 확신의 관계로 정의한다. 강연에서 보츠먼은 인간이 신뢰 도약*trust leaps*에 뛰어난 존재이며, 이것이 떠오르는 긱 이코노미의 핵심이라고 설명했다. "웹사이트에 신용카드 정보를 처음 입력했던 때를 기억하시나요? 그것이 신뢰 도약입니다. 저는 이베이에서 진한 감색의 푸조 중고차를 사고 싶다고 아버지에게 말씀드렸던 기억이 생생합니다. 아버지는 판매자의 이름이 '보이지 않는 마법사'라며 별로 좋은 생각이 아닌 것 같다고 타당한 지적을 해주셨죠."

레이철은 이 새로운 패러다임이 현실에서 우리의 행동방식을 바꿀 것이며, 우리는 그 사실을 이제야 이해하기 시작했다고 말했다. "저는 호텔에서 투숙하고 나올 때 수건을 제자리에 걸어놓는 수고를 굳이 하지 않아요. 하지만 에어비앤비에서라면 다르죠. 에어비앤비에서 손님으로 묵을 때 사람들이 잊지 않고 수건을 제자리에 가져다 놓는 이유는 손님이 호스트에게 평가받는다는 사실을 알고 있고, 그 평점이 향후 거래 가능성에 영향을 끼치기 때문이죠." 신뢰는 이베이에서 비틀스의 중고 음반을 사기 위해 신용카드 정보를 입력하는 일이다. 신뢰는 중요한 프로젝트를 위해 자료 조사원의 몇 시간을 돈 주고 사는 일이다. 신뢰는 사무실 프로젝트를 도와줄 네트워크를 구축하는 일이다. 프리랜서를 신뢰하기 시작하면 당신은 자신감 있게 앞으로 나아갈 수 있다.

신뢰는 프리랜서를 둘러싼 선입견을 불식시키는 데에도 도움을 준다. 사람들은 프리랜서가 믿을 만하지 않다거나, 그들의 작업 품질이 낮거나, 소통을 잘하지 못할 거라고 걱정한다. 물론 전부 장밋빛이라는 이야기는 아니다. 걸림돌도 분명 있다. 그러나 내가 경험한 긍정적인 면은 부정적인 면보다 훨씬 많다. 프리랜서들은 갖가지 규모의 프로젝트를 수시로 수행하는 사람들이다.

충분히 실험해보고 나면 이 새로운 프로세스 안에서 당신만의 리듬을 찾게 될 것이다. 긱 마인드가 아주 자연스럽게 몸에 밸 것이다. 그렇게 어느 정도 추진력을 얻었다면 이제 진화할 시간이다.

진화

도요타의 품질 보증 시스템은 매우 인상적이다. 나는 도요타 사의 자동차를 오랫동안 이용해왔다. 포러너*4Runner*를 19년 동안 몰았는데, 그 차를 아주 좋아했다. 그러면서 도요타의 어떤 면이 자동차 업계의 다른 기업들과 이 회사를 차별화시켰는지 알아내고 싶어서 깊이 들여다보게 되었다.

도요타 공장에서는 모두가 품질 보증 관리자다. 라인에서 근무하는 사람은 품질이 우려된다면 누구나 공정을 중단시킬 수 있다. 한 시간이라도 라인을 세울 때 들어가는 비용을 생각해본다면 이 회사가 직원을 얼마나 신뢰하는지 알 수 있다.

이런 신념은 하룻밤 사이에 만들어지지 않는다. 도요타는 오랜 세월에 걸쳐 성장했다. 새로운 공정을 시도했고, 실험했으며, 필요한 부분을 조정했다. 그야말로 진화했다.

이와 마찬가지로 나는 프리랜서 팀을 협력자로 바라보게 되었다. 우리가 프로젝트를 진행하는 동안에는 그중 누구든 품질에 대한 우려가 있을 때 빨간 깃발을 들어 올릴 수 있다. 필요한 사안을 건의하고, 이의를 제기하고, 최종 결과물에 대해 영향력을 발휘할 수 있다. 처음부터 그랬던 것은 아니었다. 나는 배우고 성장해야 했다.

나는 전문가의 피드백이 환영받는 분위기를 만들었다. 그들은 프로세스를 개선하려고 노력하는 사람들이므로, 나는 그들이 처음부터 피드백과 아이디어를 제시하도록 장려했다. 전문가를 전문가답게 대해주지 않을 거라면 애초에 전문가의 도움을 구할 필요가 어디 있는가?

이렇게 나온 훌륭한 아이디어들은 모두 새로운 탐구의 대상이 되었고, 그것은 다시 새로운 아이디어로 연결됐다. 거침없는 선순환이었다. 이를 지속해나가기 위해 나는 조사원들의 힘도 빌리기 시작했다. 정보를 수집하고 그것을 이해하기 쉬운 덩어리로 압축하는 수고를 외부에 맡긴 것이다. 전문 디자이너들은 그 조사 결과를 설득력 있는 논거로 집약해 프레젠테이션을 구성했다. 편집자들은 모든 내용이 공동의 결과물을 향해 일목요연하게 흘러갈 수 있도록 표현을 다듬었다. 덕분에 나는 아이디어를 조합하고, 큰 그림을 생각하고, 더 빠른 속도로 성장할 여유를 얻었다.

그때 나는 깨달았다. 내가 더 이상 조종사가 아니라는 사실을. 나는 항공 교통 관제사였고, 오케스트라의 지휘자였으며, 아티스트 팀을 이끄는 예술감독이었다. 나는 그렇게 일에 몰입할 수 있었다.

이것은 근본적인 변화다. 할 수 있는 일의 범위를 재고해볼 기회다. 전반적인 생산성은 기하급수적으로 상승한다. 그리고 이 모든 것은 간단한 생각의 변화와 함께 시작된다. 당신은 비행기를 직접 모는 조종사가 아니다. 여러 분야의 조종사들을 제어하는 사람이고, 아이디어를 한단계에서 그다음 단계로 발전시키는 사람이다.

당신이 지금 이 책을 손에 들고 있는 이유도 나와 같은 깨달음을 얻기 위해서다. 이러한 진화는 내 인생을 바꾸어놓았다. 당신은 모든 일에 전문가가 될 필요가 없다. 전문가를 데려다 쓰면 그만이다.

물론 아이디어는 필요하다. 실질적인 무언가로 키워낼 수 있는 씨앗을 말한다. 또, 목표 지향적이어야 한다. 필요한 작업을 이해해야 하고, 전문가를 선별해야 하며, 책임을 위임해야 한다. 하지만 그런 다음에는 이 엄청난 능력을 갖춘 프리랜서들이 당신의 아이디어를 현실화시키도록 내버려두어야 한다. "해야 할 일 목록"을 완수하지 못하게 당신을 가로막는 것은 아무것도 없다. 열정 프로젝트(본업 이외에 개인적인 관심사를 바탕으로 실천하거나 탐구하는 주제 분야를 가리킴-옮긴이)를 끝마칠 수 있다!

친구들과의 식사자리에서 무슨 이야기를 듣고 "나도 일 년 전에 그 생각을 했었어. 그런데 뭘 어떻게 해야 할지 몰랐지"라고 말한 적이 얼마나 많았는가?

아이디어를 떠올린 상태와 그것을 가치로 구현한 상태를 판가름하는 것은 실행력이다. 아이디어가 머릿속에 있다면 쉽게 현실로 만들 수 있다. 바로 긱 마인드를 통해서다. 이 모델로 그렇게 할 수 있다.

새로운 웹사이트를 꾸미고 전문가들로 팀을 짜는 것은 불과 몇 년 전에 비해서도 적은 비용이 든다. 예전에는 어떤 일을 추진하려면 회사의 내부인이어야 했고 조직 전체를 설득해야 했다. 기업의 인프라, 인력 자원, 자금력이 필요했다. 마땅한 팀원들을 물색하기 전에 채용 담당자부터 고용해야 했다! 하지만 이제는 당신이 직접 전문가들에게 연락하면 된다. 훨씬 적은 시간이 들고 훨씬 효율적이며 결과에 대한 통제력도 더 크다.

이제 나는 아주 적은 예산으로도 새로운 아이디어를 중심으로 신속하게 움직이고 에너지를 유지할 수 있게 되었다. 빠른 실험은 프로세스의 혁신으로 이어졌고, 이것은 내가 전문가 네트워크를 성장시키며 신뢰를 쌓는 데에 도움이 되었다. 그러면서 나는 새로운 기술을 익히는 데에 힘썼다. 직접 해봄으로써 배우기를 실천했다.

다행히 대기업들도 이 아이디어를 받아들이기 시작했다. 다음과 같이 묻기 시작한 것이다. "어떻게 하면 우리가 좀 더 빨리 움직일 수 있을까? 어떻게 하면 우리 직원들이 사명을 중심으로 머리를 맞대고 고객들에게 새로운 가능성을 열어 보이도록 할 수 있는가?" 큰 배도 방향을 돌릴 수 있다면 당신이나 당신의 회사가 똑같이 하지 못할 이유는 없다.

긱 마인드의 청사진인 T.I.D.E. 모델은 언뜻 보기에 간단하다. 네 단계는 쉬워서 누구라도 할 수 있다. 하지만 잘 하려면 매일 연습해야 한다. 이것을 새로운 표준으로 삼아야 한다. 내가 앞 장에서 기본값을 재설정해야 한다고 강력히 주장했던 데에는 다 이유가 있다. 과거의 당신이라면 이런 시도를 했겠는가?

퓰리처상을 받은 저널리스트 토머스 프리드먼*Thomas Friedman*은 『세계는 평평하다*The World Is Flat*』라는 책을 썼다. 그는 저렴하게 구할 수 있는 인터넷과 하드웨어 덕분에 전 세계가 공평한 경쟁의 장이 되었다고 말했다. 과거에 인도의 회사와 계약을 맺으려면(혹은 국내에 있는 기업이라도) 직접 회의에 참석해서 거액의 계약금에 서명해야만 했다. 이에 반해 나의 긱 팀은 전 세계 곳곳에 흩어져 있다.

다음 몇 개의 장에 걸쳐 본격적인 내용이 전개된다. 나는 전문가, 최고경영자, 사고 리더들로 패널을 구성했다. 그들의 경험담과 길잡이를 당신과 나눌 수 있어서 대단히 감사하게 생각한다. 이제 당신 내면의 헨리 포드를 끄집어낼 시간이다. 마음속으로 조립라인을 그려보고 작업을 하나하나 세분화하기 시작하라. 이 모델을 시험해볼 때가 왔다.

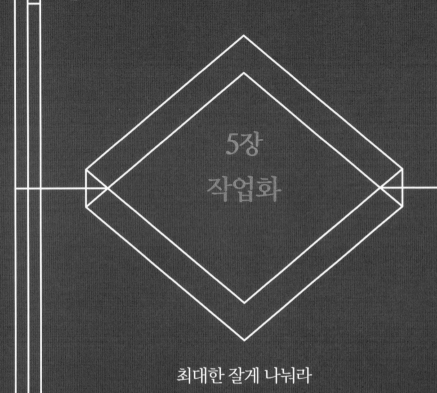

5장

작업화

최대한 잘게 나눠라

gig mindset

"성공하기 위해 천재이거나 예지자, 혹은 대학 졸업자일 필요는 없다. 계획을 세우고 꿈을 꾸는 능력만 있으면 된다."

–

마이클 델, 델 테크놀로지스의 창업자이자 회장

내가 일주일을 어떻게 보냈는지 얘기해보겠다. 나는 가상비서를 통해 매년 받는 정기검진 일정을 잡았다. 안과 진료도 예약했다. 비서는 우리 집에 있는 스프링클러가 시간 맞춰 켜지게 설정해주었다. 가족들과 데이브 매슈스 공연을 보러 가고 싶었는데, 비서는 내 일정을 참고해 입장권을 찾아주고 구매까지 끝냈다.

얼마 전 누수가 발생했을 때 가상비서는 수도국에 연락해 원인을 파악하도록 조치했다. 에어컨이 고장 났을 때는 공조 회사들을 조사해 견적을 받고 가장 괜찮은 곳을 골라 예약도 해주었다. 경영진에게 새로운 아이디어를 제안해야 했을 때, 나는 내 네트워크를 이용해 자료 조사를 하고 설득력 있는 프레젠테이션 자료를 디자인했다. 링크드인에 게시할 만큼 훌륭한 인터뷰를 마쳤을 때는 전문적인 작가와 편집자들이 매력적인 글을 작성할 수 있도록 도와주었다.

이것은 모두 작업화 덕분이다. 나는 이제 전화통화를 거의 하지 않는다. 전화할 시간을 내야 하거나 전화가 오기를 기다려야 할 때는 굉장히 낯선 기분이 든다. 가상비서들이 지난 18개월 동안 나를 대신해 465건의 전화를 해주었기 때문이다.

저녁식사 예약, 집 수리와 공사, 심지어 집 주변의 이끼 제거까지 가상비서가 모든 것을 다 처리해주었다.

작업화의 대상은 커다란 일일 수도 있고 자잘한 일일 수도 있다. 내가 방금 나열한 모든 일은 '집안일'과 '개인적인 용무'라는 항목에 해당한다. 별로 망설일 필요 없는 목표들이다. 나는 매년 검진을 받아야 한다는 사실을 알고 있다. 집을 보수해야 한다는 사실도 알고 있다. 이런 작업을 내가 스스로 할 수도 있겠지만 그 시간을 더 중요한 프로젝트에 쓰는 편이 더 낫다. 엄청나게 어렵지는 않지만 제법 많은 시간이 소요되는 일이기 때문이다. 게다가 투자 대비 수익도 훌륭하다. 내가 리모델링을 해야 했을 때, 가상비서는 여러 개의 견적을 조사해 공사비용을 50퍼센트 이상 절약해주었다. 가상비서 서비스를 몇 년 동안 이용하고도 남을 만한 금액이었다.

이것은 내가 효과를 본 몇 가지 사례에 불과하다. 집 수리에 직접 팔 걷고 나서는 편을 즐긴다면 그것도 훌륭하다. 다만 즐기지 않는 작업을 전문가에게 맡김으로써 다른 프로젝트를 얼마나 더 많이 해결할 수 있을지 상상해보라.

앞 장에서 우리는 작업화의 대략적인 개념을 살펴보았다. 이론적으로는 아주 간단하다. 아이디어나 목표나 사명이 있다면 그것을 이해하기 쉬운 단계와 구체적인 작업으로 세분화해서 일을 시작하면 된다.

자동차는 그냥 조립되지 않는다. 판금을 제작하고, 바퀴를 달고, 문을 연결해야 한다. 자잘한 단계가 커다란 제품으로 이어진다.

예전에 회사에서 했던 회의가 기억난다. 우리는 창업 지원 프로젝트에 관한 논의를 시작했었다. 아주 매혹적인 주제였고, 나는 누구보다도 멋지게 잘해내고 싶었다. 글을 쓰고, 초대 손님과 이야기를 나누고, 그 에너지를 업무에 적용하려면 전문가가 되어야 했다. 예전 같았으면 검색엔진 상단에 올라오는 사이트를 클릭하면서 인터넷을 여기저기 뒤졌을 것이다. 하지만 이번에는 해당 분야의 진짜 전문가들에게 연락을 취해 최신 정보를 받아보기로 했다.

여섯 시간 뒤 나는 여러 페이지에 달하는 자료와 팟캐스트를 위한 제안을 받았고, 주제 분야의 전문가 행세를 할 수 있을 만큼 튼튼한 기초 자료를 확보했다.

이 방식을 익히는 가장 좋은 방법은 실제로 해보는 것이다. 알고 싶은 정보 또는 알아야 하는 정보를 골라서 프리랜서에게 답을 찾아달라고 일을 맡겨보라. 이 첫 번째 작업을 시작으로 수많은 작업을 의뢰하게 될 것이다.

작업화는 자신의 능력과 한계를 인식하는 일이기도 하다. 나는 디자이너가 아니다. 겸손한 척하려고 하는 말이 아니라 정말로 디자인을 못한다. 누군가가 미적 감각을 보고 나를 고용했다면 유감이지만 그 사람은 자신의 형편없는 판단력을 탓해야 한다. 하지만 어쨌거나 나는 업무상 제품과 발표에 쓸 탁월한 디자인이 필요하다. 링크드인이나 트위터에 내가 올리는 게시물이나 제품 혁신에 관한 연구 결과를 살펴보면 대부분 디자인 면에서 최고 수준이다. 이 모든 것은 전문가와 재능 있는 프리랜서들의 손에서 나왔다.

간단한 작업 한 가지를 세분화해보자. 가령, 사고 리더십에 관해 글을 쓴다고 가정해보는 것이다. 내가 최종적으로 얻고 싶은 결과물은 링크드인 게시물이다. 이 작업을 어떻게 완수할 수 있는지 살펴보면 다음과 같다.

나는 콘퍼런스에 참석해 흥미로운 강연을 여러 개 경청한다. 그러다가 관심이 가는 주제를 하나 만난다. 나는 발표자에게 다가가 20분 정도 자리에 앉아서 이야기를 나눌 수 있겠는지 묻는다. 대개는 기업가나 최고경영자, 혹은 관심이 생기는 일반인이다. 나는 이런 식의 미니 인터뷰를 자주 진행하는 편이다. 대화 내용은 휴대전화에 녹음한다. 그다음에 녹음파일을 전사 작업을 해주는 사이트에 보내고, 가상비서에게 추가적인 자료 조사를 맡겨서 대화 내용을 바탕으로 좀 더 자세히 살을 붙여나간다.

모든 정보가 모이면 그것을 나의 어조와 말투를 잘 아는 작가에게 보낸다. (참고로, 나는 프리랜서에게 나의 말투와 어조를 정리한 표준 문서를 작성하도록 맡긴 적이 있다. 이후에 나와 작업하는 프리랜서들은 이것을 템플릿으로 삼을 수 있다.)

나는 또 다른 프리랜서에게 이미지를 모아서 스토리를 보완하게 하고, 또 다른 프리랜서에게 주제에 관한 추가 조사를 시킨다. 이 모든 단계에서 나는 글의 목표와 흐름을 분명히 정하고 자료를 넘김으로써 기대치가 충족될 수 있도록 신경 쓴다.

마지막으로 결과물을 링크드인에 게시해 전문가 네트워크와 소통하는 한편, 기업들이 프리랜서들과 함께 일하는 전략을 이해할 수 있도록 돕는다. 나는 강연자와 20분 동안 대화를 나누었고, 다시 20분 정도 필요한 작업을 컴퓨터에 입력했을 뿐이다. 한 시간도 안 돼서 완벽하게 자료 조사가 이루어진 글을 완성해 링크드인에 올렸다. 머릿속에 결과물이 있었고 기대치를 설정했기에 원하는 결과를 얻었다.

작업화는 이렇게 간단하다. 목표를 염두에 두고 단계를 세분화하면 된다.

이제 내 이야기는 이쯤에서 줄이고, 사고 리더들에게 작업화로 어떤 효과를 보고 있는지 물어보기로 하자.

의학의 난제를 수학 전문가가 풀다

폴: 마이크, 작업화에 어떻게 접근하시나요?

마이크: 탑코더에서는 모든 일을 작업화합니다. 저희 시스템은 목표를 작업으로 세분화하는 방식을 기본으로 하고 있어요.

폴: 지난 몇 년 동안 얻은 교훈 중 무엇이 업무의 효율을 높여주었나요? 독자들이 참고할 만한 점은 무엇일까요?

마이크: 결국 중요한 건 시간 관리라고 말해야겠네요. 기업 운영에서는 시간과 에너지의 상당 부분이 감성지수^{EQ}를 요구하는 일에 쓰여요.

관계를 관리하고 사람을 관리하는 일이죠. 그런데 가만히 살펴보니 그 구조를 바꿔서 뇌의 질적인 면이나 지능지수IQ를 더 많이 활용하는 업계가 훨씬 더 높은 효율성을 발휘하더라고요. 그것이 저희 플랫폼 운영 방식의 가장 큰 장점이에요. 저희는 플랫폼에서 프로세스를 관리하고 있어요. 140만 명의 개개인을 관리하는 게 아니라.

제가 하고 싶은 말은 저희가 커뮤니티 안의 140만 명에 대해, 140만 명이라는 집단 전체에 대해 엄청나게 신경을 쓴다는 거예요. 그래서 프로세스를 구축할 때 방법론을 수립하고, 규모 확장을 염두에 두어 특정한 두 개인 사이의 단일 스레드 형태가 되지 않도록 주의를 기울이죠. 이것이 저희에게 아주 효과적이었어요.

그런데 여기에는 부작용이 있어요. 저도 그렇고 탑코더의 팀원 대부분은 예전이나 지금이나 기술 분야 출신이거든요. 걸핏하면 순식간에 일을 너무 복잡하게 만드는 경향이 있죠.

그러다 보니 처음에는 프로세스에 너무 집착할 때가 있더라고요. 이 것은 이렇게, 이렇게, 이렇게 되어야 하고, 저것은 자동화시키고, 이 부분을 측정하고, 그것은 여기서 여기로 가고…… 아무도 말리지 않죠. 그러고 나면 결국 "어! 우리가 루브 골드버그 장치(단순한 작업을 어렵게 수행하는 기계)를 만들었네요"라는 소리가 나오고 마는 거죠. 세상에서 가장 복잡한 방법으로 불을 켜는 방법을 발명해낸 꼴이죠.

그런 부분을 경계해야 해요. 저희도 항상 조심하지만, 그동안 많이 달라지긴 했다고 생각해요. 우버는 모든 운전자를 관리하지 않지만 프로세스를 아주 엄격하게 관리하잖아요. 그게 바로 저희가 저희 나름대로 해온 일이에요.

일부러 노력해서 알게 된 사실도 많지만 일부는 운이었어요. 저희가 모델을 구축하면서 재빨리 깨닫게 된 난관 중 하나는 사람마다 능력치가 천차만별이라는 점이었어요. 어떤 사람들은 알고리즘을 정말 잘하고, 어떤 사람들은 코딩에 아주 뛰어나죠. 코드를 뜯어보는 데에 탁월한 사람이 있는가 하면, 어떤 사람들은 코딩의 창의적인 측면에 능숙하죠. 이 모든 것을 전부 다 할 수 있는 한 사람을 찾기란 아주 힘들어요.

저희는 코파일럿*copilot*(부조종사)이라는 직책을 두고 있어요. 탑코더 커뮤니티의 코파일럿 자격은 경쟁력이 뛰어나고 커뮤니티 회원으로서 남다른 활약을 보인 사람에게만 주어져요. 활발하게 활동하고, 프로젝트를 진행하고, 좋은 평점과 통계를 받은 사람들을 저희가 코파일럿으로 발탁하죠.

코파일럿은 작업 흐름의 관리를 도와요. 주된 임무는 프로젝트를 받아서 여러 조각으로 나누는 것, 즉 작업화예요. 프로젝트를 서른 가지의 서로 다른 모양의 레고 블록으로 나눈다고 생각하면 쉽죠.

그것이 코파일럿의 일이에요. 그들은 일감을 받아놓고 이렇게 말해요. "음, 이 결과를 얻으려면 이러이러한 10가지 단계가 필요하겠군." 그게 바로 작업화죠.

가령 아이패드용 애플리케이션을 개발한다고 칩시다. 일단 사용자가 써보고 싶은 마음이 들게 프런트엔드가 직관적이고 아름답게 설계

되어야 하겠죠. 굳이 타이핑하지 않아도 쌍방향 소통이 되어야 하고, 백엔드 성능이 좋아야 하고, 프로그램이 잘 짜여야 하고, 서버에서 제대로 굴러가야 하고, 그밖에 소프트웨어 프로젝트가 요구하는 모든 조건을 충족해야겠죠. 그게 전부 다 다른 작업이고요.

코파일럿은 이렇게 말할 거예요. "아, 첫 번째 과제는 이 앱이 어떤 식으로 동작하는지 파악하는 거니까, 와이어프레임(웹이나 모바일 앱의 화면 설계도)이 필요하겠군. 와이어프레임을 받아봐야겠네. 다섯 가지 버전의 와이어프레임을 받아보고 어느 것이 제일 나은지 살펴보자." 코파일럿은 그렇게 작업을 나누면서 이야기하겠죠. "여기까지를 1단계라고 하자."

그는 와이어프레임을 파악하는 동시에, 프런트엔드 디자인을 진행할 수 있습니다. 최종 제품이 직관적이고 아름다워야 한다는 것을 알기 때문이죠. 브랜딩 관련 요구 사항 등도 이미 가지고 있고요. "첫 페이지가 어떤 모습이어야 하는지는 알고 있으니, 끝내주는 디자인 경진대회를 진행해서 실력 좋은 디자이너들의 아이디어를 얻어야겠다. 그들의 집단적인 창의력을 조합해서 기막힌 결과물을 만드는 거야. 이 작업은 동시에 할 수 있겠군."

그렇게 두 가지 작업이 동시에 진행됩니다. 코파일럿은 똑같은 시간을 들이면서도 두 배의 성과를 얻게 되죠. 이해되시나요?

코파일럿은 방금 두 가지 일을 작업화해 필요조건을 정의했습니다. 이어서 이렇게 말하겠죠. "이제 개발 업무도 작업화가 필요하겠군. 실제로 만들어봐야 하니까." 그는 벌써 몇 단계 앞을 생각하고 있습니다. 처음 몇 단계가 자동화되어 배경에서 진행되고 있는 덕분이죠.

이어서 그는 스프린트(반복적이고 짧은 길이의 개발주기)를 다섯 번 거쳐야 합니다. 다섯 단계가 더 있는 거죠. 탑코더 플랫폼을 이용해 코파일럿은 다섯 명의 프리랜서와 계약을 맺고 동시에 개발을 시작할 수 있습니다. 외부에 맡겨 프로그램을 만들게 하고 곧바로 메인 트리에 다시 적용해볼 수 있으니 전혀 걱정할 필요가 없죠. 개발과 적용, 개발과 적용, 개발과 적용의 지속적인 통합 과정이에요.

그렇게 다섯 번을 거듭하다 보면 어느덧 보기에도 근사하고 원하는 대로 기능하고 잘 작동되는 코드를 얻게 돼요.

이제는 작업을 더 세분화해야죠. 프로그램 분석을 전문으로 하는 또 다른 그룹의 사람들을 찾아서 그들에게 코드의 테스트를 맡깁니다. 그들은 테스트 사례를 작성하고, 분석하고, 엣지 케이스*edge cases*(알고리즘의 로직에 문제가 발생할 수 있는 경우)를 찾아내요. 이 모든 것이 서로 다른 작업이죠. 작업을 완수하는 개인들 대부분은 자신이 맡은 작업 외에 다른 작업은 하지 않아요. 코파일럿이 그 모든 작업을 감독하면서 마치 항공 교통 관제탑 같은 역할을 하죠. 모든 작업이 완료되는지, 모든 부분이 정확하게 맞아떨어지는지 확인하면서요.

저희라면 아이패드 앱을 이런 식으로 개발할 거예요. 작업을 세분화하고 작업자를 선정하고 위임하고 관리하는 방식이죠.

실제 사례를 하나 소개해드리고 싶군요. 저희가 미국의학협회 종양학 학술지 《자마 온콜로지Jama Oncology》의 의뢰로 하버드경영대학원과 협업해 진행한 프로젝트가 있었어요. 그들의 목표는 암 환자들의 컴퓨터 단층촬영 사진을 찍어서 마치 종양학자처럼 암을 진단할 수 있는 알고리즘을 만들고 훈련하는 것이었습니다.

오늘날 폐암은 주로 병원에서 활동하는 전문가들이 진단합니다. 병변 자료를 보내면 전문가들에게 전달되고, 그 전문가들이 살펴본 다음 단층촬영 사진과 기존 데이터를 바탕으로 판단을 내리는 형태죠.

미국에서는 극소수의 전문가들이 폐암 사례 대부분을 진단하고 있어요. 자료를 살펴보고 분석하고 전문적인 소견을 내는 사람들의 수가 적다는 거죠. 저희는 소수의 전문가 집단 못지않게, 혹은 그들보다 더 정확하게 진단을 내릴 수 있는 알고리즘을 만드는 일이 가능할지 알고 싶었어요.

그래서 저희는 모든 데이터를 확보하고 연구기관과 협력해서 하버드경영대학원 및 여러 박사님과 함께 아주 체계적인 실험을 설계했어요. 실험을 여러 부분으로 나누었죠. 사용해야 하는 여러 가지 유형의 알고리즘으로요. 자료를 보고, 찾고, 진단하는 것이 전부 서로 다른 작업이니까요.

그러다가 거짓 양성(실제로는 음성인데 검사 결과는 양성이라고 나오는 사례-옮긴이)이라는 난제를 만났어요.

인간은 거짓 양성을 감지할 수 있지만, 컴퓨터로는 그것을 구분해내기가 더 어렵거든요. 그래서 모든 자료를 더 작고 정말 복잡한 수학적 알고리즘 문제들로 세분화했죠. 그렇게 작업화를 마친 후 그 문제들을 따로따로 커뮤니티에 올렸어요. 그러고는 공개경쟁을 통해 그 문제를 풀게 했죠.

최종 결과는 얼마 전 《자마 온콜로지》에 논문으로 실렸습니다. 저희는 컴퓨터 단층촬영 사진에서 폐암을 전문가 집단만큼이나 정확하게 감지해내는 알고리즘을 만드는 데에 성공했어요.

이 알고리즘은 단층촬영 시점에 누구나 사용할 수 있어요. 50여 명에 불과한 전문가를 직접 만나지 못하더라도 전 세계인 누구나 사용할 수 있죠. 이 알고리즘은 전문가 집단만큼 정확할 뿐 아니라 앞으로 점점 더 똑똑해질 겁니다. 데이터가 점점 쌓이면서 제일 실력 좋은 종양학자보다도 더 정확해질 거예요. 그런데 이 문제를 푼 프리랜서들은 암 전문가가 아니라 수학 전문가였답니다.

저희는 문제를 쪼갠 끝에 그 전문가들을 찾을 수 있었어요. 수학 실력이 굉장한 사람들을 찾아서 그 능력을 이 문제에 활용할 수 있었죠.

폴: 이 경험으로부터 얻은 핵심적인 교훈은 무엇이었나요?

마이크: 과거의 사고방식에 머물러서는 안 된다는 겁니다. 사람은 자꾸 편안함을 추구하고 변하지 않으려는 성향이 있어요. 뭔가가 망가진 다음에야 고치려 하죠. 긱 마인드는 그런 사고방식을 전부 뒤집어요.

저희는 원대한 목표와 엄격한 일정이 있었어요. 작업을 세분화하고 작업화를 마음속에 새기지 않았더라면 이런 성공을 거두지 못했을 거라고 생각합니다.

나사의 고민을 해결해준 대중

폴: 나사가 어떤 식으로 프리랜서들의 참여를 유도해왔는지, 콘테스트에서 작업화를 어떻게 활용하는지 말씀해주시겠어요?

스티브: 프리랜서와 긱 이코노미의 활용은 당신이 저희 나사 직원들보다 훨씬 앞서 있는 분야죠. 저희가 대중과 함께하게 된 시작점은 상금과 경진대회를 이용해 문제를 해결하면서부터였어요. 구체적인 문제가 생기면 범주를 좁히고 포상금을 걸어서 대중 가운데 문제를 풀 수 있는 사람을 찾는 방법이죠.

희귀한 기술이나 전문성을 대중 속에서 발견한 정말 놀라운 사례들이 몇 가지 있어요. 그중에서 한 가지를 말씀드리죠. 나사가 하던 태양 플레어 예측은 예측력이 2시간이라 시간이 그다지 넉넉하지 않았어요. 그래서 우리 기관은 예측력을 4시간으로 늘려서 우주 유영을 하는 승무원들의 안전을 극대화해보기로 했죠.

지구 표면에서는 일반적으로 자기장이 태양 복사열을 차단해줘요. 태양 플레어가 지상에 있는 우리에게 끼칠 수 있는 제일 심각한 피해라 해도, 대부분 휴대전화가 잠시 꺼지는 것과 같은 일시적인 문제에 지나지 않죠. 하지만 우주비행사처럼 우주공간에서 유영하는 사람들에게 태양 플레어는 훨씬 위험할 수 있어요. 특수 차폐 장치로 몸을 보호하지 않으면 태양 플레어는 세포를 손상하고 암을 일으키거나 우주복을 제어하는 전자기기에 영향을 줄 수 있죠.

나사는 기상 예측 모형처럼 발생 2시간 전 플레어를 예측할 수 있는 모형을 운영하고 있었지만 그 예측력을 2시간 이상으로 대폭 늘려야 했어요. 일단 우주 유영을 하러 나가면 장비를 챙기고, 우주정거장까지 되돌아와서, 감압실에 다시 압력을 넣고, 우주복을 벗어놓고, 방사선 차폐 설비가 이중으로 갖추어진 우주정거장 구역에 들어가기까지 제법 시간이 걸리거든요. 태양 플레어 2시간 전에 승무원들에게 경고해주더라도 시간이 너무 촉박하죠.

그래서 저희 그룹은 태양물리학(태양의 속성과 물리적 현상, 그것이 태양계에 끼치는 영향을 연구하는 학문)을 연구하는 집단과 공동으로 이노센티브*Innocentive*(기업과 과학자를 연결해 연구개발 과제를 해결해주는 인터넷 플랫폼)에 크라우드소싱 챌린지를 게시했어요. "어떻게 하면 태양 플레어 예측 시간을 늘릴 수 있을까?"라는 질문을 던진 거죠. 전 세계에서 온갖 배경을 지닌 사람들이 이 문제에 매달렸어요. 챌린지에서 우승한 남자는 은퇴한 휴대전화 엔지니어였는데, 우연히도 학부에서 태양물리학을 전공한 사람이었어요. 그는 직장생활 내내 수학적 방식으로 노이즈에서 신호를 추출하는 일을 했어요. 노이즈가 적을수록 사용자의 휴대전화 데이터 속도가 점점 더 빨라지거든요. 그는 휴대전화 업계의 수학 원리를 이 태양물리학 문제에 적용할 수 있겠다는 사실을 깨달았고, 그에 따라 태양 플레어를 최대 8시간 전까지 예측할 수 있는 알고리즘을 만들었습니다. 성능이 4배 향상된 거죠. 이 일련의 과정 덕분에 저희 과학팀은 문제와 예측을 공략하는 완전히 새로운 방법을 얻게 되었습니다. 이것은 방대한 온라인 커뮤니티에서 찾은 다양한 능력치로 가치를 올릴 수 있는 한 가지 사례에 불과해요.

문제에 기술 스택을 적용할 때 해결책이 나와요. 각기 다른 기술의 모음을 특정한 방식으로 조합해서 새로운 해결책을 얻고 그것이 성능 개선으로 연결되는 거죠. 지금 세상에는 기술이 폭발적으로 등장하고 있어요. 블록체인, 3D 프린팅, 오픈 API, 드론, 저가형 센서와 같은 빌딩 블록을 예로 들 수 있죠. 이 모든 기술은 여러 분야에 걸쳐 이용되고, 다양한 문제에 적용 가능한 해결책의 수를 늘리고 있어요.

나사에서 일하는 저희에게 이것은 어떤 문제의 해결에 있어서 2배, 3배, 5배, 10배의 성능 개선을 이루게 될 가능성이 커진다는 의미가 있어요. 거대한 과업이긴 하지만 크라우드소싱은 폭발적으로 증가한 기술적 가능성을 이용하는 한 가지 방법이죠. 이 모든 능력치와 다른 분야에 대한 지식이 있는 사람들을 확보한다면 엄청난 자산이 되겠죠. 복잡한 문제일수록 이런 크라우드소싱 플랫폼들은 특별한 기술과 전문성의 조합을 가진 사람을 찾는 데에 효과적인 도구로 입증되고 있어요. 다양한 비즈니스 분야에서 특별한 해결책을 찾는 거죠.

저희가 다양한 크라우드소싱 커뮤니티와 협업을 진행해본 결과 깨달은 것은, 대중은 놀라운 역량을 가지고 있고 (적절한 메커니즘만 갖추어진다면) 그 역량을 구체적인 니즈와 매칭시킬 수 있다는 사실이에요. 이것은 크라우드소싱 상금과 경진대회에만 국한되는 이야기가 아니라, 프리랜서나 긱 워크 커뮤니티와 플랫폼에서도 공통으로 나타나는 특징입니다. 그래서 저희도 당신이 하고 있는 작업화나 일의 미래 같은 주제에 매료된 거고요. 상황이 급변하고 있는 만큼, 주변과 발맞추고 시류에 부합하려면 이 새로운 모델을 이용하기 시작하는 쪽으로 방향을 전환해야 한다는 점이 명백해지고 있습니다.

전 세계 커뮤니티에 도움을 요청했어요

폴: 작업화를 이용해 프리랜서 대상의 오픈 콘테스트를 여는 방법에 관해 몇 분의 말씀을 들어보았는데요. 중공업계의 관점으로는 어떻게 보시나요?

다이언: 작업화는 저희 업무 프로세스에서 필수적인 구성요소입니다. 중공업 회사로서 저희는 매우 복잡하면서도 기술적인 문제에 대해 해법을 찾아야 하거든요. 안전, 규정 준수, 속도, 효율성을 모두 고려하면서요. 그런 중공업적인 업무 프로세스에서 프리랜서 자원을 활용하기 위해, 저희는 수행에 지장을 주지 않으면서 팀 성과를 높여줄 교본을 개발해야 했습니다.

작업화를 통해 복잡한 문제를 좀 더 자잘한 구성요소로 나눌 수 있습니다. 긱 이코노미 덕분에 매우 전문화된 인적 자원을 사실상 무제한으로 이용할 수 있고요. 복잡한 문제를 좀 더 정밀한 세부 구성요소로 작업화해놓자 훨씬 더 자유롭게 문제의 각 구성요소를 전문 기술과 매칭시킬 수 있게 되었습니다. 내부의 팀이나 긱 이코노미 속의 전문가 시장에서 인력을 조달해오는 방법으로요.

더 폭넓은 범위에서 인적 자원을 정밀하게 조달하는 것은 수행에 매우 중요한 의미가 있죠. 하지만 규정에 맞으면서도 확장성 있고 비용 효과적인 방식으로 기민함을 높이려면 요령이 필요했어요. 지적재산 관련 법률 고문, 재무, 조달 부문과 일찍부터 지속적인 파트너십을 맺지 않았다면 불가능했을 일이었죠.

저희가 전문가 운영시스템을 통해 어떤 식으로 중공업 분야에서의 우선순위를 다루는지, 그리고 그 과정에서 작업화가 구체적으로 어떤 역할을 하는지 잘 보여주는 멋진 사례를 하나 소개해드리겠습니다.

초창기에 저희 석유가스 사업부와 그 고객사를 지원하기 위해 만들어진 프로그램이 있었어요. 그들은 육상 조업이 기후와 지역사회에 끼치는 피해와 관련해 시장 피드백에 공동으로 대처 중이었거든요.

육상 조업이 기후와 지역사회에 끼치는 피해란 언뜻 보기에 여러 가지 해결책이 나올 수 있는 광범위한 사안이었어요. 그만큼 모두의 성과를 개선할 수 있는 여지도 컸고요. 가능한 최고의 결과를 얻기 위해, 저희는 범위를 좁히도록 팀을 코치했어요. 기후와 지역사회에 가장 큰 피해를 줄 만한 요인에 집중하도록요. 그렇게 저희는 해결 경로를 작업화하고, 해결 경로에서 협력할 수 있는 전문가 커뮤니티를 확대했어요.

작업화 프로세스에 따라 팀이 큰 성과를 얻을 수 있을 거라 여겨지는 주력 분야가 도출되었어요. 육상 조업 현장을 오가는 자재 운송량을 줄이는 것이었죠. 현장으로 자재를 운반한다는 것은 대형 트럭이 무거운 짐을 싣고 조업 현장 인근의 지역사회를 통과한다는 뜻이었어요. 교통 체증, 배기가스, 노면 마모 등을 심화하는 데에 일조하는 셈이죠. 팀은 작업화를 통해 육상 조업에 무거운 자재가 필요한 상황을 줄일 혁신적인 방법을 찾아낼 수 있을 것으로 생각했어요. 운송량 자체를 줄일 수 있다면 육상 조업이 기후와 지역사회에 끼치는 피해를 개선할 수 있을 테니까요.

팀의 생각이 옳았어요. 저희는 육상 조업에 필요한 물과 프로판트 양을 줄이는 데에 집중하는 쪽으로 혁신 범위를 정의했고, 개방적 혁신 접근법을 사용해 전 세계 전문가 커뮤니티에 도움을 요청했어요. 커뮤니티는 250가지 이상의 혁신 방안으로 구성된 막강한 포트폴리오를 제안했고, 저희 팀은 여러 전문가 조직들과의 협업을 통해 해결 경로의 포트폴리오를 구축할 수 있었죠.

작업화를 통해 해결 경로 개발에 좀 더 정밀한 접근법을 취함으로써, 그리고 개방적 혁신을 통해 더 폭넓은 전문가 커뮤니티와 협업함으로써 팀은 혁신 성과를 10배 이상 개선할 수 있었습니다.

폴: 그 프로젝트를 작업화하지 않았더라도 성공을 거둘 수 있었을 거라 생각하시나요?

다이언: 결국에는 해결책을 찾았을 거라고 생각합니다. 하지만 훨씬 오래 걸리고, 더 큰 비용이 들고, 전반적인 파급 효과도 덜했겠죠.

작업화는 러시아 중첩 인형을 하나씩 여는 과정과 같아요

폴: 스크라이브 미디어는 출판 프로세스를 다루기 쉬운 덩어리로 쪼개고 있죠. 그 프로세스가 어떻게 생겨났는지 자세히 말씀해주시겠어요?

터커: 작업화는 아주 쉬웠습니다.

우선, 저는 문제를 찾아야 했어요. 책으로 낼 만한 내용은 머릿속에 있는데 쓸 시간이 없는 사람들이 많잖아요. 친구와 대화를 나누고 있었는데, 그 친구는 시간 관리의 어려움을 토로하면서 자신이 책으로 전하고 싶은 내용이 무엇이고 그 책이 자신의 인생을 어떻게 바꿀지 이야기하더라고요. 그 이야기가 저에게 강렬하게 다가왔어요. 그래서 제가 해보겠다고 나섰죠.

친구는 비용이 얼마나 들겠느냐고 물었어요.

저는 대답했죠. "글쎄? 1만 달러쯤." 실제로 돈을 받을 생각이 없었기 때문에 그렇게 말한 거였어요. "내 시간과 재미를 가치로 따지면 1만 달러는 받아야겠지." 하지만 저는 그것을 어디까지나 재미있는 프로젝트로 바라보았고 그러면 된 거였죠.

저는 곧장 화이트보드 앞으로 걸어가 책을 쓰는 데에 필요한 모든 단계를 하나하나 적었어요. 시간은 좀 걸렸죠. 처음 적었을 때는 "10단계쯤 있는 거네. 맞지? 10단계면 돼"라고 말했지만요.

그런데 잘 생각해보니 그게 전부가 아니었어요.

"잠깐만. 각 단계 아래에 하위 단계가 10개나 20개쯤 더 숨어 있잖아." 10단계가 금방 70단계가 되더라고요. 프로세스가 어마어마하게 복잡해 보였어요. 실제로 그 정도는 아닌데 말이죠. 일이 지나치게 복잡해져서 저희는 조금 뒤로 물렀어요.

예를 들어, 책 쓰기를 시작하기 전에 포지셔닝*positioning*이 필요하죠. 포지셔닝은 책을 쓸 때 해야 하는 작업 중 가장 중요해요. 그 책이 독자의 마음속에 어떤 위치를 차지하느냐를 이해하는 일이죠. 쉬워 보이지만 그렇지 않아요.

책을 포지셔닝하기 위해 해야 하는 기본 단계는 세 가지예요. 당신도 이미 그 단계를 거치셨으니 잘 아시겠죠.

첫 번째 던져야 할 질문은 목표예요. 당신은 이 책을 왜 쓰려고 하는가? 독자가 무엇을 얻었으면 하고, 당신은 무엇을 얻고 싶은가? 우리는 저자와 함께 이 부분을 아주 명확하게 규정해야 하고, 저자의 목표가 정말로 현실적이고 달성 가능한지 확인해야 해요.

목표를 확인했으면 독자로 넘어가야죠. 주요 독자층은 누구인가? 두 번째 독자층은 누구인가? 그들이 누구인지 말해달라. 저희는 독자가 누구고 그들이 왜 이 책에 관심을 가질지 알아야 해요. 그러기 위해 정말 깊이 파고 들어가요. 아바타를 하나 만들죠. 독자가 이 책을 읽지 않아서 겪게 되는 괴로움에 대해 말해달라. 그들이 당신의 책을 읽고 그것을 적용하면 어떤 변화를 거치게 될 것인가? 그들이 얻게 될 이익은 무엇인가? 그런 부분을 아주 깊이 이해해야만 해요.

그다음 단계가 아이디어입니다. 다들 아이디어로 시작하고 싶어 하지만 그건 잘못된 방법이에요. 아이디어는 머릿속의 쓰레기에 불과하기 때문이죠. 목표는 현실에 단단히 닻을 내리고 있어야 해요.

아이디어까지 살펴보았으면 이제 그 세 가지(목표, 독자, 아이디어)를 다듬어서 막힘없이 술술 나오게 해야죠. 저희는 그것을 북극성 선언문 North Start statement(방향을 알려주는 북극성처럼 팀의 목표, 방향, 성공 기준 등 가장 핵심적인 가치를 표현한 문장–옮긴이)이라고 불러요.

세 가지를 종합해서 이런 식으로 표현해요. "나는 ~를 얻기 위해 ~하는 책을 쓰고 싶다." 이게 목표죠. "나는 ~에게 가르침을 전함으로써 그렇게 할 것이다." 이것은 독자고요. "~에 대해서"는 주제겠지요. "그러기 위해 나는 ~라는 궁극적인 목표에 도달할 것이다." 이런 식으로 정리하면 돼요.

그러고 나서 각 장의 브레인스토밍에 들어가요. 구성을 정하고, 알맞은 장을 알맞은 순서로 배치하죠. 그런 뒤에 책의 개요를 잡죠. 개요를 마친 뒤에 인터뷰에 들어가요.

책 내용과 관련된 인터뷰를 하는 거예요. 그 내용은 녹음해야죠. 나중에 녹음을 텍스트로 옮겨 쓰고요. 옮겨 쓴 내용을 보면서 책다운 문장으로 전환해요. 그런 다음 문장을 흥미롭게 다듬어요. 읽는 재미가 있어야 하잖아요. 그런 다음 저자와 함께 수정 작업을 거치고, 편집과 교정을 해요.

거기까지 마치면 어떻게 될까요? 책 한 권이 나오는 거예요. 표지, 마케팅, 커뮤니티 개발 등 상위 단계가 몇 개 더 있긴 하지만 여기까지가 책을 쓰는 기본 단계예요.

러시아 중첩 인형을 떠올리면 될 것 같아요.

집필, 출간, 마케팅이 있고, 집필 안에 6가지 작업이 들어 있죠. 출간에는 8~10개 정도의 작업이 있고요. 유통이나 마케팅의 경우, 어떤 수준까지 들어가길 원하느냐에 따라 솔직히 무한수의 마케팅 작업이 존재해요.

작업화는 큰 목표(책 출간)를 살펴보고 그 중첩 인형을 하나씩 여는 과정과 같아요. 더 작은 작업을 찾고 그 작업을 점점 더 세분화하는 거죠. 가장 작은 인형을 손에 넣게 되면 이제 일을 시작할 준비가 된 거예요.

세분화하여 쌓아올리기

헨리 포드는 84가지 단계를 바탕으로 범접 불가한 산업을 일구어냈다. 조립라인, 공장, 산업을 우리가 현재 알고 있는 모습으로 혁신했다. 그는 사고방식을 바꾸고, 새로운 방향으로 문제에 접근하고, 기본값을 재설정함으로써 그렇게 할 수 있었다. 포드가 한 일 중에 당신이 못 할 일은 없다.

작업을 세분화하려면 시간이 걸린다. 최종 결과물이 무엇인지 알아야 거기까지 가는 길을 이해할 수 있다. 다양한 업계의 리더들이 이 프로세스를 어떻게 이용하고 있는지 살펴본 이상 완전히 터무니없는 이야기처럼 느껴지지는 않을 것이다. 몇 장에 걸쳐 내가 한 이야기가 이제야 겨우 믿어지기 시작했을지도 모른다.

지금부터는 생각을 행동에 옮길 시간이다. 앞에서도 몇 가지 숙제를 낸 적이 있지만 이제 본격적으로 몸을 풀 때가 왔다. 이 방법의 효과를 직접 눈으로 확인해보길 바란다. 다음 단계를 건너뛰지 말라. 이어지는 실행 과제를 따라해보면 긱 마인드로 할 수 있는 일이 무엇인지 분명히 깨닫게 될 것이다.

실행 과제

이것은 T.I.D.E. 모델의 힘을 이해하기 위한 첫 번째 단계로서, 당신이 성공을 향해 나아갈 수 있도록 길을 열어줄 것이다. 앞서 이야기한 바와 같이, 아침에 출근을 준비하는 과정과 인상적인 슬라이드 자료를 만드는 일은 모두 작업으로 이루어져 있다. 이제 당신은 전 세계의 프리랜서 전문가들과 함께 일해보려고 마음먹었으니, 착수하고 싶은 프로젝트를 하나 정해서 시작해보자.

1. 성공적인 결과물이 어떠해야 하는지 정의한다. 뒤쪽부터 시작해 완료된 상태의 프로젝트를 상상한다. 무엇보다 시간을 갖고 당신의 목표나 비전이 무엇인지 진지하게 생각해보기 바란다. 그것을 간결한 문

장으로 적어라.

2. 이해당사자들은 누구인가? 이 일의 주된 대상은 누구인가?

3. 프로젝트의 개별 산출물은 무엇인가? 산출물은 구체적인 일정과 범주가 있는 구성요소로서 팀원이나 프리랜서에게 할당할 수 있다. 이 단계에서 얼마간 시간을 들여 충분히 브레인스토밍한다. 내 경우 이 단계에서 되도록 많은 내용을 적어놓고 나중에 다듬는 방식이 훨씬 도움이 되었다.

4. 결합하거나 간소화할 수 있는 항목이 있는가? 충분한 시간을 들여 각 프로젝트를 이해하고 해야 할 일이나 도출되어야 할 결과물이 무엇인지 적는다(범위, 명세서).

5. 각 구성요소는 어느 정도로 중요한가? 상/중/하로 우선순위를 부여하라.

6. 프로젝트의 현실적인 1차 일정은 무엇인가? 작업을 살펴보고 업무의 상호 연관성을 충분히 이해한다(예: 웹사이트의 와이어프레임은 개발을 시작하기 전에 완료되어야 한다). 이 모든 내용을 간단한 프로젝트 초안으로 작성한다. 나는 이 초안을 프리랜서들과 공유해 의견을 구하곤 한다. 이것은 기대치 설정에도 도움이 된다.

7. 전문가 네트워크와 함께 일한다는 점을 기억하라. 일을 진행해나가는 동안 그들의 생각을 묻고 우수 사례를 참고하도록 한다.

6장
식별

무엇을 맡길 것인지를 파악하라

"바쁜 것보다 생산적으로 일하는 것에 집중하라."

-

팀 페리스, 『나는 4시간만 일한다』 중에서

모든 회사 업무에 공통되는 보편 상수가 하나 있다면 그것은 "사람 잡는 파워포인트"이다.

형편없는 슬라이드 자료 때문에 눈물 날 정도의 지겨움을 참으며 회의실에 앉아 있거나, 그런 자료를 만드느라 몇 시간씩 허비한 경험이 다들 있을 것이다. 그것은 프로그램 탓이 아니다. 이 소프트웨어가 그동안 얻은 악명은 그걸 잘못 활용한 사람의 책임이다. 혼란스러운 그래픽으로 화면을 가득 채우고, 슬라이드마다 텍스트를 빽빽하게 집어넣고, 아이디어를 발표하는 대신 40장의 슬라이드를 글자 그대로 읽는 사람 탓이다.

내 직장생활의 어느 시점을 돌아보아도 컴퓨터 앞에 앉아서 (또!) 프레젠테이션을 만들던 기억을 회상할 수 있다. 텍스트를 배치하고, 핵심이 되는 이미지를 찾고, 빼곡하게 목록으로 정리해둔 화면 전환 효과를 돌려가며 사용했다. 나는 결과 중심이 아니라 지극히 과정 중심으로 일하고 있었다.

회의실에 임원들이 잔뜩 앉아 있고 누군가가 자기 생각을 전달해야 하는 상황을 상상해보자. 발표자는 준비를 마쳤고, 팀 전체가 모였고,

프레젠테이션이 시작된다. 글자 크기 10포인트와 엉성한 클립아트로 구성된 60장이 넘는 슬라이드. 그 발표의 성공 여부는 당신의 상상에 맡기겠다.

어느 순간 나는 효과적인 프레젠테이션 방법을 터득하지 못했음을 깨달았다. 프레젠테이션 소프트웨어의 기능만 익히고 있을 뿐이었다. 당시의 내 위치보다 몇 단계 낮은 직무에 능숙한 사람이 되는 훈련을 하고 있었다. 말이 안 되는 일이었다. 수석보좌관으로서 나는 수십 번의 프레젠테이션을 했고 수백 건의 프레젠테이션을 보았다. 그러면서 깨닫게 된 사실은 뒤쪽부터, 즉 결과부터 작업을 시작하는 편이 더 효과적이라는 점이다. 결과를 알고 나면 거꾸로 이야기의 살을 붙여나가기가 훨씬 편했다. 전달해야 하는 요점을 알기 때문에 핵심 분야를 중심으로 자료 조사를 진행할 수 있었다. 감정을 건드리는 요소도 적절히 끼워 넣었다. 목표에 초점을 맞추자 그 밖의 다른 것들은 모두 알아서 제자리를 찾았다.

내 목표가 "다른 사람들이 내 관점을 이해할 수 있도록 설득하는 것"이라는 사실을 알면 그 목표까지 가는 경로를 알아낼 수 있다. 우선 회의를 위한 발표 자료가 필요하다. 그 발표 자료를 만들려면 자료 조사, 동영상, 움직이는 그래픽, 데이터 시각화가 필요하다(각각 전문가들이 귀중한 역량을 발휘할 수 있는 영역이다). 이 모든 것은 흥미롭고 유익한 이야기로 합쳐져야 한다. 마지막으로, 청중의 관심을 사로잡을 수 있는 인상적인 방식으로 전달해야 한다.

제시할 데이터의 내용도 중요하지만 그 데이터를 특정한 방식으로 보여주어야 한다는 뜻이다. 도표의 형태에 따라 전달하는 의미가 달라질 수 있다. 색상은 사람들에게 감정적인 영향을 끼친다. 이것은 프레젠테이션을 디자인할 때 명심해야 할 부분이지만, 우리가 모든 단계에서 전문가가 되기란 불가능하다. 전문 디자이너는 이런 것들을 공부하는 사람들이고, 청중에게 강렬한 인상을 남기고 영향력을 발휘하는 방법을 알고 있다.

기본값을 재설정하기 전 나는 이 모든 일을 직접 했다. 밤늦도록 주제와 관련된 자료 조사에 매달렸고, 이 웹사이트 저 웹사이트 옮겨 다니다가 결국 토끼굴에 빠지기도 했다. 소프트웨어도 직접 독학해서(20년 동안 사용했고 수백 장의 슬라이드를 만들었으니 나 스스로는 그렇다고 생각한다) 그럭저럭 봐줄 만한 프레젠테이션을 곧잘 만들었다. 마지막으로, 약간의 농담과 스토리텔링으로 생기를 불어넣었다. 이 책을 읽으면서 짐작하셨는지 모르겠지만 나는 스토리텔링을 좋아하는 편이다. 이야깃거리를 찾아내는 재능이 있다. 하지만 그것은 한 가지 능력에 불과하고, 나는 더 많은 능력에 숙달해야 한다고 생각하고 있었다.

체계적인 스토리텔링의 중요성과 디자인의 힘을 깨닫게 된 것은 전문가 네트워크와 함께 일하고 그 영역을 진지하게 탐구하기 시작하면서부터다. 아이디어로 주목을 받으려면 최고의 발표 기술이 필요했다.

경영진이 검토할 발표 자료를 준비하는 일은 거대한 과업이었지만 정작 이 일에 관련된 사람들은 과정만 생각하고 결과를 생각하지 않았다. 마치 벽돌만 가지고 집을 설계하려는 것과 같았다. 집을 지으려면 벽, 지붕, 마루, 화장실, 부엌이 필요하지만, 무엇이 진짜 집다운 포근한 느낌을 만드는지는 누구도 고려하지 않았다. 모든 발표 자료는 뒤죽박죽이었다. 결과 중심적이지 않은 실무자들이 만든 탓이었다. 그러면 임원들은 이야기했다. "여기다 한 시간이나 할애할 여유가 없는데, 빨리 빨리 넘어가주실래요?"

긱 마인드를 실천한 후로 나는 다양한 작업을 분산시켰다. 여러 개의 웹사이트를 이용해 정확하게 내가 원하는 프레젠테이션을 만들 능력이 있는 프리랜서들을 찾았다. 내가 원하는 주제를 전공한 연구원, 멋진 프레젠테이션 포트폴리오를 갖춘 디자이너, 내가 하려는 말을 일관성 있는 논거로 전환할 수 있는 연설 초고 집필자도 있었다.

그것이 식별의 핵심이다. 당신은 프레젠테이션을 스스로 디자인할 역량이 충분하겠지만, 그게 시간을 사용하는 제일 나은 방법일까? 프리랜서들의 손을 빌려도 당신의 비전은 달라지지 않는다. 할리우드 영화감독이 되었다고 상상하라. 창작과 기술 전문가들로 팀을 짜더라도, 그들은 모두 '당신의' 아이디어와 '당신의' 목표를 구현해내는 데에 집중한다.

어느 기업에서나 흔히 이루어지는 시장 조사의 경우를 살펴보자. 예전에 나는 시장 조사를 하려면 큰 회사를 찾아서 정식으로 계약을 체결하고 몇 개월씩 프로젝트를 진행해야 했다. 그러면 그 회사는 계열사급의 자원을 투입하고, 대학을 갓 졸업한 사람들로 팀을 꾸리고, 일거리는 눈덩이처럼 점점 불어난다. 그들은 엄청난 수입을 올리고, 시장 규모 추적이니 전략 프로젝트니 하는 일들은 결국 우리가 한다.

이제 나는 컨설턴트로 활동하는 시장 전문가들에게 도움을 청하고, 두세 가지 프로젝트를 동시에 진행하기도 한다. 최근에 내가 계약한 시장 조사 전문가는 박사학위 소지자로 인도에 거주한다. 그는 놀랍도록 재능 있고 박식할 뿐 아니라, 그의 세계관과 경험은 내 것과 상당한 차이가 있다.

한번은 어떤 프로젝트를 진행하고 있었는데, 약간의 상세 정보가 필요했다. 토요일 아침에 작업 지시를 올렸더니 2시간 뒤 그가 손을 들어서 일을 맡게 되었다. 나는 그의 리서치 품질과 통찰의 깊이, 권고 내용에 경탄을 금할 길이 없었다. 그는 색다른 각도에서 문제를 바라보았고, 그것은 생각의 다양성으로 이어졌다.

그것만으로도 도움을 청할 만한 가치는 충분하다. 신뢰하는 전문가 네트워크와 함께 일할 때 얻을 수 있는 생각의 다양성은 당신에게 도움이 되고 당신의 아이디어를 돋보이게 만든다. 프레젠테이션에 특별한 느낌을 실어준다.

나는 생각의 다양성을 지향한다. 그리고 도움의 손길을 요청할 때마다 매번 배움의 폭을 넓혀갈 것이다. 큰 회사와 대형 프로젝트 하나를 진행할 수 있는 가격으로 소규모 시장 조사와 전략 프로젝트를 여러 개 진행할 수 있고, 나는 결과물에 대한 비전을 바탕으로 조사 결과를 종합할 수 있다.

다양성은 정말 강력한 힘을 발휘한다. 사람마다 각자의 관점을 보태고, 프로젝트에 좀 더 폭넓은 가치를 부여하기 때문이다. 이 책을 읽는 많은 독자가 대형 컨설팅 회사와 계약하는 문제로 고심한 경험이 있을 것이다. "이 그룹을 고용할 수 있다면, 혹은 저 회사를 쓸 예산이 있다면 정말 좋을 텐데"라고 생각하면서. 나는 그보다 나은 방법이 있음을 알려주는 것이다. 이것은 단순히 비용 절약의 문제가 아니다. 최상의 효과를 얻을 수 있는 곳에 예산을 집행하는 문제다.

해야 할 일이나 사소한 부분에 집착하다 보면 결과를 잊어버리기가 쉽다. 긱 마인드를 실천하기 위해서는 결과 중심적이어야 한다. 처음 작업화를 시작하고, 목표를 작은 덩어리로 세분화해놓으면 버거운 기분이 들 수도 있다. "이 모델 T를 만들려면 84단계가 필요하다고? 도저히 끝내지 못할 거야!"

하지만 당신은 이미 해야 할 일을 파악했고 그것이 혼자서 할 수 있는 범위를 넘어선다는 사실을 깨달았다. 당신 혼자서 해야 한다고 말한 사람은 아무도 없다. 결과가 중요하다는 점을 기억하라. 수석보좌관 시절 나는 곁에서 함께 일해주는 멋진 팀을 두고 있었다. 우리가 만든 프레젠테이션은 열의가 넘쳤지만, 결과가 아닌 과정에 초점이 맞추어져 있었다. 그래서 생각보다 효과적이지 못했다.

첫 번째이자 가장 중요한 단계는 당신이 할 수 있는 일인지, 팀이 해야 할 일인지, 아니면 프리랜서 네트워크에 맡겨야 하는 일인지 업무의 속성을 식별하는 것이다. 어렵게 느껴지더라도 속상해하지 말라. 원래 많은 이들이 어려워하는 부분이다. 기꺼이 통제를 포기하고 신뢰감을 갖는 것이 중요하다.

"하지만 이 일을 할 수 있는 사람은 나뿐이야. 이걸 다른 사람에게 설명할 시간에 차라리 내가 직접 하는 편이 낫지. 아, 프리랜서를 썼다가 좋지 않은 경험을 한 적도 있었고."

이것은 우리가 스스로 하는 변명이다. 무언가를 하지 말아야 하고 예전의 방식을 고수해야 할 이유는 끝이 없지만, 그 틀에서 벗어나야만 한다. 기본값을 재설정해야 한다. 무엇보다도 시간이라는 가장 큰 제약을 인식해야 한다.

우리 회사의 어느 디자이너와 나눈 대화가 기억난다. 그는 특정 세부 사항을 마음에 쏙 들게 만들어낼 수 있을지 걱정하고 있었다. 자신이 그 프로젝트를 해낼 수 있는 유일한 사람이라고까지 말했다. 나는 그에게 물었다. "지구상에 70억 명이 있는데, 당신이 이 일을 할 수 있는 유일한 사람이라고요?" 충격요법이었다. 그는 차분히 생각해보더니, 자신이 고정 마인드셋에 빠졌다는 사실을 인정했다. 그의 왕성했던 호기심은 어디로 갔는가? 왜 모든 것을 그가 직접 해야 하는가?

최고경영자라고 해서 남들보다 시간이 더 많은가? 아니다. 그들에게는 남다른 지원 조직이 있을 뿐이다. 최고경영자는 자신의 직접적인 감독 없이도 직원들이 일할 수 있게 프로세스를 구획하는 사람들이다. 직원들이 비전을 실행해주리라 신뢰하고, 조직의 최말단 직원까지 이해할 수 있도록 그 비전을 명확하게 정의한다. 당신이 회사의 모든 프로젝트를 직접 맡아서 할 수 있다는 생각은 처음부터 어불성설이다. 당신의 시간을 어디에 쓰는 편이 더 좋겠는가?

미래에 대한 훌륭한 아이디어와 비전이 있다면 자잘한 과업의 수렁에 빠져들지 말라. 어떤 업무를 분산시킬 수 있는지 식별하라. 새로운 팀을 찾아내라. 일을 시작하라.

한계를 알면 일을 맡길 사람을 찾기가 쉬워요

폴: 탑코더에서는 식별이 어떻게 이루어지고 있나요? 직접 할 일, 미룰 일, 포기할 일, 위임할 일을 어떻게 결정하죠?

마이크: 신뢰할 만한 네트워크를 갖추면 돼요. 프리랜서들을 알고 그들이 할 수 있는 일을 파악해야죠.

폴: 그 결정을 어떤 식으로 내리시나요?

마이크: 직원들은 능력치, 강점, 약점이 제각기 달라요. 모든 사람이 다르듯이.

탑코더에는 사람들 한 명 한 명에 대한 통계가 있어요. 스포츠처럼 생각하시면 되겠네요. 야구에서도 타자, 투수, 주자, 외야수, 불펜에 대해 통계를 내잖아요. 공도 잘 치고, 불펜도 뛰어나고, 외야 수비도 잘하는 사람은 드무니까 각 영역을 독립적으로 살펴보는 거예요. 한 가지 이상의 분야에서 두루 활약하는 사람은 찾아보기가 아주 힘들고, 그건 탑코더의 경우도 마찬가지예요.

저희 기록상 두 가지 다른 분야에서 최상급을 의미하는 '레드^{red}' 등급을 받은 사람은 딱 한 명이었던 것으로 기억해요.

하루에 세 분야에서 레드 등급을 받은 사람도 있었다는 전설 같은 이야기가 있긴 한데, 사실이 아니었기 때문에 증거는 없어요. 그야말로 코딩계의 네스 호 괴물 같은 존재죠. 하지만 제 말의 요점은 특정 분야에 정말 탁월한 실력자들이 있다는 것이고, 저희는 그걸 보면서 "최고의 실력을 뽐낼 기회를 주고 싶다"라고 생각했어요.

저희 플랫폼에서 알고리즘과 데이터 과학은 한 분야로 분류돼요. 소프트웨어 개발이 두 번째 분야죠. 창작 디자인은 세 번째 분야고요. 그리고 그런 분야들 내에서 알고리즘 문제 유형이나 기술이나 디자인 유형에 따라 한층 더 세분화할 수 있지만, 모든 것은 전부 그 사람에게 자기 능력치를 뽐낼 기회를 주기 위한 목적이었어요.

당신이 원하는 수준으로 모든 것을 다 잘할 수 있는 한 사람은 없어요. 그건 당신도 마찬가지죠. 당신이 모든 일을 다 직접 할 수는 없잖아요. 그 사실을 깨달으면, 자신의 한계를 인식하면, 그 일을 맡길 사람을 찾기가 쉬워요.

폴: 그렇게 적절한 사람을 찾으면…….

마이크: 그러면 당신이 할 일을 결정할 수 있죠. 그런 식으로 위임할 업무를 식별하는 거예요.

초인적인 능력의 해결사들

폴: 나사는 세상에서 가장 똑똑하고 혁신적이라는 사람들이 모여 있는 곳인데요. 프리랜서와의 협업이 필요한 때를 어떻게 식별하시나요?

스티브: 우리 사회는 혁신적인 아이디어와 혁신적인 사람들을 뭉뚱그려 생각하는 경향이 있어요. 두 가지가 하나이고 같아서 혁신적인 아이디어가 있는 사람이 그 아이디어를 실행해야 한다고 믿죠. 하지만 그건 사실이 아니에요. 문제에 대한 혁신적인 해결책을 찾고 있다면 그 혁신적인 해결책에 필요한 아이디어와 기술을 찾아줄 다른 분야의 전문가와 관점이 꼭 필요해요.

결국은 외부인의 관점을 활용해 해결책을 찾고 그 관점을 내부로 가져오는 형태가 되죠. 내부에 없는 전문지식을 찾으러 밖으로 나가야 할 수도 있지만, 어떤 경우든 그들을 꼭 채용할 필요는 없어요. 대중의 참여를 끌어내 필요한 것을 찾을 수 있죠.

저희는 오래전에 은하 우주방사선 챌린지를 열어서 이런 질문을 던졌어요. 어떻게 하면 은하 우주방사선으로부터 인간을 보호할 수 있는가?

7명의 결승진출자는 모두 전 세계 곳곳의 대학에서 핵물리학을 공부한 사람들이었고, 해결책을 찾느라 각자 40~70시간을 쏟아부었어요. 답을 찾기 위해 서로 협업하기도 했죠. 모두 2만 달러의 상금을 받기 위해서였죠. 다른 방식으로 동원하기 힘든 인재 풀을 이런 식으로 활용할 수 있다는 것은 굉장한 일이에요. 한번 생각해보세요. 이런 문제를 해결해줄 핵물리학자들을 어떻게 채용할 수 있을지. 그들을 초빙해오는 과정 자체가 너무나 어렵겠죠.

사실 참가자들은 향후 사용할 수 있는 새로운 기능이나 기술을 개발하기 위해 경진대회를 활용하기도 해요. 상금을 타든 못 타든 그 과정에서 무언가를 얻게 된다는 걸 아는 거죠. 나사는 엑스프라이즈*X Prize*(인류 공동의 거대 과제 해결을 위한 경진대회를 주최하는 비영리 벤처 재단)의 경진대회와 유사한 센테니얼 챌린지*Centennial Challenge*를 주최할 때, 백만 달러를 걸고 이렇게 말해요. "자, 누가 제일 먼저 답을 찾을까요? 이 불가능한 문제를 풀 수 있는 사람은 누구일까요?"

그러고 나서 가만히 지켜보면 회사, 개인, 학계가 모여서 팀을 짜고, 협업하고, 무언가를 만들어요. 사실 이런 활동에 투자되는 연구개발 자금은 결과적으로 상금의 4배에 달해요. 경진대회에서 받는 상금보다 4배 더 많은 돈이 연구개발 비용으로 쓰인다는 이야기죠. 그 대신 경쟁자들은 해당 분야에서 일할 기회를 얻고, 인지도를 쌓고, 기량을 높일 수 있죠. 놀라울 정도로 유능하고 창의적인 사람들이 프리랜서 자격으로 이런 기회에 참가하려고 몰려드는 이유예요.

DARPA 자율주행차 챌린지의 경우도 마찬가지예요. 현재 자율주행차 전문 기업을 운영하는 사람들을 살펴보면 다들 그 경진대회에서 경합을 벌였던 사람들이죠. 꼭 우승자가 아니더라도 경쟁에 참여했던 사람들이요. 이런 경쟁은 기술을 닦고 묘안을 찾아낼 수 있는 기틀과 목표를 제공해줘요. 전통적인 기술 개발 활동과 달리 좀 더 협력적이죠. 원하는 분야에서 일하고, 인지도를 얻고, 실력을 쌓을 기회가 되니까요.

이것은 정말 매력적인 모델이에요. 프리랜서, 긱, 콘테스트 모두 서로 교차점이 있고 같은 도구를 사용해요. 일반적인 직장 밖에 있는 사람들의 역량을 실질적이고 의미심장한 방식으로 이용한다는 점에서요. 누군가가 제공할 수 있는 역량과 그 역량이 필요한 사람을 서로 연결하는 다양한 방법인 거죠.

저는 어떤 니즈와 그 니즈를 충족할 수 있는 누군가를 매칭시킨다는 개념으로 설명하고 싶네요. 에어비앤비는 남는 방을 머물 곳이 필요한 사람들과 매칭시킨 거죠. 우버는 탈것이 필요한 사람들을 자동차가 있고 운전을 할 수 있는 사람과 매칭시킨 거고요. 콘테스트는 누가 풀 수 있을지 명확하지 않을 때 어려운 문제를 푸는 데 필요한 아이디어와 전문지식을 매칭시키는 아주 효과적인 방법으로 드러났어요.

상황은 대개 이런 식으로 전개돼요. 열 명의 내부 과학자가 몇 년씩 이 문제에 매달렸는데 아직 해결책을 찾지 못한 거예요. 그러면 제가 경진대회를 공지하죠. 누가 나타날지는 저도 몰라요. 아니나 다를까, 대중 가운데 누군가가 혁신적인 해결책을 들고 등장해요. 거의 매번 어김없이요. 해당 분야 바깥의 인물인 경우도 많아요. 실제로, 성공적인 해결책의 70퍼센트는 문제 소유자와 동일 분야가 아닌 사람들에게서 해법이 나왔다는 하버드경영대학원 연구 자료도 있어요.[25]

그것은 연구개발 측면에서 획기적인 전환점이에요. 오랫동안 우리는 화학자들로 팀을 꾸려서 화학연구실에 집어넣고 "최신, 최첨단 화학 혁신을 찾아내시오"라고 이야기해왔어요. 이제는 그 과제를 대중에게 공개하는 거예요. 대중은 이루 말할 수 없이 다채롭기에, 그 화학자들이 미처 생각지 못한 방식으로 기술을 찾고 통합해내기도 하거든요. 대중은 그런 혁신적인 해결책을 생각해낼 수가 있어요. 놀라운 일이죠. 이 방법으로 효과를 보는 경우가 많다는 점이 놀랍고, 일이 돌아가는 방식도 놀라워요.

알고 보니 세상에는 문제 해결에 대한 열정이 높은, 초인적인 능력의 해결사들이 몇 명 있더라고요. 한 분은 나사의 마스 바운즈*Mars Bounds* 챌린지에서 우승하셨는데요, 이어서 이노센티브 플랫폼에서 진행된 17개의 다른 경진대회에서도 우승하셨죠. 그분은 온갖 분야의 수학에 능통하고 놀라운 업적을 낼 수 있는, 분야를 가리지 않는 '수퍼너드'였어요. 그런 분들은 꼭 함께 일해보고 싶은, 정말 흥미로운 인적 자원이죠. 조직 안에서라면 그런 인재도 아주 좁은 범위의 과제를 수행하느라 손발이 묶이고 자신의 역량을 온전히 발휘하지 못할 테니까요. 플랫폼을 통해 모든 산업의 난제를 만날 수 있는 이 거친 문제 해결의 장에서 그분은 자신의 역량을 가장 잘 발휘할 수 있는 곳, 자신의 두뇌가 가장 잘 쓰일 수 있는 분야에서 활약하고 있었어요.

사람들은 실제로 새로운 것을 배우고 싶어 해요. 만약 실력을 키우도록 자극하는 프로젝트가 없다면 어떤 방법으로 배우겠어요?

국토안전부가 캐글*Kaggle*(기계 학습을 전문적으로 다루는 데이터 과학자

160만 명이 모여 있는 커뮤니티)에서 1,500만 달러 상금 규모의 콘테스트를 진행한 적이 있어요. 공항 스캐너를 통과하는 사람들의 무기 소지 여부를 좀 더 효과적으로 감지하는 알고리즘을 찾기 위해서였죠. 경진대회에 참가해 기계 학습 분야에서 실력을 길러보자고 생각한 버클리대 신입생이 10만 달러를 받아갔어요. 그 학생은 기계 학습을 배우고 싶었고, 대회 참가라는 멋진 프로젝트를 통해 교과서에서 배운 기법을 적용해볼 수 있을 것으로 생각했다고 말했어요.

학생은 온라인으로 기계 학습을 공부하기 시작했어요. 소프트웨어를 잘 다루는 친구여서 기계 학습 API/소프트웨어를 접해보고 사용해본 경험이 있었지만, 수학이나 전통적인 데이터 과학 전공자는 아니었어요. 그는 온라인 학습이 가르쳐주는 대로 기계 학습 모형을 구성한 다음, 기계 학습은 훈련 데이터를 많이 제공할수록 성능이 향상된다는 설명을 읽게 돼요. 국토안전부는 알고리즘 구축에 도움이 될 이미지 수천 장을 참가자들에게 제공해준 상태였죠. 하지만 기계 학습에서는 수만, 수십만 장이 필요해요.

이 버클리대 학생은 우연히도 비디오 게임 관련 프로그램을 다루어본 경험이 있었고, 블렌더^{Blender}와 같은 3D 그래픽 렌더링 도구로 스크립트를 작성하면 다양한 피부색, 골격, 체형으로 실물과 똑같은 사람들을 만들어낼 수 있다는 것을 알고 있었어요. 그래서 국토안전부가 제공해준 스캐너 이미지와 비슷하게, 각기 다른 자세로 몸에 무기를 지닌 사람들 수천 명의 이미지를 생성하기 위해 스크립트를 짰어요. 그런 다음 그 데이터 세트를 가져다 자신이 만든 기계 학습 모형에 돌렸어요. 결과적으로 그의 모형은 10위 안에 들 정도로 훌륭한 성능을 나타냈어요. 그가 설계를 발표하는 동안 국토안전부 관계자들은 함께 일해볼 생각이 있는지 묻기까지 했다니까요. 자신들도 그런 방법은 전혀 생각하지 못했다고 솔직하게 인정하면서요. 사실, 그 기법을 알았더라면 데이터 구성에 드는 시간과 비용을 크게 절감할 수 있었겠지요.

그런 종류의 혁신은 틀 안에서 생각하는 사람들에게서는 나올 수 없어요.

폴: 그러면 결국 사람에 달려 있다는 말씀인가요?

스티브: 작업을 이해하고 세분화하면서 저희는 그런 생각을 하게 됐어요. 덕분에 적절한 질문을 던지고 적절한 사람을 찾을 수 있었고요. 그러면서 해야 할 일과 포기할 일을 식별할 수 있게 되죠. 제일 먼저 적절한 사람부터 찾아야 해요.

경계를 허물고 새로운 팀과 일하라

폴: GE는 이 부분에 약간 다르게 접근하고 계시잖아요. 4D, 즉 Do(직접 할 일), Delay(미룰 일), Drop(포기할 일), Delegate(위임할 일)를 결정할 때, 적절한 인재를 어떻게 찾으시나요?

다이언: 적절한 인재 찾기는 긱 이코노미의 진정한 마법이죠. 요즘에

는 이용할 수 있는 전문가 시장이 너무나 많아서 어느 때보다도 자유롭게 꼭 맞는 재능을 가진 사람을 모집할 수 있어요.

예전부터 저희는 대체로 상근 직원과 공급업체의 인력에 의존해 사업을 운영해왔어요. 인력 자원 설계에 접근하는 방식을 새로운 각도에서 바라보고, 직무보다는 작업과 역량을 일의 기본 단위로 삼는다면, 나아가 긱 이코노미를 통해 사실상 무한한 전문가 집단을 이용함으로써 상근 직원과 공급업체의 인력 풀을 늘린다면, 훨씬 자유롭고 정밀한 방식으로 운영에 필요한 인력 자원을 조달할 수 있죠.

이런 접근법은 저희 팀에 새로운 기회의 장을 열어줍니다. 인력 운용에 이렇게 정밀한 접근법을 취함으로써 훨씬 큰 성공을 거둘 수 있죠.

이 부분을 자세히 설명하기 위해, 앞서 말한 육상 조업 프로그램의 사례로 다시 돌아가 볼게요.

육상 조업에 필요한 물과 프로판트 양을 줄이는 혁신적인 해결책 도출에 초점을 맞추자, 거기에 상응하는 역량들을 파악할 수 있었고, 이를 통해 목표에 꼭 맞는 혁신을 도출해낼 수 있을 거라는 확신이 들었어요. 목표로 삼은 전문 기술을 좀 더 자잘한 역량들로 작업화함으로써, 시추 산업 내부에서 전문가와 해결 경로를 찾는 것은 물론, 다른 산업 부문에서까지 좋은 짝이 될 만한 전문가와 해결책을 모색할 자유로움을 얻었죠. "뻔한 답"을 뛰어넘어 우리가 미처 몰랐지만 더 나은 성과를 얻는 데에 도움을 줄 전문가들과 관계를 맺게 된 거예요.

이렇게 분류한 목표 역량을 가지고, 저희는 개방적 혁신 방법론을 적용해 기술과 과학 분야의 전문가 약 200만 명이 활동하는 커뮤니티와 소통하면서 필요한 범위에서 도움을 청했어요. 역량을 분류해놓은 덕분에 프로필이 저희의 목표 역량과 일치하는 전문가들과 직접 소통할 수 있었던 거죠. 이 개방적 혁신 방법론을 사용함으로써 관심사와 아이디어, 관련 역량이 저희와 일치하고 귀중한 협력자가 될 만한 전문가들로 도달 범위를 넓힐 수 있었어요.

간략히 정리해보면, 저희는 범위의 작업화, 상세한 역량 분류, 핵심 인재 풀과 교차 수분(서로 다른 두 집단이 서로 교류하며 영감을 나누고 상호 영향을 미치는 활동-옮긴이)을 활용한 전문가 커뮤니티 매핑으로 식별에 접근했어요.

결국, 문제를 명확히 기술하고 작업화하는 능력 덕분에 다른 업계까지 범위를 넓혀서 해결책을 찾고, 문제에 대해 적절한 응용 방법을 알 수도 있는 전문가를 발굴할 수 있는 거죠. 저희가 작업화로 여러 산업에 손을 뻗치고, 매우 파격적인 해결책을 끌어올 수 있는 건 문제 구성요소를 세분화하고 새로운 맥락에서 의미 있을 수 있는 해결 구성요소를 끌어오기 때문이에요.

마이크나 스티브, 터커나 존의 사례를 읽을 때, 저희와 조금 차이를 느끼실 텐데요. 저희는 직원 20명이 조직 내부에서 해결 방법을 모색했지만, 천체물리학자는 완전히 다른 문제를 들여다봄으로써 해결 방법을 생각해냈죠. 어느 경우든 그렇게 분야를 넘나드는 대화, 그런 생각의 다각화는 혁신과 해결책의 원동력이 돼요.

식별이 작업화와 연결되는 방식은 다음과 같아요. 해야 할 일을 정확하게 알면 무엇을 위임하고 미루고 포기해야 하는지 쉽게 결정할 수 있죠. 업무 작업화를 통해 우리는 전통적인 전문가들을 끌어올 수 있을 뿐 아니라, 업무를 작업화하지 않았다면 불가능했을 방식으로 다양한 산업에 걸쳐 놀라운 해결책, 놀라운 전문 기술을 끌어올 수 있어요. T.I.D.E. 모델에서 작업화와 식별 단계가 중요한 이유가 여기에 있죠.

이것은 중공업계로서는 아주 큰 변화입니다. 예전에는 업무를 작업화하더라도 전부 내부적으로 해결하곤 했어요. 반드시 내부에서 끝내야만 했고, 작업을 미루거나 위임하는 일은 없었어요. 외부에 도움을 청하거나 일을 키우지 못하도록 막는 벽이랄까 경계선 같은 게 존재했으니까요.

업무를 작업화하고 경계선을 넘어 전문가를 조달해올 경우, 그러니까 최고의 전문가나 최고의 해결책을 찾는 데에 경계선의 제약이 없다고 생각할 경우, 훨씬 효율적인 방식으로 더 나은 성과를 얻을 수 있어요.

저희는 이 원칙에 따라 전문가를 조달하고 해결책을 조달합니다. 업무를 작업화하고, 최고의 해결책, 최고의 전문가, 꼭 맞는 전문가를 찾는 데에 '어떠한 경계선도 없다'라고 생각하는 거죠. 아무런 경계선 없이 업무를 수행할 수 있다는 생각으로 세상을 바라보아야 해요. 이것은 약간 도발적인 표현일 수도 있는데요. 실제로 경계선이 존재한다는 것은 다들 알지만, 그 경계선은 이제 막 새롭게 정의되고 있기 때문이에요.

아무 제약 없이 누구에게든 컨설팅을 받을 수 있고 어떠한 인맥이든 동원할 수 있다면 어떤 일을 해낼 수 있을지 상상해보세요.

또 하나의 간단한 예는 내부 전문가의 활용과 관련된 부분인데요. 외부의 프리랜서 인력이 아니라, 작업화 후 내부 조직의 맥락 안에서 업무의 경계선을 넘나들며 전문가를 조달해 지원받는 방식이죠.

아직 혼란스러우신가요? 조금 더 자세히 설명해볼게요.

저희 팀 중 하나는 스타트업이었어요. 그 팀은 몇 년 전에 사내에서 새로운 사업을 시작했죠. 제법 큰 목표를 달성하라는 지시를 받고 소규모로 인원을 꾸렸는데, 그게 바로 저희 회사의 적층 제조팀이었어요. 간단하게 설명하자면 적층 제조란 3D 모형 데이터를 바탕으로 재료를 쌓아서 물건을 만드는 공정이에요. 절삭 가공과 반대되는 개념으로, 한 겹 한 겹 층을 쌓는 방식이죠.

그 팀은 저희 항공사업부 내부에서 육성하는 팀이었고, 여러 산업사업부의 경계를 넘나들며 일하도록 지시받았어요. 회사 전체의 엔지니어, 기술자, 제품 관리자와 소통하면서 적층 제조로 할 수 있는 일이나, 적층 기능을 도입함으로써 제조 시설의 생산성을 높일 방법에 관해 이야기를 나누는 것이 주 업무였죠.

여기서 키워드는 소규모 팀, 적층 제조, 큰 목표예요. 이 팀에게는 몇 년 안으로 산업사업부 조직을 통틀어 50억 달러의 생산성 향상을 실현하라는 임무가 떨어졌어요. 그래서 저희는 적층팀과 협업해 그들이 해결해야 할 문제를 분석했어요. 어쨌든 핵심은 이 팀이 산업사업부 전체를 대상으로 생산성 이익(생산 비용을 절감하거나 품질을 높여 가치를 창출하는 방법) 50억 달러를 달성해야 한다는 것이었죠.

모든 팀과 회의를 해야 했고, 전 세계 곳곳에 흩어져 있는 회사의 모든 산업공학팀과 제품팀을 대상으로 교육도 해야 하는데, 자원은 한정적인 상황이었죠. 그런 다음에는 적층 기술을 도입할 경우를 고려한 로드맵 작성을 위해서도 협업해야 했고요. 그래서 저희는 그 팀에 플랫폼을 하나 제공했어요. 디지털 협업을 뒷받침하도록 구성된 웹사이트였죠.

전문가를 불러오려면 문서화가 대단히 중요해요. 저희는 교육 자료를 디지털 기록으로 만들고 적층 기술이 다양한 제품군에 어떠한 도움이 될 수 있을지에 관한 아이디어들도 문서로 만든 다음, 전통적인 방식으로 제조하던 제품을 적층 제조 제품으로 전환할 때의 잠재적 영향에 관한 정보도 수집하기 시작했어요.

이렇게 디지털화된 팀은 그 디지털 플랫폼을 사용해 여러 가지 기회의 우선순위를 정할 수 있었어요. 디지털 플랫폼 덕분에 다양한 작업의 디지털 기록이 제품 관리 툴게이팅 시스템을 빠른 속도로 통과할 수 있었고요.

결과는 어땠냐고요? 이 팀은 작업 중심 접근법과 협업 접근법을 통해 9개월 만에 50억 달러 목표를 달성할 수 있었어요. 업무를 세분화하고, 그 업무에 좀 더 폭넓은 전문가 생태계를 적용하는 방법만으로요. 업무를 작업화했기 때문이었죠. 업무를 다양한 구성요소로 세분화한 다음, 디지털 플랫폼을 통해 접근할 수 있게 한 거예요.

이 방법은 팀의 도달 범위와 업무 속도를 즉시 확장해주었고, 팀은 훨씬 효과적인 방법으로 목표를 달성할 수 있었어요.

폴: 당신의 입장에서는 그 확장으로 인해서 할 수 있는 업무가 늘어난 셈이네요.

다이언: 예전 같으면 저희가 내부 업무를 그 정도까지 감당할 수 없었을 거예요. 많은 작업을 포기하곤 했었죠. 작업에 알맞은 전문가를 찾고 경계를 허물어 새로운 팀들과 함께 일함으로써, 저희는 훨씬 더 많은 업무를 위임할 수 있었어요.

직접 할 일과 위임할 일을 파악해야 해요

폴: 출판업계에서 경쟁력을 얻기 위해 회사가 해야 할 일을 어떻게 식별하셨나요?

터커: 스크라이브의 경우, 제가 이미 출판사를 소유하고 있었기 때문에 식별이 쉬웠어요. 제 책을 쓰면서 이미 해봤던 작업이기도 하고요. 그래서 방법을 알고 있었고, 함께 일할 사람들도 다 아는 사이라서 수월했죠. 처음에 두어 권을 진행할 때는 문제가 없었어요. 규모를 확대하기 시작하면서부터 문제가 나타났죠.

열 권이라면 제가 친구들과 함께 작업해볼 만한 분량이죠. 하지만 백 권이라면 저와 친구들이 감당할 수 있는 수준을 넘어서요.

저희는 전체적인 프로세스를 수립해야 했어요. 책 한 권을 작업하면 끝이 아니라 여러 권을 대대적인 규모로 작업해야 하니까요. 프리랜서를 찾고, 테스트하고, 심사하고, 그들의 업무 적응을 돕기 위한 프로세스를 생각해내야 했는데, 이 프로세스는 아주 중요하죠.

실은 단계를 하나 더 추가하는 편이 좋겠네요. 출판은 제가 체화된 지식을 가지고 있는 분야예요. 명시적으로 드러나지 않는 암묵적 지식이요. 그러니까 이 앞에 한 단계가 더 있는 셈이죠. 사람을 찾기 전에, 어떤 소양을 살필 것인지 알아야 해요.

어떤 역량이 필요한지 정확히 파악해야 해요. 그게 첫 번째 단계라고 생각해요. 저는 그것을 체화된 지식으로 가지고 있었어요. 책 디자이너가 어떠해야 하는지 이미 알고 있으니까요. 저는 그들이 어떤 일을 할 수 있어야 하는지 알아요. 작가가 할 수 있어야 하는 일도 알고요. 저는 이미 알고 있는 상태였지만, 누군가가 이 프로세스를 단독으로 관리한다면 이 단계에서 다들 실수를 저지르겠죠. 그다음 단계는 쉬우니까요.

이것은 관련된 사람 모두가 추구하는 비전이나 콘셉트와도 연결되는 부분인데요. 사람을 찾을라치면 작가들을 위한 시장은 너무나 많아요. 리즈*Readz*도 있고, 미디어비스트로*Mediabistro*도 있고, 스크라이브도 있죠. 솔직히 이미 열 군데는 있어요. 대도시의 크레이그리스트*Craigslist*(온라인 생활정보 사이트)에 가서 찾을 수도 있고요. 지금 이곳 뉴욕에서도 가능하죠.

농담이 아니라, 지금 당장이라도 뉴욕에서는 크레이그리스트를 통해 작가들을 찾을 수 있어요. 사람을 찾는 것은 문제가 아니죠. 예전에는 문제였지만 2019년에는 시장이 널렸어요. 문제는 사람을 찾는 게 아니에요. 무엇이 필요한지 이해하는 것, '무엇'과 '누구'를 파악하는 것이 문제죠. 대다수 사람에게 그것은 정말 큰 문제예요. 정확히 어떤 소양이 필요한가?

복잡한 프로세스일수록 더욱 그래요. 단순한 프로세스에서는 문제가 안 돼요. 가령 주택 도장공에게 필요한 소양은 누구나 알아요. 집을 기가 막히게 잘 페인트칠해줄 사람이 필요하겠죠. 하지만 작가나 편집자에게 필요한 소양을 누구나 다 아는 것은 아니에요. 개발 편집, 평가 편집, 콘텐츠 편집, 윤문 편집, 본문 편집, 교정이 필요할 수 있겠죠. 이것은 각각 차이가 있고, 서로 다른 작업을 의미해요. 그것이 전문가에게 어떤 의미인지 모르면 실수를 저지르게 될 거예요. 어떤 서비스나 스킬이 필요한지를 분명히 해두어야 해요.

이런 작업마다 적어도 두어 개의 시장이 있어요. 그 시장을 찾아내고, 실력을 테스트할 방법을 알아내야죠. 솔직히, 저도 글을 쓰는 사람이지만 제가 작가의 이력서만 보고 그 사람의 실력을 알 수 있다고는 생각하지 않거든요.

대필자 채용 시 그동안 쓴 책, 기사, 블로그 등을 입력하는 칸이 있긴 해요. 그런 게 별로 상관없다는 뜻이 아니라, 그건 진입을 위한 참가비 같은 개념이에요. 책을 써본 적이 없다면 저희는 거들떠보지도 않아요. 여러 권을 썼을수록 좋지만, 후보자로 고려해볼 만한 최소 기준은 세 권이에요. 세 권을 썼다면 스크라이브(대필자)가 될 최소 요건은 충족한 거예요.

퓰리처상을 받은 작가와 에미상을 받은 작가들도 탈락한 적이 있었어요. 글을 잘 못 써서 그런 것은 아니었어요. 구체적인 스킬이 저희 프로세스와 잘 맞지 않아서였죠. 저희 프로세스는 단지 글을 제일 잘 쓰는 사람을 원하는 게 아니니까요. 대필자가 저자와 전화로 이야기를 나눌 수 없거나, 친밀감을 형성할 수 없거나, 저자를 이해해주지 못한다면 글을 잘 쓰는 능력만으로는 부족해요.

작가로서 아직 성장 중인 대필자들도 많아요. 정식으로 채용해서 뭔가 쓰도록 맡기기에는 아직 부족한 감이 있는 사람들이죠. 하지만 그들은 저자와 친밀감을 형성하고, 저자를 이해하고, 저자들과 관계를 쌓아가고, 저자의 목소리와 의도를 진정성 있는 방식으로 페이지 위에 담는 데에 뛰어나죠.

그런 일을 할 수 있고, 필력도 좋아야 해요. 저희 대필자들은 전부 그래요. 어떤 사람들은 딱히 힘들이지 않고도 재미있는 문장을 쓰는 데에 강점이 있죠. 저희가 그들을 심사하지 않았다면 이런 특징들을 알아내지 못했을 거예요.

프로세스는 여러 단계에 걸쳐 진행되어야 하고, 지원자들과의 모든 상호작용을 테스트로 바라보아야 해요. 저희는 그렇게 하고 있죠. 예전에는 프로세스가 약간 두서없이 진행됐지만, 지금은 대필자 채용을 위한 프로세스가 아주 세밀하게 정리된 상태예요.

시작은 양식 작성이에요. 작성을 마치면 저희가 보내는 이메일을 받으시게 돼요. 솔직히 약간 번거로운 절차인데, 대필자 입장에서 일부러 번거롭게 만든 측면이 있어요. 왜냐면 그런 프로세스를 통과하고 세부 작업을 이행하고 그런 노력을 들일 의지가 없다면 저희 프로세스에 잘 맞지 않는 분이니까요. 저희는 지원자들이 실제로 감수해야 하는 수고 못지않게, 아니면 그 이상으로 열심히, 힘들고 까다롭게 평가 프로세스를 진행하려고 노력해요.

저희는 모든 상호작용 하나하나를 테스트로, 그 테스트의 일부로 바라봐요. 편집 샘플을 제출하는 경우, 단순히 편집만 보지 않아요. 얼마나 빨리 마쳤는지도 살피죠. 작업 시간을 48시간 드리는데, 5시간 안에 제출했는지, 마감 시간 5분 전에 제출했는지 확인하죠. 그건 절대적으로 중요한 부분이에요. 저희는 그런 부분도 많이 봐요.

늦게 제출했거나, 프로세스 어딘가에서 무언가를 빠뜨렸다면 그대로 끝, 탈락이에요. 첫 데이트에서 노력조차 하지 않는다면 앞으로의 관계가 어떨지 짐작할 수 있는 이치와 같다고나 할까요? 두 가지는 정확히 똑같아요. 지원자는 모두가 일거리를 얻으려고 노력 중이라는 가정 아래에, 아주 세심하게 신경 써야 해요. 이렇게 표현해도 될지 모르겠지만 구애 단계에서 부정적인 조짐이 보인다면 빨간 깃발을 들어야죠.

그러니까 프로세스를 정의하고, 사람들에게 기대하는 소양이 정확히 무엇인지 알아내야 해요. 말씀하셨듯이, 직접 할 일과 위임할 일을 파악해야 해요. 그게 불확실하다면 두 눈을 가린 채 걷는 것이나 다름이 없죠.

슈퍼맨에 가까운 프리랜서들

폴: 식별에서 가장 중요한 사항이 뭐라고 생각하세요?

존: 이 단계에서 내리는 결정(직접 할 일, 미룰 일, 포기할 일, 위임할 일)에 따라 프로젝트의 범위가 정해지고, 이것은 네트워크에 기대치를 전달할 수 있게 도와줘요.

한 사람 혹은 한 명의 직원이 모든 일을 할 수는 없죠. 그건 불가능해요. 만약 그걸 기대하면 무슨 일이 벌어지느냐? 프로젝트를 미루거나 아예 포기해버리게 되죠. 신뢰할 만한 네트워크를 구축해야 하는 이유가 여기에 있어요. 작업을 제쳐두는 대신, 전문가에게 위임하고 다른 작업을 할 수 있으니까요.

기업들은 정해진 경계선 바깥으로 나와 프리랜서 시장과 교류하면서, 어떠한 작업이든 완수하는 데에 필요한 전문가들을 찾을 수 있다는 사실을 깨닫고 있어요.

태양물리학(태양이 태양계에 미치는 영향을 연구하는 학문) 분야의 난제를 해결하고자 했지만 최고의 과학자 열 명이 10년 동안 매달려도 진전을 보지 못했을 때, 나사는 팔짱을 끼고 서서 해결책이 나오기만을 기다리진 않았어요.

플랫폼과 콘테스트에 질문을 올리는 데서 많은 성과가 나오는 상황이니까요. 그런 대회에서 우승하는 사람들은 기하급수적인 기술과 지식을 가지고 있거나 그런 지식이 있는 사람들을 알고 있죠.

기억하시겠지만 그 은퇴한 휴대전화 엔지니어는 대학에서 태양물리학을 공부했고 휴대전화 일을 하다가 방사선에 관해 알게 된 사람이었어요. 그런 사고의 다양성은 고정된 사고방식으로는 결코 다다를 수 없는 혁신과 발명으로 이어져요. 나사 내부의 태양물리학자들은 그런 경험이 없었죠.

제가 보기에, 작금의 상황은 내부 팀원들을 슈퍼히어로로 만들어주고 있는 것 같아요. 저희가 평범한 지식노동자 계층의 기술과 지식으로 어떻게 아이언맨 슈츠를 만드느냐고요? 아무리 전문가 지성이 있다 한들 내부 팀과 내부 팀원들이 무슨 수로 슈퍼맨이 되고 초강력한 능력을 발휘하느냐고요?

세상은 워낙 다채로움이 가득해서 어느 한 사람이 효율적인 방법으로 문제를 해결하기란 불가능한 것 같아요. 그래서 네트워크가 필요하고, 네트워크를 만드는 게 중요하죠. 저희 네트워크 팀들처럼요. 저는 최근 슈퍼맨에 가까운 프리랜서들에게 매료되었어요. 그들은 마이크로 기업가들이죠.

이렇게 풍부한 인재들이 함께 일하기만 기다리고 있다는 사실을 깨닫고 나면 할 수 있는 일이 달라져요. 정의한 작업을 적절한 사람들에게 위임할 수 있고, 비전을 전달하기만 하면 되니까요.

구하라, 그러면 찾을 것이다

나는 <호더스*Hoarders*>라는 텔레비전 프로그램(저장강박증이 있는 사람들을 도와주는 리얼리티 쇼)과 관련해 나란히 조명되고 있는 미니멀리즘이라는 새로운 움직임을 자주 떠올린다. <설레지 않으면 버려라*Tidying up with Marie Kondo*> 시리즈에서 진행자 곤도 마리에는 이렇게 묻는다. "이 물건이 당신의 삶에 가치를 더해주나요? 당신을 설레게 하나요?" 식별 단계에서 던져야 할 질문도 이와 똑같다. 집을 정리하든, 시간을 되찾든, 똑같은 원칙이 적용된다. 그러니 스스로 물어라. 이 일이 가치를 더해주는가?

당신은 5장 마지막 부분에서 이미 프로젝트에 시간을 할애했다. 자리에 앉아서 완수하고자 하는 프로젝트를 구체적인 작업으로 세분화했다. 20분을 투자한 끝에 앞으로 만날 프리랜서 팀을 위해 자잘한 프로젝트의 목록을 만들었다. 이제는 그다음 일을 생각할 차례다.

예전 같으면 당신은 직접 덤벼들어 새로운 기술을 익히느라 몇 시간씩 허비하고 그럭저럭 봐줄 만한 결과물을 겨우 얻었을 것이다. 그렇다면 똑같은 에너지를(그리고 절반의 시간을) 들여서 실제 전문가들에게 전달할 지시 사항을 작성해보면 어떨까?

당신의 다음 작업이 기다리고 있다. 어서 다음 페이지로 책장을 넘기기 바란다. 팀, 시간, 목표를 식별함으로써 가능성의 세계가 열릴 것이다.

실행 과제

작업화 단계의 실행 과제를 통해 얻은 결과물을 살펴보자. 이제 당신은 작업의 다양한 부분을 더 깊이 이해하게 되었으니, 어떻게 하면 전문 프리랜서를 영입해 프로젝트의 완수를 돕게 할지 연구할 때가 되었다. 한때 나는 각 프로젝트의 모든 부분을 내가 직접 해야 한다고 믿었다. "내가 통제력을 포기한다면 그 일에 대한 공을 차지할 수 없지 않나? 품질을 유지하면서 그 일을 마칠 수 있는 사람이 나밖에 없기도 하고." 이런 식으로 생각했다.

다음은 내가 전 세계의 전문가들과 협업하는 방법을 배우면서 스스로 던져야 했던 몇 가지 질문들이다. 시간을 들여 각 질문에 대한 답을 잘 생각해보기 바란다.

1. 당신의 강점은 무엇인가? 이것은 당신을 심사하려고 던지는 질문이 아니라, 당신이 정말로 영향력을 발휘할 수 있는 업무가 무엇인지 식별하는 과정에서 반드시 알아야 할 중요한 부분이라서 던지는 질문이다. 당신의 초인적 능력은 무엇인가?

2. 당신은 어떤 일을 재미있어 하는가? 솔직해지자. 당신은 하는 일을 즐겨야 한다. 재미있는 부분에만 초점을 맞추라는 의미가 아니라, 언제 집중하는 느낌이 들고 언제 프로젝트의 다양한 부분을 즐기는지 잘 생각해보라는 뜻이다.

3. 이번에는 반대쪽을 살펴보라. 무엇이 당신의 에너지와 의욕을 빼

앗아가는가?

4. 당신은 무엇을 피하고 계속 미루는가? "해야 할 일 목록"에 끈질기게 남아 있는 작업이나 프로젝트의 일부분이 여기에 해당할 수 있다.

5. 당신의 역량을 보완하기 위해 누구를 데려올 수 있는가? 이것은 당신이 추진하는 프로젝트다. 자신을 프로젝트의 최고경영자 또는 영화감독이라고 생각하라. 이 프로젝트를 최종적으로 성공시키는 데에 도움이 될 드림팀을 구성할 권한이 있다면 어떤 능력들로 당신에게 부족한 부분을 메울 것인가?

6. 사람들과 원격으로 일할 때 당신의 업무 스타일은 어떠한가? 화상회의를 하기 좋아하는가? 아니면 당신이 잠든 사이에 누군가가 일을 해주었으면 하는가? 같은 시간대에서 생활하는 사람과 실시간으로 협업할 수 있기를 바라는가? 모두가 각자의 의견이 있을 수 있으므로 솔직해져라.

7. 프리랜서를 동원하고 싶은 분야를 찾았다면 작업의 성공적인 완수를 위해 어떤 정보를 제공해야 하는가? 이것은 실제 위임에 관한 이야기를 나눌 때 대단히 중요한 부분이다.

7장
위임

당신보다 더 잘하는 사람에게 맡겨라

gig mindset

"다음 세기를 내다볼 때,
다른 이들에게 권한을 부여하는 사람이 리더가 될 것이다."
–

빌 게이츠, 마이크로소프트 창립자

내가 위임과 관련해 꼭 전해주고 싶은 한 가지 원칙이 있다면 그것은 기꺼이 통제력을 내려놓으라는 것이다. 당신은 다른 사람들이 당신의 비전을 바탕으로 협업하면서 일치된 목표를 향해 나아갈 거라고 신뢰해야 한다. 물론 쉽지 않은 일이다. 사실, 내가 지금까지 내어준 모든 가르침과 숙제 중에서 이것이 가장 어렵다. 긱 마인드로 살아가려면, 그리하여 이 새로운 경제의 가능성에 진정으로 푹 빠져들려면 다른 사람이 당신의 아이디어를 가지고 달리도록 맡겨두어야 한다.

이번 장을 본격적으로 시작하기에 앞서 일러두고 싶은 사실이 하나 있다. 위임은 연습이 필요한 기량이라는 사실이다. 당신은 자리에 앉아서 새로운 작업을 시작할 때마다 점점 더 위임에 능숙해질 것이다. 직업인으로서 지금의 인맥을 키워왔듯이, 신뢰하는 프리랜서 네트워크를 구축하게 될 것이다.

내가 말하는 위임이란 완수하고 싶은 일을 프리랜서에게 지시하는 것만을 가리키지 않는다. 그 정도는 아주 쉽다. 우버로 차량을 불렀다고 상상해보라. 당신은 앱을 통해 경로를 계획하고 내릴 곳을 정확하게 지정할 수 있다. 일단 차에 타면 가는 내내 말 한마디 없이 이동할 수 있다. 목적지 근처에 이르러 마지막 몇 블록을 지날 때쯤 운전자에게 조금 더 세밀하게 길을 알려줄 수는 있을 것이다. 당신이 이 운전자에게 보내는 신뢰의 크기를 생각해보라.

당신은 승객석에 앉아서 앱을 끄고 가는 내내 길 안내를 할 수도 있지 않았는가? 물론 그럴 수도 있었다. 더 큰 통제력을 원한다면 아예 직접 운전대를 잡을 수도 있었다. 위임은 운전석에서 물러나 프리랜서가 당신의 지시를 따라주고 혹시 막히면 질문을 할 거라 믿는 것을 의미한다.

요즘 나는 다양한 주제에 관해 주장을 펼치거나 이야기를 풀어나갈 때 이를 뒷받침해줄 인터넷 자료와 데이터를 찾아주는 사람들을 이용한다. 모션 그래픽을 다루는 전문가도 있다. 동영상을 편집해주는 사람도 따로 있다. 기사와 뉴스레터의 근거 자료로서 내가 모은 데이터를 바탕으로 그래프와 도표를 만들어야 할 때도 니는 이 모든 작업을 누군가에게 위임한다. 그들이 내 지시를 바탕으로 움직여줄 거라 신뢰하기 때문이다.

앞서 언급한 바와 같이, 지시 사항은 글로 적어야 한다. 자리에 앉아서 지시 사항을 적고 기대치를 설정하는 과정은 프리랜서에게만 도움이 되는 것이 아니다. 당신도 그만큼 결과에 초점을 맞추게 된다. 내가 아는 자영업자 한 분은 경리 담당자가 필요했다. 원래 기본적인 작업만 해주는 전통적인 업체의 서비스를 이용 중이었는데, 보고서를 제공해주고 몇 가지 가상비서 업무를 도와줄 사람이 필요했다. 그래서 프리랜서 네트워크에 손을 뻗었고 똑같은 가격에 원하는 일을 해줄 프리랜서를 찾았다. 하지만 그분은 그러기에 앞서 시간을 들여 자신의 기대치와 요구 사항을 적어야만 했다. 비전을 종이에 적음으로써 그분은 새로운 네트워크와 이해의 폭을 똑같이 맞출 수 있었다.

위임은 책임 또는 권한을 할당하는 일이다.

책임은 쉽다. 당신이 누군가를 상근직으로 채용하면 그 사람에게 책임을 주게 된다. 그것은 직무 내용에도 명시되어 있다. 하지만 누군가에게 위임한다는 것은 그들에게 권한까지 부여하는 일이다. 그들은 당신의 지시와 의도에 따라 의사결정을 내릴 수 있다. 당신은 그들이 공동의 목표를 추구하면서 올바른 선택을 내릴 수 있다고 신뢰해야 한다. 하지만 내가 만나본 많은 이들이 이런 상황을 상상만으로도 끔찍스러워한다.

나도 그런 개념을 받아들이기가 무척 힘들었고, 이런 식으로 일하기 시작하는 사람은 누구나 다 이 부분을 힘들어한다. 우리는 모두 "내가 이 일을 할 수 있는 유일한 사람"이라는 기대치를 갖는다. 내가 직접 하지 않으면 이 일을 해낼 수 없다고, 혹은 '제대로' 해낼 수 없다고 여긴다.

그것이 특별한 능력이라고 생각해서일 수도 있다. 영상 편집자 켄을 기억하는가? 그는 자신이 하는 일, 자신이 만든 동영상이 자신의 결정적인 능력이라고 생각했다. 다른 누군가에게 맡기면 결과가 끔찍할 것으로 생각했다. 자신의 기준에 못 미칠 거라고, 미칠 리 없다고 생각했다. 한 발 더 나아가 그 일을 대신할 프리랜서를 찾는다는 것은 자신의 특별한 능력을 포기하는 것이나 마찬가지라고 여겼다. 본인 스스로 시류에 부합하지 못하는 사람이 되는 길이라 착각했다.

인간은 위임이 축복일 수 있음을 쉽게 알아차리지 못한다. 솔직히 말하자면 오히려 위협으로 느낀다.

팀을 관리해본 사람이라면 팀이 내놓는 최종 결과가 본인이 직접 하는 경우와 똑같지 않다는 것을 잘 알 것이다. 하지만 그 일은 틀림없이 완수된다. 어떤 작업이든, 당신과 팀이 함께 해내고야 말았다. 그리고 그런 생각의 다양성은 프로젝트를 더 개선했다. 폭넓은 그룹의 사람들과 함께 일하면 새로운 목소리와 관점이 추가되고 다양한 난제에 대한 새로운 해결책을 찾는 데에 도움이 된다.

나는 프리랜서들과 함께 일하고 더 광범위한 팀을 꾸려가면서 지식을 얻는다. 나의 인생 경험은 내 성별, 인종, 내가 자란 동네, 내가 다닌 학교, 내가 일한 회사와 업계의 제약을 받는다. 나에게 "옳다"고 보이는 것은 고정되어 있고 경직되어 있다. 여기에 전 세계인의 관점을 더함으로써 나는 완전히 새로운 차원에서 연관성을 찾는 방법을 배울 수 있다. 그럼으로써 더 좋은 시장 조사가 나오고, 더 좋은 제품 디자인이 나오고, 내 관리 능력과 커뮤니케이션 요령도 향상된다.

긱 마인드는 얕은 연못이 아니다. 발만 살짝 담갔다가 물장난을 한다음 예전의 생활방식으로 되돌아갈 수 없다. 사실 당신은 작은 믿음이 필요하다. 이 방법이 효과 있을 거라는 신념을 가져야 한다. 전적으로 믿고 의지하며, (잠시라도) 풍덩 빠질 것을 각오하고 깊은 물에 뛰어들어야 한다.

나를 믿어라. 당신은 물속에 혼자가 아니다. 다음의 리더들은 수면을 찾아 올라오는 길을 이미 잘 알고 있다.

통제력을 내려놓는 마음가짐

폴: 위임이라는 개념을 어려워하는 사람에게 무슨 말을 해주고 싶으신가요?

마이크: 첫 번째, 절대적으로 중요한 첫 번째는 모든 것을 당신이 통제해야 한다는 사고방식을 버리라는 것입니다. 위임은 마이크로매니징의 정반대 개념이죠. "통제력을 내려놓는" 마음가짐이라고 말할 수 있겠네요.

저는 이런 마음가짐이 중요한 퍼즐 조각이라고 생각해요. 위임을 편안하게 받아들일 수 있는 성격적 특징이 있긴 해요. 우리는 대부분 지휘통제 모형 속에서 성장해왔잖아요. 뭔가 하는 모습을 시각적으로 보여주어야 하고, 그런 모습이 할 일을 제대로 하고 있다는 증거가 되는 분위기 말이죠.

흔히들 산업혁명으로 인해 공장이 만들어졌고 사람을 관리하게 됐다고 이야기해요. 그것은 오늘날까지도 이어지고 있는 조직의 경영 모델이고요. 그래서 많은 사람들이 통제력을 내려놓기를 불편해합니다. 스테판 카스리엘이 쓴 글처럼, 21세기의 직장에서 일하고 있지만 20세기의 경영 기법을 사용하고 있죠.

오늘날 많은 기업들이 원격근무를 적극적으로 받아들이고 있어요. 상사의 책상으로부터 몇 걸음 거리에 앉아서 보내는 시간보다는 결과물을 바탕으로 직원들의 업무 성과를 평가하겠다는 거죠.

저는 젊은 시절 관리자가 되었을 때 일이 정시에 완수될지 알 수가 없어서 큰 스트레스를 받았어요. 저 사람이 맡은 일을 제대로 할지 알 수 없다는 것이 스트레스가 되더라고요. 매일 똑같은 지점에서 괴로움을 느꼈어요. 똑같은 좌절감이었죠. 모르는 상태라는 건 늘 그런 식으로 끊임없는 스트레스를 주잖아요.

그러다가 "어라? 내가 통제할 수는 없더라도 위험에 대비하고 관리할 수는 있겠네"라는 생각이 들었어요. 일단 자기 자신을 믿어야 해요. 더 중요한 것은 남을 믿는 거고요. 이 모형을 실천하려면 이 프리랜서의 성장 환경이 당신과 다르다는 사실을 인정하고 그 사람을 신뢰해야 해요. 그들은 당신과 같은 지역에서 살지 않아요. 어디에 사는지 아예 모를 수도 있고요.

분산 모델을 편안하게 받아들일 수 있어야 해요. 제 경우, 분산 모델인지 아닌지 판가름하는 리트머스 시험지는 사람에 집착하느냐 결과에 집중하느냐입니다. 저는 사람을 판단하지 않아요. 어떤 사람이 얼마나 실력 있는가, 그간의 기록이 어땠는가도 물론 중요하죠. 하지만 정말 중요한 것은 제가 돌려받는 산출물이에요. 그게 중요합니다. 사람은 누구나 기복이 있으니까요.

제가 알고 싶은 것은 내가 받게 될 산출물이 훌륭한가이고, 사실 그게 가장 중요해요. 사고방식을 바꾸어 그 부분에 초점을 맞춘다면 그것은 궁극적으로 관계를 바라보는 더 나은 방법이 될 거예요.

개인에 대한 지휘와 통제를 내려놓되 품질, 기량, 돌려받는 결과물에 집중하세요. 그러면 완전히 다른 마음가짐으로 움직이게 될 거예요.

제가 주요 업계에서 만나게 되는 사람들은 그렇지 않은 경우가 많아요. 그들은 얼마나 많은 사람이 자기 밑에서 일하고 있느냐에 자부심을 느끼죠. 긱 이코노미에서 그 숫자는 아무 상관이 없어요. 얼마나 많은 작업을 완수했느냐, 얼마나 많은 제품을 시장에 내놓았느냐가 중요할 뿐이죠.

제가 보기에는 그것이 양측, 그러니까 생산자와 소비자 모두를 위해 옳은 길이에요.

폴: 전체 프로세스를 결과물과 연결짓는 것이?

마이크: 그렇죠. 인적 네트워크가 비전을 바탕으로 협업할 경우, 다 함께 더 빨리 갈 수 있어요. 위임으로 얻는 건 바로 결과죠.

대중의 힘

폴: 나사가 통제력을 내려놓기는 쉽지 않을 것 같다는 생각이 드는데요.

스티브: 실은 그 부분과 관련된 일화가 있어요. 국제우주정거장은 모든 사물의 위치를 추적하기 위해 무선 인식^{RFID} 시스템을 개발하는 프로젝트를 진행해왔거든요. 우주정거장에는 수천 가지 물건들이 있고 무중력 상태에서는 그 물건이 어디로든 떠다닐 수 있어서, 자잘한 물건들을 잃어버리기가 쉬워요. 그래서 RFID 추적 시스템이 물건 관리에 도움이 되죠. 저희 팀은 시스템을 꾸준히 개선해왔고, 지금은 사물을 좀 더 정확하게 추적하기 위해 기계 학습 알고리즘을 찾는 작업이 진행 중이에요. 문제는 이 프로젝트를 설명하기가 어렵다는 것이었어요. 급기야 설명 동영상까지 만들어보기로 했지만 어디서부터 시작해야 할지 아이디어가 전혀 떠오르지 않았어요.

저희 CoECI 팀은 Freelancer.com과 함께 작업해왔고, 대중의 힘을 활용해 그래픽, 애니메이션, CAD 모형까지 만들 수 있다는 사실을 이미 알고 있었죠. 동영상 작업을 할 수 있는 프리랜서들도 거기에 많다는 걸 알았고요. 저희는 프리랜서들에게 각자 프로젝트 제안서를 제출하고 프로젝트에 관해 설명해달라고 요청했어요. 그런 다음 그 정보를 Freelancer.com에 넘겨서 3분짜리 동영상을 이용해 RFID 추적 프로젝트를 설명하는 스토리보드 콘테스트를 진행했어요. 우승자는 나중에 확인해보니 호주 출신의 심리학자였는데, 슬라이드 몇 장만으로 정말 근사한 스토리를 만들어낸 여성이었죠. 그런 다음 저희는 우승자의 스토리보드를 바탕으로 한 동영상을 만들기 위해 또 한 차례 콘테스트를 진행했어요.

총 4,500달러 정도의 비용을 들여 얻은 결과물은 놀라웠어요. 만약 저희가 제작사를 고용했더라면 청구서에 찍히는 액수를 상상하실 수 있겠어요? 업체의 스태프 전원이 매달려서 스토리보드를 짜고, 대본을 작성하고, 애니메이션 작업을 했을 경우, 엄청난 분량의 숙련 노동 시간이 누적되었겠죠. 하지만 저희는 콘테스트를 통해 비용을 확실하게 절약할 수 있었어요.

이 심리학자는 이후에 다른 프로젝트에도 입찰하기 시작했어요. 저희는 미래형 우주선의 방사선 차폐를 위한 접이식 디자인을 얻기 위해 종이접기 CAD 챌린지를 진행했거든요. 그분은 이번에도 슬라이드 자료로 전체 디자인을 만들어냈어요. 그런데 나중에는 CAD로 제출하기 시작하더라고요.

저는 지난 12월에 호주에서 강연할 기회가 생겨서 그 여성분을 만나 이야기를 나눌 수 있었는데요. 알고 보니 이런 콘테스트에 너무나 관심이 많고 직접 참가하고 싶어서, 그리고 나사의 임무에 보탬이 되고 싶어서 CAD를 배웠다는 거예요. 거기서 한발 더 나아가 3D 프린터까지 사들였대요. 작동 방식이 정말 마음에 들었고 뭔가 멋져 보였다면서요. 그러더니 그분은 저희가 운석 분류기를 설계하려고 그랩캐드GrabCAD 에 올린 콘테스트에서 2위를 차지하셨어요. 그랩캐드는 500만 명의 기계공학자와 디자이너들이 활동하는 커뮤니티인데, 그중에서 한 명만 빼고 전부 제친 거예요. 정말 굉장하죠.

런던경영대학원이 몇 년 전 소개한 아주 흥미로운 사례 연구가 있어요. 로슈진단Roche Diagnostics(연간 연구개발비 80억 달러 이상을 투자하는 대형 다국적 제약회사)은 크라우드소싱 챌린지의 유효성을 시험해보고 있었어요. 그 회사는 전사적으로 풀지 못한 문제 몇 가지를 가져다가 이노센티브에 챌린지로 게시했죠.

문제 중 하나는 어떻게 하면 진단검사를 수행할 표본의 양과 질을 정확하게 측정하느냐였어요. 로슈는 15년 동안 이 문제를 해결하려고 애썼지만 성공하지 못한 상태였죠. 이노센티브는 2만 달러의 상금을 걸고 60일 동안 챌린지를 진행했고, 챌린지가 끝날 무렵 제출된 답안 중 두 가지에서 실행 가능한 해결책을 찾았어요. 하지만 진짜 놀라운 부분은 효과 없을 것으로 판단한 제출 답안을 살펴보았더니 지난 15년 동안의 독점 연구를 통해 자신들이 시도했던 모든 방법이 거기에 있더라는 사실이었어요. 생물공학 분야의 전문가도 아닌 약 12만 명의 대중에게서 60일 만에 그 모든 방법이 나온 거예요. 그건 심오한 의미가 있죠. 자신들이 그동안 적용해본 것과 똑같은 전문 기술을 전부 찾아낼 통계적 가능성을 한번 생각해보세요.

저는 우리가 대중의 힘을 아직 완전하게 이해하지 못한 상태라고 봐요. 대중은 적절한 보상과 적절한 체계만 주어지면 정말 놀라운 성과를 얻을 수 있는 고유함과 유연성을 갖고 있죠.

저는 앞으로 5~10년 사이에 누군가가 그야말로 몇 시간 안에 고성과 팀을 구성하는 비법을 생각해내지 않을까 전망해요. 역량이 뛰어난 사람들로 팀을 짜고, 그들을 적절한 협업 공간에 투입해서 문제를 해결하도록 하는 거죠.

그렇게 되면 갑자기 우리는 생각지도 못했던 놀라운 해결책들을 얻게 될 거예요. 똑같은 플랫폼에서 고성과 팀이 150개까지도 나올 수 있으니까요. 이런 유형의 고성과 팀은 일반적인 팀보다 대여섯 배나 더 효과적이에요. 개인들이 엄두를 낼 수 없는 복잡한 문제도 떠맡을 수 있죠. 미래를 내다보면 앞으로 벌어질 수 있는 놀라운 일들이 상당히 기대되네요.

살아 숨 쉬는 슈퍼컴퓨터

폴: 선생님께서는 위임을 온보딩(신입사원이 효과적인 조직 구성원이 되는 데에 필요한 지식, 기술 및 행동을 습득하고 업무에 적응하는 과정)에 비유하셨는데요.

다이언: 프리랜서와 계약을 맺는 것은 직원에게 업무를 위임하는 것과 별반 다르지 않습니다. 신뢰가 가장 중요하죠.

폴: 사람들이 통제력을 내려놓고 네트워크를 신뢰하게 하려면 어떻게 준비해야 하나요?

다이언: 자원을 관리하는 사람은 누구든지 전문인력을 어떻게 모집하고 업무에 적응시킬지, 그들에게 어떻게 위임할지 생각해야 합니다. 상근 직원을 관리하고 책임을 위임하기 위해 사용하는 여러 가지 방법

과 지배구조는 프리랜서 전문가를 관리하는 데에도 마찬가지로 적용할 수 있어요.

그러려면 여느 운영 조직에서와 마찬가지로 우선순위를 설정하고, 뛰어난 인재를 모집하고, 성공을 정의하고, 그들이 역량을 펼치는 데에 필요한 도구를 갖추어주고, 완료 시까지 소통하고 협업하는 과정 전반에 걸쳐 용의주도한 접근법이 필요합니다. 요컨대, 성공을 정의하고, 뛰어난 인재를 뽑고, 성공을 달성하는 데에 필요한 환경, 지원, 자율성을 제공하세요. 선행되어야 할 일을 미리 해놓고, 인력 자원이 목표를 달성할 수 있도록 힘을 실어주고 격려한 다음, 프로세스를 신뢰하고, 사람을 신뢰하세요.

내부 직원이든 프리랜서든 전문가 관리를 뒷받침하는 운영 통제수단과 지배구조 시스템은 항상 마련되어 있습니다. 핵심은 전문 기술과 역량이 원하는 결과와 가장 잘 맞아떨어지도록 업무 할당과 작업 흐름을 설계하는 일이죠. 인력 조달과 작업 흐름 설계 과정에서 중요한 부분 한 가지는 기밀 정보를 안전하게 보호해야 한다는 점인데요, 부정 행동의 발생 위험이 특정 종류의 인력 자원에서만 독점적으로 나타나지는 않는다는 점을 기억하는 것이 중요합니다. 프리랜서든, 내부 직원이든, 공급업체 직원이든 부정 행동을 저지를 수 있다는 얘기죠. 어느 인력 풀에나 효과적으로 위임하려면 높은 운영 가시성과 지배력을 유지해야 합니다.

저는 6년 전 긱 조직인 지니어스링크를 구축하기 시작했을 때, 긱 툴킷*gig toolkit*(긱 이코노미에서 활용되는 도구들을 비유적으로 통칭-옮긴이)을 중공업에 적용하면 기업 성과 개선에 도움이 될 수 있겠다고 생각했어요. 확장성 있고 유연한 전문가 운영시스템을 구축하기 위해 기존 지배구조를 채택하고 변형하는 한편, 지적재산, 노동, 고용 관련 팀들과도 긴밀하게 협업했죠. 6년 뒤 지니어스링크 사업조직이 패러다임을 바꾸었다는 것은 분명한 사실이에요.

저희는 내부 팀과 고객사들에 60억 달러 가치 이상의 영향력을 발휘했습니다. 가능성을 재정의했고, 회사 안팎에서 놀라운 전문가 커뮤니티와 협업했고, 더 나은 업무방식을 비전으로 제시해 팀에 영감을 불어넣었고, 직원 경험을 끌어올려 그들이 더욱 큰 성과를 거둘 수 있도록 도왔죠.

변화, 신생 기술, 새로운 시장 진입자가 혼재된 소란스러운 구도 안에서 전문가들은 긱 이코노미 툴킷을 한때의 유행 혹은 "있으면 좋은 것" 정도로 치부하기가 쉽습니다. 긱 이코노미 내의 인력과 자원은 업무 완수를 위한 툴킷의 확장이고, 그것은 그 일의 결과물을 대폭 개선하는 경로일 수 있어요. 인력과 자원이 특효약은 아니지만, 우선순위가 높은 비즈니스에서 더 나은 결과물을 얻으려면 좀 더 정밀하고 디지털적으로 앞서 있으며 잠재적으로 더 효율적인 대안일 수 있습니다. 실질적인 제약이 없고 유연한 전문가와 솔루션의 포트폴리오로 더 나은 조직 성과를 도모할 수 있다는 뜻이죠.

과장해서 이야기하고 싶지는 않지만, 이러한 도구들(작업화와 디지털화)만으로 업무를 재구성한다고 생각해보면 문제점에서부터 임무, 인재, 해결책에 이르는 더 효율적인 연결 경로를 찾을 수 있을 것입니다.

그들은 살아 숨 쉬는 슈퍼컴퓨터이고, 여러분은 암호만 제대로 말하면 됩니다.

기대치를 설정하고 관리하라

폴: 스크라이브에는 원격으로 근무하는 인력이 많은데요, 어떤 방법으로 적절한 사람들을 매칭시키고 그들에게 비전에 따른 책임을 부여하십니까?

터커: 그 부분은 쉬워요. 저희는 가이드라인을 문서로 제공하고 팀워크*Teamwork*(웹 기반의 협업 소프트웨어)를 활용하거든요. 저희 모델은 업무 할당과 프리랜서에 대한 신뢰를 기반으로 해요. 물론 출판 매니저들이 이정표와 마감일을 점검하고 설정하긴 하지만 대체로 무감독 시스템에 가깝죠.

어려운 부분은 A 유형(경쟁심이 높고 성취 지향적인 성격 유형-옮긴이)의 저자들이 책처럼 사적인 콘텐츠를 놓고 낯선 사람과 소통하게 만드는 일이에요.

폴: 저자들에게는 난관이겠네요.

터커: 가장 크게 문제시되는 부분 중 하나죠. 저희는 성취도가 높고

의욕적인 사람들의 심리를 다루는 데에 능숙해져야만 했어요. 저희가 던지는 질문은 단순한 질문이 아니라, 사실상 "당신은 책임자가 아닙니다. 이 프로세스가 제대로 돌아가려면 자존심을 내려놓으셔야 해요"라고 말하고 있는 셈이니까요.

그것은 저희가 함께 작업하는 거의 모든 사람에게 해당하는 이야기예요. 적어도 인터뷰 과정에서는요.

저희는 현재 저자 지도$^{Guided\ Author}$ 프로그램을 운영하고 있어요. 제공되는 체계와 안내에 따라 자신이 직접 책을 쓰는 과정이죠. 제가 전체 프로그램을 이끌어요. 사람들은 저희와 함께 사무실에서 진행되는 이틀간의 워크숍에 참여하게 되는데요, 워크숍도 제가 직접 진행하고 있어요. 프로그램 내용은 정말 좋지만 불과 일 년 반 전에 시작되어서 아직 잘 알려지지는 않은 상태예요.

대부분의 저자는 직접 책을 쓰지 않고 인터뷰 프로세스를 거쳐요. 이게 정말 힘들죠. 우리 회사의 큰 고민거리는 바로 이 부분이었어요. 이 사람들의 심리를 다루는 일이니까요. 많은 대필자가 들어왔다가 저희 프로세스를 살펴보고 이렇게 말해요. "도대체 이게 다 뭐예요? 너무 복잡해 보여요. 불필요한 단계가 너무나 많은 것 같네요."

그중 일부는 대필 경험이 많지 않고, 어떤 사람들은 어쩌다 한 번 프리랜서 일로 대필 작업을 맡아보았거나 이와 비슷한 일을 해본 정도였어요. 전체적인 프로세스와 저자의 심리 상태를 관리하는 데에 들어가는 노력을 이해하지 못하죠.

하지만 대필 작업에 경험이 풍부한 사람은 저희 프로세스를 완전히 이해하고 오히려 훌륭하다고 생각해요. "아, 알겠습니다"라고 바로 인정하죠. 온갖 나쁜 고객이나 부정적인 고객 상호작용을 이미 겪어보았기 때문이죠.

저희가 저자들과 관련해 겪는 문제점의 80퍼센트는 저자들 때문이 아녜요. 저희가 기대치를 잘못 설정했거나, 기대치를 제대로 관리하지 못했거나, 책의 필요를 충족하면서 저자의 필요에도 잘 부합하는 프로세스를 마련하지 못한 탓이죠. 저희는 2019년 8월 기준으로 5년 동안 회사를 운영해왔고, "좋아. 이제야 프로세스가 편안하게 느껴지는군"이라고 말할 수 있을 만한 시점까지 적어도 3년 반에서 4년이 걸렸어요.

제 기준이 아주 높다 치더라도, 정말 너무나 힘든 과정이었죠.

저희 회사 CEO가 하는 일이 그거예요. 저희가 그분의 사무실 벽에 장난스럽게 "기대치를 관리하라" 또는 "기대치를 설정하라"라고 낙서해놓은 적이 얼마나 많은지 몰라요. 그 말을 항상 입에 달고 사시거든요. 옳은 말씀이죠. 저희가 대화를 나누는 저자들은 정말 똑똑하고 유능하고 훌륭한 업적을 달성했고 아마도 삶의 모든 영역에서 자신이 책임자라는 이야기를 늘 듣고 사는 사람들이니까요. 자기가 하는 일을 잘 아는 사람들이죠.

밖에서 보면 누구나 자신이 글을 쓸 줄 안다고 생각해요. "그럼요, 저는 매일 이메일을 쓰는데요." 의식적으로 이렇게 말하지는 않더라도, 무의식적으로는 자신이 글을 쓸 줄 안다고 믿고 있어요. 하지만 그 생각은 틀렸어요. 십중팔구는 착각이죠. 글솜씨가 형편없거든요. 아니면 글을 잘 쓰더라도, 책 쓰기와 이메일 쓰기가 어떻게 다른지 아무 개념이 없어요.

블로그 게시물을 기가 막히게 쓰는 사람들은 많아요. 500자에서 5,000자 사이에서는 나무랄 데 없는 글을 쓰죠. 하지만 아이디어의 구조화에 관해서라면 어떻게 해야 할지 전혀 생각이 없죠. 그런데도 본인은 그걸 몰라요.

저희가 기대치를 설정하고 관리해주지 않으면 그분들은 이해하지 못해요. 자신이 무엇을 모르는지 몰라요. 그래서 저희는 이 부분에 매우 많은 시간을 들여요. 여러 번 통화하고, 반복해서 이야기하고, 이메일을 보내죠. 이 모든 노력은 적절한 기대치를 설정하는 과정이에요.

저자와 작가, 양쪽으로 프리랜서를 상대할 때는 반드시 그렇게 해야만 해요. 훌륭한 프리랜서들은 기대치를 설정해요. 하지만 프리랜서 대부분은 훌륭하지 않죠. 그들은 프리랜서로 일하는 행위에 능숙하지 않아요. 실력은 좋을지 몰라도 프리랜서로 일하는 데에는 능숙하지 않아요.

정확하게 말씀드리기는 곤란하지만, 풀타임이든 파트타임이든 저희와 계약을 맺고 일하고 있는 작가 중 정상적인 요율보다 50~90퍼센트 낮은 수수료로 일하는 분들이 정말 많아요. 그 이유는 저희가 프리랜서 활동에 따르는 부수적인 수고를 전부 대신해주기 때문이에요. 저희 작가들은 고객을 찾을 필요가 없어요. 일하는 것 이외에 고객 관리를 걱정할 필요도 없죠. 돈 걱정도 할 필요가 없어요. 말도 안 되는 상황이 벌어질까 봐 걱정할 필요도 없어요. 그들은 오로지 능력을 발휘하기만 하면 돼요. 저희가 많은 부분을 맡아줌으로써 그들에게 이익이 되죠.

팀을 구축할 때나 팀원들에게 작업을 넘길 때 그런 부분을 반드시 염두에 두셔야 해요. 그것은 프리랜서들을 서툴게 다루는 다른 사람들과 당신을 확실하게 차별화해줄 거예요. 기대치를 설정하세요. 기대치를 관리하세요. 그리고 필요한 것을 명료하게 전달하세요.

폴: 그러고 나서 네트워크를 신뢰하라는 말씀이군요.

위임의 기술

가장 큰 난관이자 사람들이 제일 힘들어하는 걸림돌은 바로 커뮤니케이션이다. 나는 수천 명에게서 그런 사례를 보아왔다. 내 강의를 듣고 나서 그들은 들뜬 마음이 된다. 이 새로운 사고방식이 인생을 바꾸어줄 거라 기대한다. 그들은 작업을 하나 골라 어서 시작하고 싶어 한다. 작업을 구체적인 단계로 나누기? 너무 쉽다. 전문가 식별하기? 사방에 널린 게 전문가다! 그러다가 위임할 때가 오면 모든 상황이 끼익 소리를 내며 급정거한다.

그들은 맥락을 공유하지 않는 누군가에게 어떻게 기대치를 전달할 것인지 난감해한다. 통제력을 포기하고 신뢰하기가 어려운 것이다. 오래전에 나는 실험 삼아 여러 명에게 내 가상비서를 사용해보도록 권한을 내주었다. 서비스를 사용해보던 친구 한 명과 산책을 하다가 일이 어떻게 되어가고 있는지 물었다. 그 친구는 대답했다. "무엇을 위임해야 할지 모르겠어. 비서를 둬본 적이 한 번도 없어서."

해야 할 작업을 분명하게 표현하는 것이 중요하다. 구체적인 지시 사항을 준 다음 물러서야 한다. 많은 사람에게 이것은 생소한 경험이다. 회의에 들어가 말로 떠들기는 쉽지만 상세한 프로젝트 개요를 작성해서 위임하기는 그보다 훨씬 더 어렵다.

충분히 이해할 만한 일이다. 위임하고자 하는 그 작업은 당신에게 숨 쉬듯 자연스럽기 때문이다. 눈을 감아도 모든 세부 사항이 그림처럼 떠오른다. 그런데 이제 그런 맥락을 공유하지 않는 누군가와 일해야 하고, 모든 기대와 희망을 그들에게 전가해야만 한다. 이것이야말로 진정 학습이 필요한 과정이다.

위임은 "가서 이 일을 하세요"라고 말한다고 끝나지 않는다. 기대치를 세워야 하고, 일정을 정해야 하고, 이 전문가들과 진정으로 교류해야 한다. 이것은 종이에 적은 비전을 영감을 주는 실제 사례로 전환하는 일이다. 당신은 그들이 전문가이고 최고의 결과물을 내놓고 싶어 한다는 사실을 신뢰해야 한다. 무엇보다도 전 과정에 걸쳐 열린 마음과 호기심을 가져야 한다.

나는 양극단의 사람들을 모두 보았다. 어떤 이들은 지나치게 구체적이어서 전문가가 일할 자유를 주지 않는다. 어떤 이들은 너무 모호해서 차라리 아무 말도 하지 않는 편이 더 나을 뻔했다. 그런가 하면 현실적이지 못한 납기를 제시해 협업의 여지를 주지 않는 사람들도 보았다. 위임은 연습이 필요하다는 사실을 기억하기 바란다. 처음부터 훌륭히 해내리라 기대하지 말라. 시행착오를 위한 공간을 남겨라. 예를 하나 들어보겠다. 열 명이 회의를 하면서 먹을 점심을 준비해야 하는 상황이라고 가정해보자.

만약 가상비서에게 그냥 식사할 장소를 찾아달라고 요청한다면 상당히 단조로운 대답을 듣게 될 것이다. 목록의 어떤 항목이 필요에 꼭 맞을 수도 있겠지만 그것은 우연의 일치일 것이다. 식이 제한이 필요하거나 알레르기가 있는 사람은 어떻게 하는가? 좋은 결과를 기대하기에는 제공해준 정보와 맥락이 너무 적다.

만약 동료나 친구에게 식당을 추천해달라고 부탁한다면 결과를 신뢰할 수 있을 것이다. 친구들은 나를 알고, 우리는 즐거운 식사의 맥락을 공유한다. 내가 실제로 이 질문을 한다면 고깃집 몇 군데를 추천받았을 것이다(정말 맛있다! 내가 이 책에서 유일하게 제공하고 싶은 음식 관련 조언이다). 그들의 추천은 맥락과 오랫동안 쌓아온 공동의 경험을 바탕으로 한다. 하지만 프리랜서들은 (전에 함께 일해본 적이 없는 한) 그런 공유 지식이 없다. 당신이 그들에게 지시를 내려야 한다.

그래서 프리랜서에게 다시 조금 더 상세하게 요청을 한다고 치자. "어딘가에 점심을 주문했으면 하는데요. 사무실에서 반경 25킬로미터 이내의 거리여야 하고, 저희 사장님은 이탈리안을 선호하시고, 메뉴는 비건 친화적이어야 해요. 그리고 예산은 1인당 30달러까지예요."

이번에는 똑같은 요청을 맥락과 함께 제공했다. 요청 사항은 구체적이지만, 너무 구체적이어서 요청 자체가 무의미해질 정도다. 내가 만약 가상비서를 쓰면서 "오늘 저녁은 맥도날드에서 먹겠어요"라고 말한다면 그거야말로 시간과 돈의 낭비가 아니겠는가?

솔직히, 나도 위임을 완벽하게 숙달할 때까지 시간이 걸렸다. 스스로 단련해야 했고 초반에는 실수도 했다. 당신이 원점에서 출발할 필요가 없도록 내가 요령을 공유하는 것이다. 내 지식과 패널들의 경험담을 활용해 성공을 향해 나아가기 바란다.

다른 누군가가 할 수 있는가

흔히 만나게 되는 문제점에 관해 이야기해보자. 당신에게는 목표가 있었다. 오랫동안 "해야 할 일 목록"에 올라 있었고 마침내 하기로 마음먹은 그 목표 말이다. 당신은 목표를 작업으로 쪼갰다. 그것만 해도 일이 훨씬 수월해졌다. 쉽고 자잘한 단계들을 보니 목표가 한결 단순해 보인다. 하지만 예전과 똑같은 문제가 슬금슬금 다가온다. 바로 시간이다.

당신은 전 세계에서 전문가들을 찾았다. 그 작업을 맡아줄 사람들이다. 이 프리랜서들은 당신의 단계별 목록을 이행해 목표 달성을 도와줄 실력과 추진력이 있다. 훌륭하다. 당신에게는 이제 팀이 생겼다. "해야 할 일 목록"은 지금까지 개인적인 차원의 일이었다. 실패하면 손해 보는 사람은 당신뿐이었다. 그런데 이제는 그룹이 관련되어 있고, 더 많은 눈이 목표를 노리고 있으니 갑자기 부담스럽게 느껴진다. 이런 느낌은 업무 상황에서 더 강해질 수 있다. 당신의 팀과 상사가 산출물을 기다리고 있다고 상상해보라. 막막한 기분이 들지 않겠는가?

전적인 위임은 연습이 필요하다. 자잘한 작업부터 위임하기 시작해서 좀 더 복잡한 작업으로 나아가라. 모든 것은 시간과의 관계에 달려 있다. 당신은 처음으로 돌아가서 이 프로젝트를 위해 필요한 모든 작업을 찬찬히 살펴보아야 한다. 무엇을 얻는 대가로 무엇을 포기해야 하는가? 무엇을 내려놓아야 하는가? 인생을 살면서 무슨 일을 하든 시간은 유한하다. 문서 수발실에서 일하든, 꼭대기층의 임원실에서 일하든 누구에게나 하루 24시간은 똑같이 주어진다. 원하는 모든 것을 할 수는 없다. 심지어는 '꼭 해야 하는' 일이라도 다 할 수는 없다. 적어도 혼자서는 못한다. 따라서 생활을 돌아보고 밖으로 위임할 수 있는 항목을 골라내기 시작해야 한다. 더 많은 시간과 공간을 확보하기 위해 무엇을 포기할 수 있고 무엇에 대한 통제력을 완전히 내려놓을 수 있는가?

나도, 나의 패널들도 공감한 부분이 그것이었다. 우리는 생활, 일, 가족을 돌아보았고, 골고루 다 잘 돌보기엔 몸이 부족하다는 사실을 깨달았다. 일하고 싶고 영향력을 발휘하고 싶지만, 가족과도 함께 시간을 보내고 싶었다. 이런 상황에서 긱 마인드를 실천하기 시작하면 새로운 가능성을 보게 될 것이다.

일단 작게 시작하라. 전적인 위임은 하룻밤 사이에 이루어지지 않는다. 여러 개의 자잘한 프로젝트를 거치면서 쌓아나가야 한다. 가상 시스템에서 두어 가지 프로젝트를 진행해보라. 한 플랫폼에서 가상비서와 계약을 맺고 상세한 지시 사항을 전달하는 연습을 하라. 몇 페이지짜리 논문을 쓰는 게 아니라 글머리 기호를 붙인 목록 형태로 가이드라인을 제시하면 된다.

통제력을 포기하기란 어려운 일이지만 신뢰하는 프리랜서 네트워크를 구축하면 점점 더 쉬워진다. 목표는 나와 같은 종족*tribe*을 찾는 것이다. 얼마 지나면 당신은 통제력에 더는 가치를 두지 않게 될 것이다. 당신의 가치는 이 전문가들과 함께 교류함으로써 만들어지는 기하급수적인 기회에서 나온다. 영상편집자 켄은 한 달에 불과 몇 편의 동영상을 만들다가 40편을 만들게 되었다. 혁신적인 동영상을 만드는 데에 필요한 작업을 상당 부분 전문가들에게 맡김으로써 그의 가치는 오히려 높아졌다. 긱 마인드 덕분에 생겨난 남는 시간에 무엇을 할 수 있을지 생각해보라.

업무상 진행하고 싶은 특별한 프로젝트가 있는가? 가족과의 활동을 계속 미루고만 있는가? 언제 가족이나 친구들을 만나러 갈지 못 정하고 있는가? 시간을 되찾으면 가능성의 힘을 발산할 수 있고, 그 힘은 위임에서 나온다.

개인으로서 이 방법을 쓸 엄두가 나지 않는다면 관리자로서 이 방법이 어떤 도움을 줄지 상상해보라. 옛날 상사들의 사고방식은 간단했다. 출근하고, 회의실 상석에 앉고, 자기 사무실에서 호통치듯 명령하고,

직원들에게 "지혜"를 전하면 그만이었다.

이에 반해, 직원들이 긱 마인드를 사용하도록 자율성을 부여하면 팀의 힘이 몇 배로 불어난다. 각 개인이 활동의 엔진이 되어 전에는 기대할 수 없었던 전문성을 끌어올 수 있다. 나는 우리 팀을 데리고 그렇게 했지만, 그 과정이 쉽지는 않았다. 통제력을 포기해야 했고, 사소한 부분까지 간섭하려는 습관을 버려야 했으며, 완전한 자율이라는 개념을 받아들여야 했다. 얼마 지나자, 나는 진심으로 사람들을 믿고 그들에게 권한을 부여하기 시작했다. 그들이 맡은 바를 잘 해내리라 신뢰했다. 그 대신 나는 이 새로운 전문가들의 이야기를 들어주고, 그들이 가려는 길에서 장애물을 제거하는 역할을 맡았다.

나는 기본값을 재설정했다. 그리고 진화했다. 이것이 급진적인 변화가 될 것이라는 내 말은 농담이 아니다. 당신은 전문가들의 경험담을 들었고, 내 실수에서 교훈을 얻었다. 이제 스스로 도전할 때가 왔다.

실행 과제

본격적으로 T.I.D.E. 모델을 실행하려고 할 때 가장 어려운 부분에 이르렀다. 나는 전적인 위임의 기술에 능숙해지기까지 오랜 시간이 걸렸고, 지금도 매일 새로운 기술을 습득하고 있다. 다음은 당신이 전문 프리랜서와 계약을 맺고 프로젝트를 진행할 준비를 하면서 던져보아야 할 질문들이다. 원격 팀과 함께 일할 때를 대비해서도 좋은 연습이 될 것이다.

1. 프로젝트/작업 산출물은 무엇인가? 그것을 충분히 생각해보고 명료하게 문서로 작성해놓았는가? 많은 이들이 감수해야 하는 가장 큰 변화는 예상하는 결과에 대한 기대치와 세부 사항을 문서로 만들기 시작해야 한다는 점이다. (꿀팁: 산책을 하면서 휴대전화에 생각을 녹음한 다음 프리랜서에게 그것을 글로 옮기게 하라. 약간의 편집을 거치면 바로 활용할 수 있다.)

2. 일정과 마감일은 어떻게 되는가? 이것은 반드시 알고 있어야 할 부분이다. 처음 일을 시작하는 경우라면 업무 관계를 쌓을 시간적 여유를 남겨두도록 하라. 당신은 새로운 방식으로 일하는 법을 배우는 중이고, 프리랜서는 최고의 결과물을 산출하는 법을 배우는 중이다.

3. 잘 완료된 상태의 직무/작업/프로젝트는 어떤 모습인가? 나는 언제나 최종 결과부터 시작해서 거꾸로 되짚어오는 방법을 추천한다. 비전은 머릿속에 있으니, 산출물을 문서로 작성할 때 시간을 들여 그 비전을 명료하게 표현하라. 구체적일수록 일은 쉬워진다.

4. 이 작업/프로젝트가 큰 그림이나 비전/더 크거나 넓은 사업 목표와 어떻게 맞아떨어지는지 서술하라. 프리랜서들과 함께 일하기 시작할 때 넘어야 할 가장 큰 장애물은 모두가 같은 맥락을 공유하고 있는지 확인하는 일이다. 나는 처음부터 맥락을 분명히 표현하기 위해 항상 노력한다. 이 책을 쓰는 과정에서 나는 자료 조사와 관련해 수많은 프리

랜서의 도움을 받았다. 그 자료가 책에 사용될 것임을 분명히 알렸고, 내가 출간하고자 하는 책의 맥락을 한 페이지로 요약해 제공했다. 그것은 모두가 같은 내용을 이해하는 데에 도움이 되었고, 덕분에 순조로운 자료 조사가 이루어졌다.

5. 커뮤니케이션 계획(방식과 주기)을 작성하라. 식별에 관한 장에서 언급했듯이, 사람들 대다수는 이 부분을 잊어버리거나 일을 진행해나가면서 차차 알게 될 것으로 생각한다. 내 경험상 그것은 착각이다. 일하는 '방식'은 신뢰하는 업무 관계를 보장하고, 양질의 산출물을 얻으며, 무리 없이 일정을 준수하기 위해 대단히 중요하다. 또한, 어떤 식으로 진행 상황에 관한 정보를 보고 받고 싶은지 미리 정해두어야만 마이크로매니징의 함정에 빠지는 일을 피할 수 있다.

6. 프로세스 전반에 걸쳐 건설적인 피드백을 제공하라(그리고 피드백을 요구하라). 피드백은 구체적이어야 한다. 어떤 작업을 어떻게, 왜 특정 방식으로 하는지, 그것이 최종 목표와 어떻게 연결되는지 설명하라.

7. 무엇을 내려놓거나 무언가에 대한 통제력을 잃어버리는 일이 두려운가? 이번 장을 마무리하면서 그러한 두려움에 대해 생각해보라. 왜 그런 두려움이 생기는지 스스로 질문해보고 전문 프리랜서에게 위임할 기회가 더 있는지 적극적으로 살펴보라.

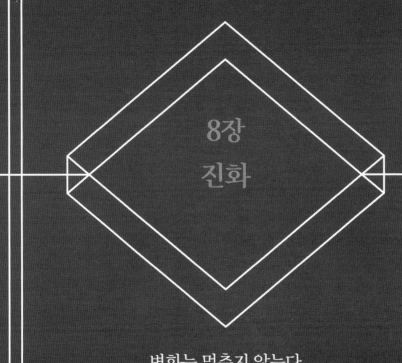

8장
진화

변화는 멈추지 않는다

"미래를 예측하는 가장 좋은 방법은
미래를 창조하는 것이다."

-

앨런 케이, 애플의 특별 연구원

변화의 첫 단계는 문제가 있음을 인정하는 것이다. 당신은 어느 날 정신을 차리고 주위를 둘러보았더니 인생이 원하는 대로 흘러가고 있지 않음을 깨닫는다. 마음은 갑갑하고, 주변 세상은 빠르게 움직인다. 업무 환경이 변했고 생활하고 일하는 방식도 변했지만, 당신은 제자리에 서 있다. 모래 늪에서 빠져나오려면 진화해야 한다.

점점 빨라지는 기술의 속도는 적응하고 받아들이는 것만이 유일한 선택지임을 의미한다. 재교육이 꼭 필요하고, "진화"란 바로 그 재교육을 가리킨다.

나는 긱 마인드로 옮겨가기 위해 시간을 들였다. 시스템이 합리적으로 굴러갈 때까지 업무와 프로젝트와 취미를 가지고 하루도 빠짐없이 매일 실험했다. '해야 할 일' 목록을 구체적인 작업으로 세분화했고, 나에게 어떤 전문가의 도움이 필요한지 파악했으며, 내가 할 수 없는 일을 여유와 능력이 있는 프리랜서들에게 위임했다. 몇 주가 지나고 몇 개월이 지나는 동안 나는 긱 이코노미의 힘을 똑똑히 확인했다. 업무량이 줄었고, 산출량은 기하급수적으로 늘었다. 혼자서 해낼 수 있는 것보다도 훨씬 더 큰 영향력을 발휘할 힘이 생겼다.

나는 꿈만 꾸던 프로젝트에 착수하기 시작했다. 머릿속에만 있던 글을 썼고, 다양한 주제를 연구했으며, 지금 당신 손에 들려 있는 책을 출간했다. 상근직으로 일하고, 가정생활에 충실하고, 나만의 시간도 누리면서 이 모든 것을 해냈다.

추진력은 계속해서 커졌다. 네트워크에 대한 자신감과 신뢰가 생기자 더 복잡한 작업을 시도해볼 수 있었다. 하나의 작업이 그다음 작업으로 이어졌다. 마치 비디오 게임과 같았다. 내 실력이 향상되면 다음 레벨을 깰 수 있었고, 그러면서 내 실력이 더욱 향상되었다.

새로운 생활방식에 완전히 적응하려면 진화해야 한다. 각 상호작용에서 무언가를 배울 수 있으므로 주의를 기울이고 귀담아들어야 한다. 진화하기 위해, 긱 마인드에 더 능숙해지기 위해 할 수 있는 일을 알아보라. 우리는 다이어트 때문에 고민일 때 피트니스 강사를 찾는다. 의학적 문제가 있을 때는 의사를 찾는다. 그렇다면 직장 경력이 정체기에 빠졌거나 좋지 않은 상태일 때는 어떻게 해야 할까? 나는 경력개발 전문가를 찾는 사람이 매우 드물다는 사실이 놀라웠다.

서문에서 언급한 바와 같이 나는 경력개발 전문가를 활용했다. 그것도 두 명이나! 커리어 코치는 내 인생에서 이루 말할 수 없이 큰 힘이 되어주었다.

당신도 직장에서 그런 도움을 청하라. 회사는 당신이라는 귀한 직원을 키워내기 위해 많은 시간과 자원을 투자했다. 회사는 당신의 성공을 소중히 여긴다. 그리고 레벨 업을 위한 도구를 제공하고 싶어 한다. 직원의 레벨 업은 곧 더 높은 생산성을 의미하기 때문이다.

몇 년 전, 나는 영상편집자 켄과 이야기를 나누고 있었다. 프리랜서와 함께 다양한 프로젝트를 진행하기 시작할 때 부딪치는 난관을 극복할 방법에 관해서였다. 대화는 우리가 긱 이코노미 속에서 목격하고 있는 진화로 이어졌다. 갑자기 켄은 자리에서 벌떡 일어나 회의실 앞쪽으로 성큼성큼 걸어갔다. 그러더니 마커를 들어 화이트보드에 "밤샘작업은 이제 그만"이라고 휘갈겨 썼다.

우리는 둘 다 동작을 멈추었다. 마치 감동적인 영화의 한 장면 같았다. 온종일 머릿속으로만 했던 생각을 켄이 방금 명쾌하게 한마디로 정리했다. 우리가 원하는 것, 우리 모두가 직장에서의 변화를 통해 궁극적으로 얻길 희망한 것은 단순히 프리랜서를 구하는 일이 아니었다. 결과물도 아니었다. 우리가 원하는 것은 업무의 진화였다. 밤샘을 그만두는 것이었다.

긱 마인드는 더 바쁘게 사는 방법에 관해 이야기하지 않는다. 당신은 이미 너무 바쁘다. 여러 가지 일을 동시다발적으로 진행하고 쌓이는 이메일을 관리하면서 계속 바쁨의 함정에 갇혀 사는 방법을 알려주는 책은 수도 없이 많다. 내가 하고 싶은 말은 그 바쁜 일의 일부분을 포기함으로써 더 많은 통제력을 되찾을 수 있다는 사실이다.

일론 머스크는 단순히 더 빠른 차를 만드는 일이 아니라 세상을 바꾸는 일에 나섰다. 새로운 자동차는 그 과정의 한 단계일 뿐이었다. 테슬라는 기존의 모든 상식을 과감히 내던졌다. 원점부터 철저하게 다시 시작했고, 누구도 본 적 없는 제품을 만들어냈다.

사티아 나델라는 마이크로소프트에 부임했을 당시 이미 직장의 변화하는 역학에 관한 책 『히트 리프레시 *Hit Refresh* 』를 쓴 상태였다.

빌 게이츠가 한 멋진 말을 기억하는가? "사람들은 1년 안에 할 수 있는 일을 과대평가하고, 10년 안에 할 수 있는 일을 과소평가한다." 변화는 서서히 일어난다. 나는 매일 아침 일어나면 새로운 일을 하려고 노력한다. 아기가 걸음마를 떼듯, 가장 새롭고 가장 좋은 버전의 나 자신을 향해 기어가는 중이다. 동시에, 불과 몇 년 전 내가 있었던 자리를 뒤돌아보면 얼마나 먼 길을 왔는지 깜짝 놀란다.

진화는 현재 상태를 서서히, 조직적으로 바꾸는 일이다. 나만 그 과정을 거친 게 아니다. 우리 패널의 리더들도 똑같은 어려움을 겪었고, 그 반대편에서 반짝반짝 새로운 모습으로 거듭났다.

세 가지 트랜드

폴: 진화에 대해, 변화하는 환경에 관해 이야기 나누고 있습니다. 탑코더에서는 그동안 어떤 상황이 벌어졌나요?

마이크: 동시다발적으로 목격되고 있는 거시적인 주제가 몇 가지 있어요.

첫 번째는 프리랜서 산업이 폭발적으로 커지고 있는 현상이에요. 노동자 규모 측면에서 폭발적으로 성장하고 있죠. 이것은 확실한 추세예요. 사람들이 예전보다 훨씬 빠른 속도로 프리랜서의 길을 선택하고 있거든요.

조사 결과를 살펴보면 전부 그래요. 제 생각에 저희 업계에서는 50퍼센트 이상의 사람들이 수입을 얻는 수단으로 전통적인 일자리보다 프리랜서 일자리를 선택하는 것 같아요. 그것은 거대한 흐름이지만 아직 정확하게 파악되지는 않은 상태예요. 미국 정부의 경제 보고서는 긱 이코노미 내의 프리랜서들을 효과적으로 추적하지 못하고, 그것은 우리 경제에 큰 영향을 끼쳐요.

저는 그것이 문제점이긴 하지만 거대한 트렌드의 하나로서 앞으로 계속될 거라고 봐요.

이 트렌드는 근본적인 문제들을 대부분 그대로 남겨둔 채 흘러가고 있어요. 이를테면 이런 부분이죠. 긱 워커로 살아가는 사람들을 위해 노후 안정은 어떻게 제공할 것인가? 건강보험을 비롯해 전통적인 직장에서 일반적으로 찾아볼 수 있는 복지 혜택을 어떻게 제공할 것인가? 어떻게 하면 긱 워커가 살아남게 도울 수 있는가?

그러한 문제는 시간이 지나면서 탑코더처럼 이를 해결하려고 노력하는 회사들에 의해 해결될 거예요. 그런 근본적인 문제가 어느 정도 해결된다면 전통적인 일자리 대신 프리랜서의 길을 선택하는 사람들의 비율은 점점 늘어날 겁니다.

제가 대학을 졸업했을 때 지인 중에 프리랜서로 일하는 경우는 제대로 된 직장을 구하지 못한 사람들뿐이었어요. 지금은 상황이 급격히 달라졌죠. 저는 많은 이들에게 종종 조언해요. 잠깐 일반적인 직장을 구해서 직장생활이 어떤지 살짝 맛을 보고 프리랜서에 도전해보라고요. 긱 이코노미가 워낙 매력적이다 보니 전통적인 직장에서 한 번도 일해본 적이 없는 프리랜서들도 많아요.

자꾸만 이런 식으로 이야기하게 되더라고요. "규칙적인 업무시간에 따라 일하는 게 어떤지 직접 느껴봐요. 해피아워 같은 사내 행사에 참여해보고 경험도 쌓은 다음 프리랜서로 일하는 것도 나쁘지 않죠." 자녀에게 대학생활을 접해보기는 해야 하지 않겠느냐고 충고하는 부모와 같은 심정이죠.

10년이나 20년 전과는 확연히 달라졌어요.

두 번째는 AI, 즉 인공지능입니다. 인공지능은 사무환경의 디지털화에 버금가는 거대한 흐름이에요. 전통적인 업무 프로세스를 플랫폼에 올려놓는 것이 디지털화잖아요. 업무 프로세스가 아날로그 방식에서 클라우드 방식으로 옮겨가는 중이죠.

덕분에 이제는 업무 프로세스에 인공지능을 적용할 수 있게 됐어요. 레코드판에는 인공지능을 적용할 수 없지만 MP3에는 적용할 수 있는 것처럼, 이것도 결국 같은 모형이죠. 앞으로 우리는 여러 방면에서 인공지능의 발전 양상을 보게 될 거예요. 저희는 7개월 안에 기존의 용량을 다 쓰면 프로세스를 자동화해서 30~40퍼센트의 용량을 추가 확보할 방법을 찾을 계획이에요. 아직 병목 현상이 나타나지는 않았지만 그런 상황을 염두에 두고 있죠.

요즘 저희 업무 프로세스에 이러한 변화가 나타나고 있어요. 저는 최근에 우리 회사 최고기술책임자와 통화를 하면서 기술이 얼마나 빠르게 진화했는지 이야기를 나누었어요. 좋았던 옛 시절을 그리워하는 두 노인처럼요. 지금 기술이 그만큼 빠르게 움직이고 있다는 얘기죠. 겨우 서른다섯 살이라도 기술 곡선에서 뒤처지는 상황이 벌어질 수 있다니까요.

5~7년 전만 해도 자동차가 스스로 운전하고 다니게 될 거라고 말하면 미친놈 소리를 들었어요. 그런데 이제 자율주행차가 나왔죠. 인공지능은 소프트웨어 개발, 디자인, 데이터 과학 분야의 기초적인 업무를 처리할 수 있어요. 데이터를 설정, 검색, 분석하고, 업무의 규모를 가늠하고, 프로세스를 클라우드 환경에 배치하고, 그 클라우드 환경을 관리하는 업무 분야죠. 그것은 도로를 주행하고 정지하는 것만큼 복잡하지 않아요. 인공지능은 오랫동안 우리와 함께하면서 모든 산업에서 굉장한 영향력을 발휘하게 될 거예요.

세 번째로, 클라우드 기술의 진화를 인식하셔야 해요.

클라우드가 한 걸음 내디딜 때마다 크라우드소싱 경제는 그 10배를 내디딜 수 있어요. 요즘의 사업 모델을 생각해보세요. 우버는 스마트폰이 없었다면 불가능했겠죠. 이와 마찬가지로 긱 이코노미는 클라우드라는 기반 구조 없이는 성립되지 않아요.

탑코더의 경우만 해도 그래요. 저희의 개발 환경은 수천 개에 이르고, 과거의 물리적 인프라로는 그것을 관리하기가 불가능했을 거예요. 하지만 저희는 애저*Azure*(마이크로소프트의 클라우드 컴퓨팅 플랫폼)나 AWS(아마존이 제공하는 클라우드 서비스) 안에서 몇 초 만에 몇 번의 버튼 클릭으로 그 많은 개발 환경을 관리할 수 있어요.

그렇게 클라우드가 다음 혁신을 향해 달려갈 때마다(서버 없는 컴퓨팅 쪽으로 가고 있죠) 어떻게 될까요? 저희 일이 10배 더 수월해져요. 클라우드의 진화는 어마어마한 영향력이 있어서, 기술이 진화할수록 우리는 긱 이코노미 스타일의 사업 모델, 가상노동 모델이 더 쉬워지는 길로 접어들게 될 거예요.

이 새로운 모형은 당분간 유지될 겁니다. 지금부터 5년 뒤 사람들이 버지니아 매클린의 한 사무실에 앉아 메인프레임을 프로그래밍하지는 않겠죠. 그 방향으로는 가지 않고, 그 방향에서 힘닿는 대로 최대한 멀어지고 있으니, 지금과 같은 상황은 더 늘어날 거예요.

긱 이코노미와 보조를 맞추고 싶다면, 그래서 뒤처지는 대신 그 움직임에 동참하고 싶다면, 이 세 가지 트렌드를 이해해야 해요. 진화해야 해요.

항상 더 나은 방법이 있음을 믿어라

폴: 기술 진화 중에서 제가 무척 관심 있게 지켜보고 있는 부분은 인

공지능인데요.

스티브: 아, 그렇죠. 인공지능은 어디에나 있어요. 인공지능이 음악을 선곡하고 시내 교통을 정리해주죠. 지금 사용하고 계신 휴대전화에도 인공지능에 의해 구동되는 앱이 10여 개는 될 거예요.

폴: 선생님께서는 진화하지 않는 사람이 자신의 적절성을 유지할 수 있다고 생각하시나요?

스티브: 딱 잘라 답하자면 "아니요"입니다. 굵직한 기술 변화에서부터 소규모의 조직적 변화에 이르기까지 규칙은 간단해요. 진화하지 않으면 죽는다는 것. 조금 과장된 표현일 수도 있겠지만 예전과 똑같은 식으로 생각해서는 안 돼요. 똑같은 방식으로는 일을 계속해나갈 수가 없죠.

저희가 진행한 콘테스트가 떠오르네요. 어느 유명 포테이토칩 회사가 크라우드소싱 챌린지를 이용해 오래된 문제를 해결하려고 했어요. '어떻게 하면 포테이토칩을 깨뜨리지 않고 기름기를 제거할 것인가?' 라는 문제였죠. 당시에 최선의 해결 방법은 기름통에서 나온 칩 쟁반을 진동시키는 것이었어요. 기름기가 살짝 제거되었고 칩의 맛이 조금 더 개선되었다고 여겨지긴 했지만 상당 비율의 칩이 부서졌어요.

식품 생산업계에는 기계공학자들이 다수 근무하고 있어요. 기계적 진동에 대한 교육을 받고 진동 관련 문제가 생기면 조언을 구할 만한 그런 사람들이죠. 칩을 진동시킨다는 애초의 해결책도 그런 배경에서 도출된 결과였어요.

하지만 그 방법으로는 부서진 칩이 너무 많이 나왔고 재고 손실이 컸어요. 결과적으로 헛돈이 나가는 셈이었죠. 그렇다면 어떻게 이 상황을 타개해야 할까요? 이미 전문가들을 찾아갔고 그들이 '기술적으로는' 해법을 내놓은 상태일 때 어떻게 문제를 풀어야 할까요?

문제에 다른 방식으로 접근해야겠죠. 우선 그들은 문제를 서술하는 방식을 바꾸었어요. "어떻게 하면 포테이토칩의 기름기를 제거할 수 있는가?"에서 "어떻게 하면 깨지기 쉬운 얇은 막에서 점성 유체를 제거할 수 있는가?"로요. 그러자 식품 제조 기술자가 아닌 다른 분야의 사람들에게도 문제가 개방되었어요. "포테이토칩의 기름기를 어떻게 제거해야 하지?"라고 묻는 경우, 이 문제를 이미 고민해보았던 사람들만 관심을 보이겠죠. 하지만 "깨지기 쉬운 얇은 막에서 점성 유체를 어떻게 제거해야 하지?"라고 묻는 순간 더 많은 전문가에게 문제가 공개돼요. 실리콘 웨이퍼인가? 바이오기술과 관련된 문제인가? 이런 식으로 더 광범위한 물리학 문제가 되죠. 더 넓은 그물을 던진 것이고, 앞 장에서도 계속 살펴보았듯이 생각의 다양성은 혁신을 낳아요.

그래서 나온 최종적인 해결 방법은 칩 주변의 '공기'를 기름의 고유 진동수에 맞추어 음향학적으로 진동시키는 것이었어요. 기름이 칩에서 날아가고, 칩 자체는 부서지지 않죠. 진동 전문가가 아니라도 이 설명을 들으면 '아, 그렇지. 아주 합리적인 방법이군'이라는 생각이 저절로 들 거예요.

그런데 주목해야 할 부분이 있어요. 똑같이 진동을 이용한 해결책이었고 기존 전문가들이 떠올릴 법했는데도, 그들은 무슨 이유에서인지 이 방법을 끝까지 생각해내지 못했다는 사실이죠.

오히려 해결책은 한 바이올리니스트에게서 나왔다고 해요. 특정 음을 연주할 때 현에서 송진이 진동으로 떨어져 나가는 현상을 보았던 것이죠. 이 바이올린 연주자는 고유 진동수가 무엇인지 이해했고, 그런 시각적인 경험을 바탕으로 이 아이디어를 제출하게 된 것이었어요.

상당히 흥미롭지 않나요? 생각지도 않은 다양성을 통해 해결된 사례이자, "모르는 것은 끝까지 모른다"라는 말도 있듯이 한 학문 분야 내에 단단한 껍질이 존재함을 지적해 보여주는 사례이기도 해요. 가능성과 이미 아는 지식 사이에는 이런 경계선이 있어요. 그렇게 명백한 해결책을 떠올렸을 법도 한 기계공학 같은 학문 분야 안에서조차요. 아니, 어떻게 그 생각을 못 했느냐 말이죠?

생산 설계에서 물리적 진동 방식을 선택해놓고서 음향적 진동은 왜 고려하지 않았을까요? 오랜 세월 동안 그들은 그 부분을 완전히 놓치고 있었어요. 주어진 분야에서 일하는 사람들은 특정 아이디어에 대해 눈뜬장님일 수 있고 다른 분야에서 진행되고 있는 놀라운 혁신을 보지 못하는 경우가 많아요. 자신의 문제를 해결하는 데에 필요한 바로 그 혁신일 수 있는데도요. 이런 사람들은 크라우드소싱에서 정말 큰 도움을 받을 수 있어요. 대중의 힘을 이용해 자신이 간과했거나 미처 보지 못한 아이디어를 찾거나, 다른 분야에서 역량, 전문성, 기술을 발견할 수 있죠. 이 중요한 요소들을 찾아 실험실로 되가져옴으로써 경쟁력을 유지하는 데에 필요한 혁신적인 해결책을 개발할 수 있어요.

그런 태도가 이 새로운 경제에 필요하고, 그러려면 혁신적인 마인드가 필요합니다. 당신이 말씀하신 것처럼 기본값을 재설정하고 뉴노멀을 만들어야만 해요. 기술은 앞으로 점점 더 빠르게 성장할 거예요. 기술이 계속 진화 중이니까 우리도 진화해야 해요.

폴: 그것은 선생님께 어떤 의미인가요?

스티브: 간단히 말하자면 하나의 입장이나 하나의 사고방식에 머물러 있어서는 안 된다는 걸 의미하죠. "아, 이 방법은 지금까지 나에게 효과 있었어. 앞으로도 영원히 계속 효과를 볼 수 있겠지"라고 생각해서는 안 돼요. 과감한 시도와 혁신적인 방법을 두려워하지 마세요. 항상 더 나은 방법이 있음을 믿고 그것을 추구하세요.

긱 워커와 일하려면

폴: 진화는 개인적인 차원의 일이라는 오해가 있는 것 같아요. 선생님께서는 중공업계에서 일어나는 진화를 목격하셨죠?

다이언: 조금 과장된 이야기일 수도 있지만, 긱 이코노미로 인해 가능해진 이 새로운 비즈니스 모델들 덕분에 저희는 현재 상황에 도전할 수 있게 되었습니다. 할 수 있는 일에 대한 우리의 인식을 전환하고, 달성할 수 있는 일의 범위를 넓히고, 달성할 방법을 활짝 열어놓을 수 있

었죠. 우리 팀과 세상 사이의 경계를 없앤 덕분에요.

2014년은 저희가 이른바 긱 체제라는 날개를 달게 된 해였어요. 저희 조직은 원래부터 긱 이코노미와 아주 유사한 원칙에 따라 운영되고 있었어요. 우리의 임무를 최고의 인재 선택부터 해결책까지 효과적이면서도 유연하고 확장성 있게 연결해줄 교본을 개발했죠. T.I.D.E. 모델이라는 청사진의 혜택을 보지는 못했어요. 그러다가 당신의 모델을 도입하면서 "제대로 긱 하는 법"이 멋지게 완성되었죠. 그 모델은 조직들이 긱 이코노미 리소스를 이용하고 도구의 채택을 늘려가는 데에 도움이 되니까요.

2014년에 저희는 긱 이코노미, 프리랜서, 개방형 혁신을 두루 경험해보게 되었어요. 저희가 서비스하는 모든 산업 분야에 걸쳐 많은 실험과 프로젝트를 실행할 수 있었죠. 저는 일부러 모든 업무 기능과 모든 산업 분야를 대상으로 프로젝트와 프로그램을 선택했어요. 긱 이코노미 도구로 할 수 있는 일이 무엇이고 할 수 없는 일이 무엇인지, 어디서, 어느 정도의 효과를 볼 수 있는지 한계를 테스트해보기 위해서였죠. 저희는 그렇게 다양한 프로그램의 포트폴리오를 관리하는 한편, 작업과 리소스 설계를 위한 훌륭한 프로세스도 개발했어요. 특정 프로그램 내에서 범주 정의, 요건 표현, 역량 분류, 전문가 모집과 계약, 업무 흐름 설계, 지식과 자산 이전을 신중하게 진행해서 결과물을 최적화한 거예요.

기본적으로 저희는 전통적인 자원 기반의 한계를 뛰어넘어 사실상 무한한 인재 풀과 해결책에 효과적으로 도달할 수 있도록 업무의 거시적, 미시적 흐름을 구성해놓은 상태였습니다. 인력과 자원 조달의 범위를 확대하고 운영 조직의 기민함과 실적을 높일 수 있는 방향으로요.

그래서 어떤 팀은 전략적 업무를 강화했고, 다른 팀은 전술적 업무를 강화했습니다. 때에 따라 저희는 단독 프로젝트를 진행하기도 했고, 여러 프로젝트를 한꺼번에 진행하기도 했죠. 하지만 청사진 접근법을 통해 저희는 긱 전문가와 방법론(툴킷)을 모든 사업과 기능에 적용하고, 전 세계의 팀들이 자신감 있게 이 접근법을 활용하도록 도왔어요.

2014년은 저희가 프로그램의 포트폴리오를 대폭 확장하고 이 방법론의 적용 범위를 조직 전체로 확대한 해였습니다. 제가 당신에게서 청사진에 관해 들은 다음부터, 그것은 언제든 믿고 따를 수 있는 표준이 되었어요. 사람들이 아주 쉽게 이해할 수 있도록 당신이 교본을 종합하고 단순화하는 작업을 정말 멋지게 해냈기 때문이죠.

첫 번째로 살펴볼 사례는 저희 포트폴리오 가운데서도 가중치 높은 산업 사례의 하나입니다. 이 사례는 전 세계에 있는 공장들의 운영 개선이라는 목표와 관련되어 있어요. 새로운 설비, 기술, 사업 모델을 이용해 생산 실적을 개선할 기회는 항상 있습니다. 게다가 사물 인터넷과 적층 제조 설비가 도입되면서, 그 설비를 충분히 활용하도록 생산 운영을 재고할 수 있었죠. 사람과 기계를 연결해 더 나은 생산 실적을 얻는 거예요.

헨리 포드가 자동차를 만드는 기발한 방법을 생각해냈지만 그건 100년 전 일이었고, 우리는 그 당시 사람들보다 조금이라도 더 배웠잖아요.

상상이 가시겠지만, 공장 설계는 상당히 방대하고 복잡합니다. 제조 운영의 생산성을 높이기 위해 활용할 수 있는 설비가 많이 나와 있고, 다양한 업무 흐름, 기술, 설비의 영향력을 수치화하는 능력에 따라 훌륭한 공장 운영 방식이 성공적으로 도입되느냐, 비용만 많이 들고 미흡하게 도입되느냐가 극명하게 갈립니다.

이 사례에서 저희 유럽 팀 중 하나는 전 세계의 여러 생산 현장에서 운영을 최적화하기 위한 계획을 수립했습니다. 이 팀은 역량은 제한적이었지만 야심 찬 계획을 세웠죠. 이 계획을 이행하려면 매우 전문성 높은 추가 인력 자원의 지원이 필요했어요.

이 팀은 작업화 덕분에 완수해야 할 모든 일을 좀 더 효과적으로 분류할 수 있었고, 각 작업이나 산출물에 어느 전문가를 배치할지 훨씬 자유롭게 선택할 수 있었습니다. 자원은 제한적이고 각기 다른 공장별 프로필을 최적화하는 과제는 대단히 복잡한 상황에서, 팀은 작업화 접근법을 통해 성공적인 결과물을 얻을 수 있다는 것을 알고 있었습니다. 업무를 작업화함으로써, 매우 전문적인 시뮬레이션 프로세스를 수행하는 데에 도움이 될 인력 자원을 동원하고 가용한 옵션들을 분석하고 계량화할 수 있다면 더 광범위한 목표 달성에 도움이 된다는 것을 이해한 거죠. 제조 운영을 최적화하고 신뢰할 만한 권고 사항을 전달하면 경영진이 전 세계 제조 운영 조직에 대한 투자 우선순위를 정할 수 있으니까요.

작업화는 팀에게 (매우 전략적이고 포괄적인) 목표를 작업 구성요소로 세분화할 자유를 주었습니다. 어느 작업을 팀의 리소스로 직접 수행할지, 어느 작업을 긱 이코노미 인재시장에서 모집한 전문가에게 맡길지 결정할 수 있었죠. 이렇게 고도로 특화된 전문가와 해결책을 조달할 자유가 커지고 작업화에 의해 정확도가 높아지자, 팀은 실적을 극적으로 개선할 수 있었습니다.

조금 더 자세히 살펴보자면, 가용한 리소스를 최대한 활용하기 위해 이 팀은 전문 인력(긱 리소스)이 해야 할 작업이 무엇이고 최상의 결과를 가져다줄 역량이 무엇인지 파악했습니다. 제조 시뮬레이션 모형과 시나리오를 개발하고 영향력을 평가하는 일도 작업 범위에 포함되었죠. 저희는 이 작업에 부합하고 팀과 활발하게 협업할 수 있는 전문가들을 모집했습니다.

팀은 하나는 중국, 하나는 독일에 있는 두 공장의 모델링을 시작으로 활동을 개시했습니다. 저희는 전문가에게 그 두 현장에 서로 다른 설비와 생산 옵션을 적용할 경우를 가정해 모델링과 시뮬레이션을 도와달라고 요청했어요.

중국 현장을 위해 이 전문가는 3D 공정 시뮬레이션 소프트웨어를 사용해 새로운 생산라인들을 평가했습니다. 새로운 설비를 변수로 넣었을 때 생산 실적을 최적화할 수 있는 라인 설계와 작업 조합이 무엇인지 평가하는 데 초점이 맞추어졌죠.

시뮬레이션과 최적화 프로세스의 핵심은 잠재성 있는 제조공정 배치를 찾아내는 일이었습니다. 전통적인 설계 방식으로 그런 제조공정 배치를 개발하려면 어렵고 시간이 많이 소요되었겠죠. 저희가 동원한 전문가의 대단히 특화된 역량과 그가 경험해보았고 다룰 수 있는 새로운 시뮬레이션 모델링 능력에 힘입어, 팀은 이제 선택지 분석을 가속화하고 확장할 수 있었으며, 그 특정 공장에 추천되는 구성의 잠재적 이점을 계량화할 수 있었습니다.

그리고 독일 현장을 위해 이 전문가는 시뮬레이션 소프트웨어를 사용해 팀과 공동으로 여러 개의 생산 설비와 공동 자재 물류로 이루어진 통합 모델을 만들었습니다. 다양한 시나리오를 돌려보고 최적의 구성을 판단하여 가능한 최대의 실적을 끌어낼 프로세스를 선택하는 과정이었습니다.

이것은 간단한 프로세스가 아닙니다. 시뮬레이션은 깊이 이해하기도 어렵고 능숙해지려면 시간이 필요해요. 자신이 무엇을 하고 있는지 모르면 시뮬레이션을 사용하는 의미도 없어지고요. 긱 리소스인 이 전문가가 깊이 있는 전문 기술을 가져온 덕분에 완전히 새로운 방법으로 선택지에 타당성을 부여할 수 있게 되었죠.

작업화를 통한 신중한 업무 설계와 긱 이코노미 인력 조달을 통한 신중한 자원 설계로, 이 팀은 단순히 전통적인 업무와 인력 조달 접근법으로 달성할 수 있는 수준보다 훨씬 더 큰 성공을 달성할 수 있었어요. 전문가가 보태준 추가적인 능력과 역량을 바탕으로 두 현장에 대해 다수의 시뮬레이션을 돌릴 수 있었고요. 전문가는 여러 개의 선택지를 제공해 최적의 공장 구성, 흐름, 자동화 선택과 관련해 더 나은 결정을 내리도록 도와주었죠. 두 현장의 경제적 이익을 극대화할 수 있는 방향으로요. 이것은 또한 두 현장에 대해 차후 추가적인 기술 투자를 고려하도록 융통성을 부여해주었습니다.

이것은 상당히 복잡한 긱 리소스 임무 할당이 아주 성공적으로 수행된 사례였어요. 실은 너무나 성공적이었기 때문에, 저희 팀들이 여러 비슷한 현장 최적화 프로젝트에 그 전문가의 도움을 빌렸죠. 저희는 매년 다양한 제조 현장에 대해 그런 식으로 몇몇 선행 모델링 활동을 진행할 계획이에요. 이 팀은 생산 최적화 활동을 위한 일관성 있는 파이프라인을 확보한 셈이고, 이는 전략적 선행 제조 목표를 달성하는 데에 도움이 되죠.

그것은 저희가 전문가 운영시스템 방법론을 통해 도달하고자 하는 지향점이었어요. 사실 긱 리소스와 함께 일하려면 저희 쪽에서 마음가짐과 행동의 진화가 필요했어요. 저희는 보통 긱 리소스(전문가)에 의존해 최신 스킬, 기술, 소프트웨어를 들여와요. 마찬가지로, 저희 팀도 전문가들에게 기회, 구조적 틀, 운영상의 자유를 제공해야만 양측 모두 최고의 이익을 볼 수 있겠죠.

당신의 말대로 이 새로운 사고방식은 진화가 수반되어야 해요. 시대의 흐름에 발맞추어야 하죠. 이것은 새롭고 다양한 생각과 경험을 들여와 어려운 문제를 해결하는 일이에요. 그러려면 일선 노동자, 관리자, 회사들이 마음가짐을 완전히 바꾸어야 해요.

자신은 의도로 판단하고 남은 행동으로 판단하기 때문이에요

폴: 이 일을 해오시는 동안 목격하신 진화에 대한 오해 중 가장 끈질 긴 오해는 무엇이었나요?

터커: 진화가 나와 상관없다는 생각이죠. 사람들은 진화가 다른 사람 이나 다른 산업에서만 일어나는 일이라고 생각해요. 타이태닉 호에 앉 아 있는 사람이 "아, 내 구역은 아직 잠기지 않았네"라고 생각한다면 조 만간 기겁할 상황이 벌어지겠죠.

저는 출판업계에서 비슷한 일을 수시로 목격해요. 스크라이브가 계 속해서 움직이고 변화하고 성장하는 이유죠. 우리 회사는 똑똑한 인재 들을 전담 배치해 우리가 트렌드보다 앞서 나가고 있는지 살피도록 하 고 있어요.

진화는 자연스럽고 정상적인 현상이에요. 산업이 100년 동안 살아남 은 방식이기도 하고요. 아마존은 책을 파는 회사로 시작했지만 시장에 서 기회를 발견하고 진화했어요. 우리는 모두 택시와 자동차 서비스에 익숙해져 있지만, 어느 순간 우버가 등장해 우리를 낯선 이의 자동차로 초대했죠.

스크라이브의 모델은 긱 이코노미 덕분에 돌아가고 있어요. 세상에 는 누군가 찾아주기를 기다리는 재능 있는 전문가들이 너무나 많고, 저 희는 긱 이코노미를 중심으로 회사를 설립했죠.

폴: 그렇다면 무엇이 사람들의 진화를 가로막고 있나요? 무엇 때문

에 새로운 일을 시도하기 두려워할까요?

터커: 그건 사람들 대부분이 '자신'은 의도로 판단하고 '남'은 행동으로 판단하기 때문이에요.

가령, 실제로는 업무 흐름을 엉망으로 망쳐놓아 저희를 당혹스럽게 만들면서도 자신은 좋은 사람이고 좋은 일을 하고 있다고 생각하는 저 자들이 너무나 많아요. 자신을 의도로 판단하기 때문이죠.

풀타임 직원뿐만 아니라 프리랜서 중에서도 그런 사람이 많아요. 그러니까 저희는 남을 판단하는 것과 똑같은 기준으로 자기 자신을 판단하도록 사람들을 훈련해야겠죠.

자기 자신은 행동으로 판단하고 다른 사람의 행동은 가장 관대한 의도로 해석하도록 생각의 방향을 바꾸어야 해요. 남의 행동을 보면 이렇게 생각하는 거예요. "저 사람은 왜 이것이 바람직한 행동이라고 판단한 걸까?"

상대방이 잘못 판단할 수도 있죠. 저도 어떤 행동을 해놓고는 "아, 일이 그런 식으로 풀릴 줄은 몰랐네"라고 생각할 때가 있으니까요. 누구나 마찬가지예요. 하지만 상황을 그런 식으로 바라보면 커뮤니케이션이 어느 지점에서 무너졌는지 이해하기가 훨씬 쉽죠.

어떤 틀이나 진로를 미리 만들어두면 도움이 되는 것처럼, 가장 좋은 방법은 처음부터 기대치를 설정하는 거예요. "나는 이것을 하고, 당신은 저것을 해서, 우리가 함께 목표를 달성합시다." 이런 식으로요. 많은 사람이 상대방에 대한 기대치는 설정하면서도 자기 자신에 대한 기대치는 설정하지 않는데, 그러다 보면 견인력을 잃어버리기 쉬워요. 결과물이 방향성을 잃어버리게 되고요. 양쪽 모두에 대해 기대치와 경계선과 측정 가능한 결과물을 정해놓은 다음, 양쪽이 서로에게 책임을 묻도록 해야 합니다.

이게 무슨 의미일까요? 성장하고, 변화하고, 어떤 영향력을 발휘하려면 기준을 정하고 지켜야 한다는 뜻이에요. 집에서 혼자 컴퓨터를 만지작거리기는 쉬운 일이죠. 하지만 여러 사람으로 이루어진 팀이 당신의 지시를 기다리고 있다면 그건 어려운 일이에요. 사람들은 그런 부분을 두려워하죠.

작업화는 간단해요. 작업을 쪼개되 원하는 바가 무엇인지 알아야 하죠. 구체적이어야 하고요. 식별 단계에서는 새로운 사람들을 잘 심사하고 그들에게 바라는 업무방식에 따라 훈련해야 해요. 위임 단계에서는 의도를 명확하게 전달해야죠.

거기까지 마쳤다면 진화가 필요해요. 성장해야죠. 진화는 운동과 똑같아요. 매일 아침 일어나서 15킬로미터씩 달린다면 틀림없이 체중이 줄고 몸매가 좋아질 거예요. 하지만 매일 아침 일어나서 겨우 3미터 움직인다면 그런 변화를 기대할 수 없겠죠.

우리는 아웃소싱을 하려는 게 아니다

폴: 선생님께서도 직접 목격해오셨다시피 진화는 정말 매일 하는 운동과 비슷한 점이 있네요.

존: 저는 공항에 갈 때마다 우버를 불러요. 전에 이용했던 우버 기사는 저를 볼더Boulder(미국 콜로라도 주의 도시)에서 터미널까지 태워다 주었어요. 하차 지점을 1.5킬로미터쯤 남기고 기사가 운행 기록을 종료하더라고요. 그래서 저는 "방금 왜 그렇게 하신 건가요?"라고 물었죠.

그는 대답했어요. "지금 운행 기록을 끄면 손님을 내려드리자마자 다른 손님을 태울 수 있어요. 하지만 손님을 내려드리는 지점에서 끄면 주차장으로 나가서 두 시간 동안 순번을 대기해야 하거든요." 저는 그렇게 기업가적인 관점으로 탐구심을 발휘해 좀 더 효율적인 방식을 찾아낸 사람을 만나게 되어 무척 짜릿한 기분이 들었어요.

그래서 시험도 해볼 겸 그다음 두 번의 승차에서 우버 운전자에게 그 이야기를 전해주었더니, 두 사람 다 처음에는 제 말을 믿을 수 없다는 반응이었어요. 그러더니 똑같이 운행 기록을 종료해보더군요. 아니나 다를까 2~3초 안에 다음 승차 요청을 받았어요. 창업가들은 이런 일을 정말 잘 해내는 사람들이라고 생각합니다. 시스템을 살펴보고 어떻게든 더 효율적으로 만들 방법을 찾아내죠. 그런 사람들이야말로 저희 팀과 회사에 두고 싶은 유형이에요.

모두를 위해 이것을 어떻게 개선할 것인가? 어떻게 하면 우리가 더 효율적인 방법으로 일을 완수하고, 고객의 필요를 충족할 수 있는가? 진화하려면 그런 질문들을 던져야 하고 솔직하게 답변해야 합니다.

예전에 SIA 콘퍼런스에서 나왔던 이야기가 생각나네요. 어떤 사람이 산출량을 끌어올리는 일에 관해 이야기하고 있었어요. 하루에 코드 100줄을 쓰는 내부 직원을 하루에 코드 100줄을 쓰는 외부 직원으로 바꾸는 것은 답이 아니라고 말했죠. 진정한 성공은 100줄의 코드를 쓰는 내부 직원 대신 인공지능으로 코드 쓰는 방법을 알아낸 프리랜서를 활용해 하루에 1천만 줄의 코드를 써내는 거라고요.

그것이 최종 단계입니다. 진화죠. 우리는 아웃소싱을 하려는 게 아니라 생산성의 한계에 도전하고 있는 거예요. 당신이 발전시킨 긱 마인드라는 사고방식도 그런 내용이죠.

실전에 뛰어들어라

매일 새로운 일에 15분씩 투자한다면 얼마나 많은 일을 해낼 수 있을까? 일반적인 업무 시간으로 환산한다면 새로운 기술에 투자할 시간이 1년에 11일 더 확보되는 셈이다(15분×365일=91일, 하루 8시간 근무로 환산—옮긴이).

생활습관을 바꿀 때도 마찬가지다. 매일 아침 15분씩 조깅을 하면 머지않아 10~15킬로미터쯤은 거뜬히 달릴 수 있게 된다. 시간을 더 투자

하면 어느 순간 마라톤 참가 신청을 하게 될 수도 있다. 변화는 서서히, 하지만 인내를 통해 결국 찾아온다. 변화는 진화의 산물이며 배움의 대상에 대해 진심으로 호기심을 가진 결과다.

누군가가 1999년으로 돌아가서 내가 앞으로 어떤 상황을 맞이하게 될지 말해준다면 나를 그 사람 말을 곧이듣지 않았을 것이다. 나는 낡은 사고방식에 갇혀 있었다. 델에서 직장생활을 시작할 때부터 열심히 일하고 승진하는 것이 내 길이라고 생각했다. 직업적으로 새롭게 거듭날 생각은 하지 않았다. 셀 수 없이 많은 회의에 참석했지만 변화해야겠다고 느낀 적은 없었다. 그때는 변화를 원치 않았다. 변화가 필요하다고 생각하지 않았다. 그런데 이 진화의 시대를 살아내는 동안 고민이 생겼다. 안주하려는 본능에 맞서야 했다. 자꾸만 치고 올라와 나를 지배하려 드는 나쁜 습관과 멀어져야 했다. 지금의 나와 당시의 나는 큰 차이가 있다.

사실은 변화가 필요했다. 변화가 별안간 유일하게 남은 선택지가 될 때까지 그 사실을 알아차리지 못했을 뿐이었다. 연이은 회의로 하루가 훌쩍 지나가버릴 때, 변화의 필요성을 느꼈다. 발표 자료를 만드느라 일하면서 밖에서 놀고 있는 딸들을 바라볼 때, 변화가 필요하다고 생각했다. 내가 가진 능력이 앞으로도 시류에 부합하리라는 보장이 없다고 느꼈을 때, 변화해야만 했다.

나는 직장에서 일어난 여러 훌륭한 혁신을 생각해보다가 T.I.D.E. 모델을 떠올렸다. 헨리 포드는 우리가 자동차 만드는 방식을 바꾸었고,

일론 머스크는 자동차에 대한 우리의 생각을 바꾸었다. 나는 주변을 돌아보았고, 우리가 수십 년째 똑같은 방식으로 일해오고 있지만 더 나은 방법이 있음을 깨달았다. 변화하는 경제를 활용해 내가 잃어버린 것을 되찾을 수 있음을 확신했다. 내 주위에서 일어나는 파괴적 혁신을 따라잡으려면 재교육과 진화가 필요했다.

지금 당신은 열정이 불타는 상태일 것이다. 부디 그러기를 바란다. 각 장 마지막 부분의 실행 과제를 충실히 수행해왔다면 처음에 예상했던 것보다 더 많은 성과를 이미 달성했을 수도 있다. 해야 할 일 목록에 남아 있던 열정 프로젝트는 이제 작업대 위에 올라와 있다. 뭔가 일이 진행되는 중이다. 이것은 당신이 거쳐 갈 여정의 첫 발자국에 불과하며, 그 여정은 지금부터 점점 더 즐거워질 것이다.

진화는 힘들다. 절대 쉽지 않은 길이다. 인내심, 시간, 결단력이 필요하다. 예전의 편안한 상태로 되돌아가고 싶은 충동과 맞서 싸워야 한다. 그러나 내 말을 믿어라. 긱 마인드로 할 수 있는 일을 확인하고 나면 두 번 다시 예전 방식으로 일하고 싶어지지 않을 것이다.

실행 과제

나는 긱 마인드로 가는 여정에서 이 단계가 가장 신이 났다. 가족과의 시간을 되찾고자 시작했던 일은 내가 생활하고 일하는 방식을 급격하게 바꾸어놓았다. 상호작용 하나하나, 프로젝트 하나하나는 나 자신에 관한 새로운 면을 가르쳐주었고, (좋은 의미에서) 나를 안전지대 밖으로 밀어냈다. 나는 전 세계 곳곳의 사람들이 가진 생각의 다양성에 노출되었고, "호기심을 가지고 일하는" 이 새로운 방식을 통해 변화에 열린 마음을 갖게 되었다. 다음은 당신이 몇 가지 프로젝트를 완료한 후 곱씹어볼 만한 생각들이다.

1. T.I.D.E. 모델을 바탕으로 일하면서 정말 버겁게 느껴졌던 사항 3~5가지는 무엇인가? 그보다 길게 나열할 수도 있겠지만 일단은 3~5가지에 초점을 맞추도록 한다. 각 항목 옆에 핵심이 되는 교훈을 적고 더 나아지기 위해 앞으로 할 수 있는 일을 적는다.

2. 그밖에 생활이나 업무의 어떤 다른 부분에서 전문 프리랜서를 고용해 가정, 업무, 부업이나 열정 프로젝트에 쏟는 노력을 확대할 수 있는가?

3. 진화에 도움이 된다고 생각하는 새로운 습관은 무엇인가? 긱 마인드를 받아들이는 과정에서 할 수 있는 작은 행동 몇 가지는 무엇인가? 당신은 이제 본격적인 여정에 올랐고, 그 과정에서 필요한 부분을 조정하는 것이 중요하다. 이제까지는 목적지에만 초점을 맞추며 살아왔기에, 이런 방식은 색다르게 느껴질 것이다.

4. 인맥을 구축하고 성공을 기념하라. 내가 일하면서 가장 보람을 느끼는 순간은 프리랜서 덕분에 자신이 할 수 있는 일에 대한 인식이 달라졌다며 누군가가 연락을 해 놀라운 이야기를 들려줄 때다! 당신도 이

과정을 거치면서 친구, 동료, 다른 사람들에게 연락해 경험을 공유하라 (링크드인에서 나에게 메시지를 보내도 좋다). 지지 네트워크를 구축하고 우수 사례를 공유하는 것은 마음가짐을 진화시키는 중요한 행동이다.

9장
코끼리를
춤추게 하기

긱 마인드에 동참하게 하라

gig mindset

"격변의 시기에 가장 큰 위험은 변화 그 자체가 아니라
과거의 논리대로 행동하는 것이다."

-

피터 드러커

트렌드를 선도하는 사람이 된다는 것은 쉬운 일이 아니다. 당신이 아무리 확신이 넘쳐도 주변에는 새로운 모습의 당신을 트집 잡고 의구심을 보내는 사람이 항상 있을 것이다. 다이어트 중이라고 말하면 사람들은 자신만의 팁과 요령과 질문과 걱정을 폭격처럼 퍼부을 것이다. 운동을 시작했다고 말하면 사람들은 자신이 겪은 실패담을 들려주면서 당신의 성공 가능성을 깎아내릴 것이다.

긱 마인드의 경우에도 똑같은 일이 벌어진다. 회의에 참석하지 않으면 사람들은 당신이 "대세에 따르지 않고" 일이 행해지는 방식을 거스르면서 그저 분란만 일으키고 있다고 이야기할 것이다. 그 행동이 사람들을 불편하게 만들기 때문이다. 원격으로 일하고, 프로젝트를 처음부터 문서화하고, 신뢰하는 네트워크를 구축하면서 남들 눈에 골칫거리 같은 존재가 되는 것은 규범에 대한 도전이다. 겉으로 보기에는 약간 정신 나간 짓처럼 보일 수 있다. 이 책을 처음 집어 들었을 때 당신도 틀림없이 그렇게 생각했을 것이다. '아니, 폴이라는 사람이 대체 누군데 내가 일하는 방식을 바꿔야 한다고 이야기하는 거야?'라고 생각하지 않았는가?

코끼리를 춤추게 한다는 것은 이 전체 프로세스가 제대로 돌아가게 만든다는 뜻이다. 어떻게 하면 사람들이 새로워진 당신과 함께 긱 마인드에 동참하게 할 것인가? 이 업무방식에 특별한 점이 있고, 이 모형이 견실하다는 사실을 어떻게 설득시킬 것인가? 어떻게 하면 이 방식에 대한 애정을 전파하고 생각이 비슷한 행동가들로 팀을 꾸릴 것인가?

당신이 가진 첫 번째 도구는 지금 당신 손에 들려 있다. 이 책을 한 권 빌려줘라. 내가 저자의 역할을 잘 수행해 당신을 설득했다면 나는 소기의 목적을 달성한 것이다. 이제 동료들을 겨냥해 나를 발사하라.

사람들이 긱 마인드를 받아들일 때 직면하게 되는 가장 큰 장애물은 역시나 새로운 경제와 긱 워커에 관한 여러 가지 오해다. 사람들은 프리랜서와 함께 일하거나, 일감을 외부에 넘기거나, 새로운 기술을 습득해 시류에 부합하려고 노력하는 일과 관련해 경악스러운 이야기들을 접한 경험이 있다. 그들은 상황이 정말 변할 수 있다고, 혹은 그 변화가 자신이 원하는 인생을 정말 가져다줄 수 있다고 믿지 않는다. 절반만 맞는 소문들을 꾸준히 접해왔기 때문에, 혹은 악의 없이 잘못된 정보를 준 친구들 이야기를 들었기 때문에 믿지 않는 것이다.

그것이 성공을 가로막는 진짜 장애물이다.

세상에는 근거 없는 뜬소문이 너무나 많다. 나도 비슷한 이야기들을 수시로 접하고 지낸다. 프리랜서들이 일을 잘 못 한다든가, 마감을 어긴다든가, 면도를 매일 하지 않는다든가 하는 이야기들이다. 전부 잘못된 정보다(어쩌면 마지막 항목은 사실일 수도 있지만). 이 모든 이야기는 변화에 압도당할까 하는 두려움에서 나온 것이다. 그리고 묘하게도 그 두려움은 변화를 통해서만 극복할 수 있다. 진화함으로써, 기본값을 재설정하고 현재 상황을 똑바로 인식함으로써 극복할 수 있다.

이 상황은 신발 한 켤레를 새로 샀을 때와 비슷하다. 처음에는 잘 맞지 않을 수도 있지만 길들일 시간이 필요할 뿐이다.

이 시스템이 제대로 돌아가게 하려면 긱 마인드가 가져다줄 수 있는 혜택이 무엇인지 똑똑히 이해해야 한다. 감사하게도 우리의 전문가 패널은 이번 장에서도 당신의 성공을 돕기 위해 자리를 지켰다.

나는 내 신념만 가지고 긱 마인드라는 개념이 효과적이라고 주장하는 게 아니다. 나는 그 개념을 실천해왔고, 다른 사람들이 실천을 통해 변화하는 것을 지켜보았기 때문에, 그리고 백문은 불여일견이기 때문에, 긱 마인드가 효과적이라는 사실을 안다. 그렇다고 나 혼자서 처음부터 끝까지 열변을 토하는 것도 아니다. 당신은 이미 탑코더, 나사, GE의 사례를 들었다. 그것은 빙산의 일각에 불과하다. 수백 곳의 회사와 수백만 명의 프리랜서들이 매일 이런 식으로 일한다. 이 모형은 여러 분야에서 성공적일 수 있다. 필요한 건 당신의 노력뿐이다.

지키려는 사람이 아니라 파괴하려는 사람을 찾아라

폴: 왜 그렇게 많은 사람이 프리랜서와 함께 일하는 것에 대한 오해

에 사로잡혀 있을까요?

마이크: 변화에 대한 저항이죠. 제 생각에 그것은 대개 변화에 대한 저항과 두려움에서 비롯된 거예요. 변화가 가져오는 위기에 대한 두려움 때문이죠.

저는 외부인을 회사 일에 끌어들이기가 무섭다는 이야기를 많이 들어요. 낯선 사람들이 지적재산에 손을 대지 않을까 두려운 거예요.

지적재산은 다들 펄쩍 뛰는 사안이지만 저는 이 부분에 관해서 할 말이 많아요. 지적재산권 전문 변호사를 입 다물게 할 수 있을 정도로요. 신분증을 달고 건물에 들어가는 것이 한 노드에서 다른 노드로 이동하는 데이터 한 조각을 추적해, 누가 그것을 만졌고, 누구에게 만질 권한이 있으며, 누가 다운로드할 수 있고, 누가 다운로드할 수 없는지 관리하는 것보다 더 안전하다고 말할 수 있나요?

저희 개발 환경 밖으로는 노트북, 압축 디스크, USB 드라이브를 가지고 걸어 나갈 수가 없어요. 불가능한 일이고 허락되지도 않죠. 오히려, 누군가가 시스템에 들어와 무엇을 했는지 그 사람 모르게 알 수 있어요. 저는 2주 전에 한 대기업 건물에 들어갔었는데, 그들은 제가 뭘 했는지 모르더라고요. 신분증은 정보를 보호해주지 못해요. 하지만 소프트웨어는 정보를 보호해주죠. 현대의 제어 수단으로는 할 수 있어요.

소프트웨어는 아주 원시적인 세계관에 입각해 있고, 보안도 마찬가지예요. 모든 곳에 보안을 집어넣을 수 있죠.

예를 들어, 저희는 프리랜서에게 배포하는 코드가 있어요. 저희는 그

안에 독점 정보가 없는지 확인하죠. 수동으로 점검할 뿐만 아니라 점검용 소프트웨어도 사용해요. 독점 정보를 확인하는 아주 정교한 스캐닝 소프트웨어입니다. 코드가 반납되면 다시 한 번 아주 정교한 검사를 거치게 돼요. 코드 하나하나는 물론이고 코드의 버그 수정 내역까지 자세히 살피죠.

이에 반해, 전통적인 방식에서는 그런 수준까지 생각하지 않아요. 모든 트랜잭션 수준, 모든 상호작용 수준을 고려하지 않죠. 그런데 그 항목들을 플랫폼에 집어넣고 디지털화한다는 건 레코드 음반에서 디지털 음원으로 가는 일이나 마찬가지예요. 전통적인 방식으로는 엄두도 낼 수 없는 미세한 수준에서 지적재산이나 보안, 품질을 적용할 능력이 생겨요.

저는 온종일이라도 이 오해를 벗기고 진실을 보여드릴 수 있어요. 결국, 이 방법이 다른 무엇보다 더 안전함을 입증해 보일 것이고, 당신은 지금까지 써온 모든 방법에 의구심을 갖게 되겠죠. 핵심은 변화에 대한 저항이에요.

변화의 두려움은 기분 나쁘고 경계해야 할 대상이 되죠. 저는 이것을 사람들이 긱 이코노미를 생각할 때 머릿속으로 떠올리는 저승사자에 비유하고 싶네요. "이것은 내 일자리에 어떤 의미지? 나를 위해 일하며 매일 나를 중요한 사람으로 만들어주는 이들의 일자리에 어떤 의미지? 미래에 대해 어떤 의미가 있지?"

이런 두려움은 실감 나게 다가와요.

당신은 이것을 위로 음식*comfort food* 먹는 일에 비유하셨죠. 사람들은 (오래된 기존의 사고방식에 갇혀서) 위로 음식을 계속 찾아요. 실제로는 아닌데 자신이 미래에 적절한 인재로 거듭나고 있다고 생각하죠. 풍부한 자원을 이용하지도 않고, 전문가들을 활용해 필수 불가결한 존재로 거듭날 수 있는 세계에 눈을 돌리지도 않아요.

정말 흥미로운 부분이에요. 온종일 지겨운 회의를 하면서 시간을 보내고, 즐기지도 않는 작업에 매달리면서 통제력을 내려놓지 않는 것은 위로 음식을 먹는 행동과 비슷해요. 위로 음식만 먹으면 장기적으로 건강에 아무런 도움이 되지 않겠지만, 풍부한 자원이 있는 이 세계로 넘어온다면 어떻게 될지 생각해보세요.

당신과 팀이 똑같은 회사 비용으로 지금 할 수 있는 일의 열 배를 할 수 있다면 어떨지 상상해보세요. 누구나 미처 끝내지 못하고 남겨둔 일이 있잖아요. 언젠가 어떤 디자이너를 만났는데 그가 이렇게 말하더라고요. "네, 남은 일이 많긴 하지만 긱 이코노미를 이용할 수는 없어요." 그건 말도 안 돼요! 바닷물에 빠져 죽기 직전인데 구명보트에 올라타기를 거부하는 행동이나 마찬가지라고요!

지키려는 사람이 아니라 파괴하려는 사람을 찾으세요. 크게 성공한 조직 안에 파괴적 혁신을 추구하는 사람, 자기 자신을 보호하려고 하지 않는 사람이 눈에 띈다면 그 사람을 주목하세요. 그는 현재 상태를 뒤집고 바꾸어 영향력을 발휘하고자 하는 사람이고, 그런 사람이 조직 내에서 변화를 주도하는 수완가인 경우가 많아요.

그런 사람과 함께 힘을 합쳐 그런 파괴적 혁신에 합류한다면 당신의 커리어는 본격적인 궤도에 오를 수 있어요. 저는 늘 "고객의 승진으로 내 성공을 측정해야 한다"라고 이야기하곤 했어요. 파괴적 혁신을 어떻게 주도하는가로 자신이 성공적인 사고 리더인지 판단하세요. 적절성을 유지하는 것도 중요하죠. 당신이 변하지 않는데 주변 세상이 변하면 이미 늦을 수 있으니까요.

마지막으로 중요한 건 힘이 되어주는 사람들이에요. 왜 그토록 많은 사람들이 마음가짐이나 생활방식을 바꿀 때 어려움을 겪을까요? 노력 자체가 힘들어서 그렇기도 하지만 많은 부분은 감정과 주의 분산 때문이에요.

폴: 바쁨의 함정이요.

마이크: 그렇죠. 그래서 힘이 되어주는 사람들이 필요해요. 마음가짐과 목표를 여러분이 신뢰하는 주변 사람들과 공유할 필요가 있어요. 자기 자신에게 의구심이 들거나 주의력이 흩어질 때, 지치고 힘들 때, 그들이 바로 당신을 다시 기운 내게 할 사람들이거든요. 그런 식으로 의욕을 유지하고 성공 궤도를 계속 달려야 해요. 매일 T.I.D.E. 모델을 연습하기로 마음먹고 작업화, 위임, 진화를 계속한다면 어느덧 리더의 위치에 올라 있을 거예요. 거칠 것이 없겠죠.

그러니 해보지 않을 이유가 어디 있어요?

직원 수백 명이 이미 긱 워커로 활동 중이었다

폴: 긱 이코노미에 관해 들어본 가장 큰 오해는 무엇인가요?

스티브: 사람들은 프리랜서 시장이 자기 집 지하실에서 빈둥거리는 미숙한 십대 청소년들로 이루어져 있어서 딱히 제공할 강점도 없고 문제에 공감할 수도 없다는 오해를 제일 많이 해요. 거기다가 그렇게 시간이 남아도는데 제대로 된 일자리를 왜 구하지 않는 건지 의아하게 생각하죠. 완전히 잘못 넘겨짚은 거예요.

많은 프리랜서가 정직원으로 일하는 직장이 있어요. 어떤 회사들은 자사의 직원들이 프리랜서 플랫폼에서 활동하고 있다는 사실을 알면 충격을 받을 걸요.

이와 관련된 멋진 이야기가 있어요. 탑코더는 위프로라는 대형 다국적 기업에 매각되었어요. 정보 기술, 컨설팅, 업무 프로세스 서비스를 제공하는 업체로, 매출 규모 80억 달러인 거대 기업이에요. 그런데 이 회사가 긱 마인드와 본질적으로 다를 바 없는 전략을 사용하더라고요.

마이크 모리스의 이야기로는 탑코더의 사용자 기반을 들여다보았더니 위프로 직원 수백 명이 이미 탑코더에서 활동 중이었고, 위프로 이메일로 일을 해왔더라는 거예요. 업무용 이메일로요. 그들은 회사의 리소스를 사용하면서 탑코더의 챌린지에 참여하고 있었어요.

그런데 위프로 측은 이렇게 말했어요. "그렇다면 정말 잘 됐군요. 저희는 직원들이 다른 회사 일을 한다고 보지 않고, 뭔가를 배우고 있다고 보니까요. 우리 직원들은 일을 더 잘 하는 법을 습득하고 있는 거예요."

사람들은 회사원의 평균 생산성이 전체 8시간 중 3시간뿐이라는 사실을 잊곤 해요. 나머지 다섯 시간으로 그들이 무엇을 하느냐? 어떤 사람들은 생산적인 일을 하면서 무언가를 배우기도 하죠. 위프로는 그런 사람들 모두에게 보너스를 주고 사내 표창을 해주었어요.

저는 그것이 기업들이 본받아야 할 훌륭한 모델이라고 생각해요. 회사는 직원들에게 어떻게 하면 기회를 줄 것인가의 관점으로 생각해야 해요. 성장하고 더 혁신할 기회, 자기 삶에 만족하면서 회사의 발전에 보탬이 되는 진정한 자산으로 거듭날 기회 말이에요. 다른 누군가가 그들에게 돈을 지급하고 있으면 뭐 어때요? 생각해보세요. 그 교육 비용을 당신이 부담하는 게 아니잖아요. 양쪽 모두에게 득이 되는 윈윈*win-win* 상황이죠.

프리랜서에 관한 오해로 돌아가보면 저는 그러한 오해가 과장되었다고 생각해요. 대개는 이 새로운 업무방식을 시도해보지 않았거나 그것이 손쉬운 해결 방법이라고 낮추어보는 사람들에게서 나온 거죠. 저는 그런 오해를 더는 믿지 않아요. 탑코더나 턴갈*Tongal*(온라인 콘텐츠 창작 플랫폼)의 커뮤니티에 가입한 사람들은 이미 "계정을 만들 만큼은 관심이 있는" 사람들이라고 생각해요. 그건 꽤 높은 장벽이거든요. 적어도 제가 보기에는요.

그 정도만 해도 해당 분야에 있는 나머지 사람들에 비하면 훨씬 앞서 있는 셈이죠. 뭔가 해보아야겠다는 열망이 강하다는 뜻이니까요.

저는 클레이 셔키 *Clay Shirky*의 책 『많아지면 달라진다 *Cognitive Surplus*』를 흥미롭게 읽었어요. 저자는 하루 8시간 근무 체제가 시작되면서 갑자기 자유시간이 많아졌다는 점을 지적했어요. 예전에는 일이 생활의 90퍼센트를 차지했죠. 일어나서 일하고 집으로 돌아와서 저녁을 먹고 잠자리에 드는 게 전부였으니까요. 그러다가 8시간으로 근무시간을 제한하자, 노동자는 가족과 함께할 시간, 새로운 기술을 익힐 시간, 자기 사업을 시작할 시간이 생겼어요. 그런데 이때 문화적인 차원에서 흥미로운 일이 벌어져요.

친구에게 "나 이번 주말에 NFL 경기를 보러 가서 7시간을 쓰고 150달러를 지출했어"라고 말하면 "아, 그거 멋진데"라는 대답이 돌아와요. 하지만 "나 이번 주말에 탑코더 해커톤에 참석해서 대여섯 시간 연속으로 코딩을 하고 왔어"라고 말하면 사람들은 '대체 왜? 쉬는 날에도 일하는 것이나 다름없잖아'라는 표정으로 당신을 바라봐요.

하지만 코딩이 관심 분야라면 꼭 하고 싶은 일이 됩니다. 사람들은 당신이 시간을 낭비한다고 해도 눈 하나 깜짝하지 않지만, 당신이 즐거워하고 자신을 채워주는 활동을 한다고 하면 문화적인 충격을 받는 듯해요.

핵심은 사람들이 돈을 더 벌거나 새로운 기술을 익히기 위해 시간을 사용하고 있다는 겁니다. 그들은 연습하고 실력을 키워 자신의 적절성을 높일 수 있죠. 긱 이코노미를 통해 가능해진 일입니다.

긱 이코노미 시대의 성공 전략

폴: 이번 장에서는 오해에 관해 많은 이야기를 나누었는데요. 그렇다면 성공에 필요한 도구와 팁은 무엇일까요?

다이언: 긱 이코노미는 크고 복잡하고 빠르게 진화하는 공간이에요. 귀 기울여 듣는 시스템을 잘 갖추어놓지 않으면 순식간에 뒤처질 수 있죠. 긱 이코노미에 관한 자료 조사를 계속하고 우수 사례를 바탕으로 네트워크와 협업함으로써 각자의 경험 기반을 늘려나가는 것은 툴킷과 더불어 성공에 도움을 줄 거예요. 저희는 긱 이코노미 계약과 운영을 책임지는 중앙집중식 팀을 만듦으로써 학습을 증폭하고, 운영 탁월성을 가다듬고, 확장 프로세스를 가속화할 수 있었어요.

많은 기업이 긱 시장의 활용에 따르는 행정적 부담과 준법 훼손 위험을 우려해요. 긱 리소스를 확대할 경우 관리상의 차질이 빚어질까 봐 걱정하는 거죠. 갑자기 가용 인력이 어마어마하게 커지는 셈이니까요. 이 모든 자원을 어떻게 추적하고 관리할 수 있을까요?

저희 그룹은 사업팀들이 프리랜서 전문가를 쉽게 이용할 수 있도록 긱 운영 조직을 만들었어요. 긱 시장 업체 계약, 온보딩, 운영, 비용 지급을 저희가 관리하죠.

저희가 긱 리소스 계약을 위한 운영 틀(전문가 운영시스템)을 구축하고 관리함으로써, 사업팀은 저희가 모집을 도와준 전문가들과 협업해 각자의 비즈니스 임무에만 집중할 수 있어요.

그것은 우수 사례들을 관통하는 일관성 있는 주제예요. 사업팀들이 통제력을 내려놓는 요령을 익히는 가운데, 저희는 서비스 계약, 구매 주문서, 업체와 프리랜서에 대한 비용 지급, 전문가 협업 프로세스 등을 위한 표준안을 정하고, 발생할 수 있는 질문이나 우려에 대해 선제적으로 대응함으로써 사업팀들이 조금 더 일하기 쉬운 환경을 만드는 거죠.

저희는 긱 시장과 중공업이라는 두 세계 사이에서 통역자 역할을 해서 알맞은 전문가를 모집하도록 도와요. 이것은 굉장히 도움이 되죠. 사업팀들은 본연의 임무에 충실하면서, 전문가 리소스에게 피드백을 제공하고 전문가 리소스가 하는 업무를 통합하는 데에 집중할 수 있으니까요.

우수 사례들을 들여다보면 그런 관리 체계는 긱 리소스의 이용을 발전시키고 확대하는 데에 믿을 수 없을 정도로 도움이 되었어요. 저희가 함께 일했던 거의 모든 팀이 그랬어요. 저희가 임무와 전문가를 이어주는 연결고리를 만든 거죠.

간단한 사례가 또 하나 있는데요. 이번에는 마케팅팀이 저희에게 와서 말했어요. "우리는 한정된 자원으로 이리 뛰고 저리 뛰느라 진땀을 빼고 있어요. 여러 다른 분야에서 도움이 필요하지만 도움이 필요한 프로젝트마다 계약서를 작성하느라 6개월씩 허비할 수는 없다고요."

어디서 많이 들어본 이야기 같지 않나요?

그래서 저희는 이 팀에게 업워크 플랫폼을 소개해주었어요. 어떤 유형의 프로젝트에 어느 회계 코드를 사용해야 할지 알 수 있도록 회계 관련 업무도 정리해두었죠. 이 팀은 마케팅과 커뮤니케이션 관련 지원이 필요한 곳 대부분에 이 플랫폼을 사용했어요.

이 팀은 2018년에 이 청사진 모형으로 약 110차례 테스트를 했어요. T.I.D.E.의 네 단계를 모두 거쳤죠. 테스트 내용은 동영상 제작부터 템플릿 제작까지 다양했는데, 그중에는 워드 템플릿도 있었고 슬라이드 템플릿도 있었죠. 번역 작업, 광고 개발, 카피라이팅, 교정, 소셜 게시물 작성도 많았고요. 전부 빠른 속도로 진행되어야 하고, 높은 품질이 보장되어야 하며, 고객과의 접촉이 별로 없는 형태의 작업으로서, 1년 내내 이 팀이 필요로 하는 부분에 대한 지원이 이루어졌어요.

구체적인 방식을 설명해보자면, 팀은 작업을 식별한 후 어떤 부분에서 도움이 필요한지 플랫폼에 조건을 게시해요.

이어서 게시물에 반응한 전문가들을 자세히 살펴보고, 플랫폼에서 인터뷰를 거쳐 채용한 후, 빠르게 필요한 업무를 완수하죠. 저희 팀은 월 단위로 업워크에 비용을 지급해주고 나서, 마케팅팀과 그 비용을 정산해요. 이런 방법으로 마케팅팀은 도움이 필요한 작업에 대해 전문가의 도움을 빌릴 수 있었고, 저희는 막후에서 월별로 정산해 업워크가 작업 비용을 받을 수 있도록 빈틈없이 챙겼어요.

마케팅팀으로서는 굉장히 능률적이고 기민한 프로세스였죠.

또 다른 사례로, 어느 그룹은 다음날 임원 행사에 쓸 백서를 하룻밤 사이에 교정해야 했어요. 저희는 시스템을 미리 구성해놓았고, 많은 전문가를 사전 심사해놓은 상태였기 때문에 두어 시간 안에 전문가와 계약을 마칠 수 있었죠. 백서는 그날 밤 안으로 교정이 완료되었고, 임원들은 다음 날 깔끔하게 다듬어진 백서를 받아보았어요. 아주 민첩하게 훌륭한 업무 성과를 달성한 사례였어요.

이 책을 지금 읽고 있는 독자는 유리한 면이 있어요. 지금 당장 긱 시장에 합류하면 유리한 고지를 선점할 수 있거든요. 기반은 이미 마련되어 있어요. 인프라도 이미 갖추어져 있고요. 모든 것을 처음부터 직접 만들 필요가 없어요.

게다가 당신이 이미 숙제를 다 해놓았잖아요. 당신이 애써 이 모델을 개발했고 우리 모두를 대상으로 테스트를 마쳤어요. 우리는 기초를 익혔고, 보조바퀴를 달고 달렸어요. 이제 독자들은 우리 어깨를 밟고 서서 더 높이 올라갈 수 있죠.

오해에 맞서는 방법

폴: 앞 장에서 오해에 관해 이야기하셨는데요. 이제 시작해보려는 사람들에게 어떤 말씀을 해주시겠어요? 스크라이브에서 본받을 만한 관행은 무엇인가요?

터커: 우선, 저희에게 효과적인 방법이라고 해서 모두에게 똑같이 적용되지는 않는다는 점을 이해하셔야 해요. 저희는 대규모로 프리랜서

와 계약을 맺어요. 대부분의 경우는 그렇지 않잖아요. 저마다 상황이 다르니까, 전부 똑같이 취급해서는 안 되겠죠?

얼마나 많은 사람이 아직도 이렇게 생각하는지 모르겠지만, 프리랜서 인력은 수준이 떨어진다는 편견이 있어요. 정직원 일자리를 구하지 못해서 프리랜서가 되었다고요. 그건 터무니없는 이야기죠. 저희는 정규 직원의 50퍼센트 이상을 프리랜서 풀에서 고용해왔어요. 실제로 프리랜서 풀이 일반 지원자보다 훨씬 수준 높은 인력인 경우가 많죠.

저희 구인 공고에는 수천 명이 지원해요. 《안트러프러너Entrepreneur》 잡지가 저희 회사를 미국에서 기업 문화가 가장 우수한 기업으로 지목한 데는 다 이유가 있어요. 저희는 구인 공고마다 수천 명의 지원자를 받지만, 그래도 대부분을 프리랜서 풀에서 채용해요. 그러니까 인력의 수준 운운하는 것은 큰 오해죠.

또 하나 생각나는 건 의식적인 오해가 아니에요. 무의식적인 오해죠. 많은 사람이 프리랜서는 무슨 일을 해야 하는지 그냥 알 거라고 생각해요. 그건 잘못된 생각이에요. 상호 간의 기대치 설정이 정말 중요하죠.

이를테면 프리랜서와 계약을 맺었는데 결과물을 받아보니 엉망인 거죠. 그러면 프리랜서를 탓하겠죠. 프리랜서 전체를 싸잡아서 비난하다 보니 이런 오해가 싹트는 거예요.

세상에서 가장 실력 좋은 책 표지 디자이너를 채용하더라도, 그 사람에게 비전을 전달하지 않으면 훌륭한 책 표지를 만들 수가 없어요. 내부 직원은 내부 직원 나름대로 자기 역할을 충실히 수행해야 해요. 프리랜서가 무엇을, 언제, 어떻게 해주기를 바라는지 전달해야죠. 하지만 대부분은 그렇게 하지 않아요. 이런 부분을 이해하지 못하니까요.

프리랜서는 돈만 밝힌다는 또 다른 오해가 있어요. 물론 그런 프리랜서도 있기는 하겠죠. 하지만 저희가 경험한 프리랜서들은 전혀 그렇지 않아요. 그들은 평범한 사람들이에요. 우리와 똑같은 바람, 소망, 꿈, 목표가 있죠. 사실, 우리 회사의 사명과 기업 문화는 실력 있는 프리랜서들을 유인하는 요소예요. 너무나 많은 프리랜서가 더 적은 보수를 받고도 다른 업체 대신 저희를 위해 혹은 저희와 함께 일하려고 하는 이유이기도 하고요. 저희가 프리랜서들을 대하는 방식과 저희가 추구하는 가치 때문이죠. 그런 부분은 소중하니까요. 그들은 그런 점을 정말 가치 있게 여기고, 다른 곳에서 벌 수 있는 돈보다 적게 받음으로써 기꺼이 그 값을 치르고자 해요.

돈을 더 많이 주는 곳들은 일 처리가 형편없었던 거예요. 그게 너무나 싫었던 거고요. 단순히 저희가 착하게 구니까 돈을 적게 줘도 괜찮다는 뜻은 아니에요. 그렇게 단순한 문제는 아니고요. 저희는 프리랜서를 잘 대우하고, 서비스를 제공하고, 주어진 상황에서 누구라도 대접받고 싶은 방식대로 그들을 대접하거든요. 상사가 온종일 당신을 못살게 굴면 돈이 다 무슨 소용이에요. 저희는 프리랜서가 사업의 구동력이기 때문에 신경 써서 관리하는 거예요.

또 하나의 오해는 상당수의 프리랜서에게 결핍 의식*scarcity mindset*(무언가가 늘 부족하다는 느낌이나 생각-옮긴이)이 있다는 생각이에요. 그것은 일부 사실에 가까워요. "아, 이런. 먹고살려면 다음 일을 구해야 하는데"라는 생각을 할 수가 있죠. 이 문제는 그들과 개별적으로, 개개인으로서 일하면서 대처하시면 돼요. 저희가 회사로서 그렇게 하듯이요. 그것은 해결할 수 있는 부분이고, 사람들은 그 상태에서 벗어날 수 있죠. 프리랜서들이 저희와 일할 때 고정관념을 버리도록 도와주거나, 풀타임으로 일할 때 그런 부분의 치유를 도와주어야 하는 경우가 많더라고요.

그것은 최상급의 프리랜서들을 상대할 때도 의식해야 할 부분이에요. 그들이 생계를 이어가거나 부업을 구하느라 애쓰는 중이라면, (혹은 그렇지 않더라도) 때에 따라 경제적으로 쪼들리는 마음 상태가 될 거예요. 그렇다고 해서 그들이 당신을 속일 거라는 뜻은 아니고, 그들이 나쁜 사람들이라는 의미도 아녜요. 다만 당신이 그들의 유일한 의뢰인이 아니라는 점을 이해해야 해요. 당신이 그들 세상의 전부가 아니니까, 그 점을 이해하고 수용할 필요가 있어요.

긱 이코노미에 관한 오해에 사로잡히지 마세요. 저는 사이먼 시넥 *Simon Sinek*(미국의 동기부여 강사)의 이 충고가 마음에 들더라고요. "크게 꿈꾸고, 작게 시작하세요. 하지만 무엇보다도 일단 시작하세요." 오해에 맞서는 최고의 방법은 오해에서 벗어나 직접 해보는 것입니다.

이제 인생을 레벨 업하고, 마땅히 당신의 소유인 시간을 되찾을 때가 되었다. 이 책을 처음 집어 들었을 때의 당신을 되돌아보라. 틀림없이 좌절한 상태였을 것이다. 나도 오래전에 그랬었다. 하지만 나는 더 나은 업무방식, 더 나은 삶의 방식이 있음을 알게 됐다. 내가 그 방법을 제대로 보여주었길 바란다.

지금부터 어떻게 할지는 당신에게 달렸다. 장담컨대 본격적인 궤도에 오를 때까지는 시간과 노력이 필요할 것이다. 당신이 사용할 수 있는 도구는 모두 이미 소개했다. 프리랜서들은 기다리고 있다. 오바마 대통령의 책상 위 명판의 문구 "힘든 일은 힘들다"를 마음 깊이 새겨라. 그리고 힘든 일은 훌륭한 결과를 가져온다는 사실을 기억하라.

할 수 있는 일의 범위를 다시 상상해보자.

결론

이제는 당신 차례다

"'언젠가'라는 말은 꿈을 당신과 함께
무덤에 묻어버릴 질병이다."

-

팀 페리스, 『나는 4시간만 일한다』 중에서

오래전 나는 상사와 커피를 놓고 마주앉은 자리에서 내 직장생활에 들어온 빨간불을 목격했다. 난감한 상황이었다. 세상은 이미 내 발밑에서 바뀌었는데, 내 기량은 미숙했고 시류에 부합할 준비도 되어 있지 않았다. 나는 영향력을 발휘하고 싶었고 목적과 의미가 있는 직장생활을 하고 싶었지만, 동시에 가족들과 함께하는 여정에도 동참하길 원했다. 그런 일이 가능해지려면 뭔가 달라져야만 한다는 깨달음이 왔다. 나 자신을 바꾸어야만 했다.

그 사건 이후로 나는 한때 가졌던 수많은 두려움과 걱정을 내려놓았다. 연이은 마라톤 회의에 참석하지 않고 바쁜 업무에 압도당하지 않는다. '해야 할 일' 목록이 마구잡이로 불어나게 내버려두지 않고, 열정을 바치고 싶은 프로젝트들을 열심히 추진하고 탐색한다. 그중에서도 제일 좋은 점은 내 인생에서 가장 중요한 사람들인 가족, 친구들을 위해 쓰는 시간이 늘었다는 점이다.

긱 마인드는 필요에서 나온 것이다. 나는 세상이 변하고 있음을 간파했고, 세상과 함께 달라지기로 선택했다. 나의 아버지와 할아버지는 그분들에게 마련된 길이 있었지만 나는 나의 길을 스스로 만들어야 했다.

적응하고 진화해야 했다.

나는 긱 이코노미로 일하기에 대해 품었던 오해와 두려움을 털어버리고 기본값을 재설정했다. 내가 발견한 새로운 세상은 모든 것을 바꾸어놓았다. 내가 찾은 새로운 팀은 전 세계 곳곳에서 온라인으로 대기 중이었고, 그들은 열의와 능력을 다해 고비마다 나를 도와주었다. 그들은 나의 가상비서였고, 자료 조사원이었으며, 몇몇 주제에 관한 전문가였다. 내가 그들에게 신뢰를 보냈기 때문에, 그들은 나를 능력자로 만들어주었다.

나는 새롭게 얻은 자유와 시간으로 새로운 기술을 익힐 수 있었다. 긱 이코노미를 이용하기 위한 새로운 모델 T.I.D.E.를 스스로 터득했다. 프로젝트를 세분화했고, 전문가들을 찾았으며, 위임을 실천했다. 점점 자신감이 붙으면서, 업무 방법과 사고방식도 진화했다. 흐름을 타면서 더욱 속도를 냈다. 이 사고방식을 혼자 사용하지 않고 회사와 공유했다. 만나는 사람 모두에게 알려주었다. 그러자 너무나 기쁘게도 긍정적인 반응이 돌아왔다.

당신은 GE와 탑코더와 스크라이브와 나사 사고 리더들의 이야기를 들었다. 내가 제안한 작업으로 직접 실험해보았다. 이 사고방식으로 할 수 있는 일을 두 눈으로 확인했다. 이제는 그다음 단계로 넘어갈 시간이다.

새로운 세상이 기다린다

이 책에서 얻은 지식으로 무장했다면 이제는 새로운 사고방식에 헌신해야 한다. 매일 아침 일어나서 뭔가 새로운 작업을 시도해보라.

나는 당신이 내일 아침 상쾌한 기분으로 눈을 뜨길 바란다. 그리고 작업을 한 가지 골라서 긱 시장에서 전문가를 찾고 신뢰하는 프리랜서 네트워크 구축을 시작하길 바란다. 놀라운 일을 해내게 될 것이고, 기본값을 재설정하면 어떤 일이 가능해지는지 깨닫게 될 것이다.

내일 가상비서에게 여행을 예약해달라고 하거나, 전문가에게 어려운 주제에 관한 자료 조사를 부탁하거나, 웹사이트를 구성할 팀을 꾸리거나, 팟캐스트를 시작하는 방법을 알려줄 사람을 찾아라. 경쟁사 전략을 조사하거나, 프레젠테이션을 디자인하거나, 회사 브랜드에 맞는 콘텐츠를 뽑아내기 위해 네트워크 구축을 시작해도 좋다. 당신이 열정을 다해서 하고자 하는 프로젝트가 무엇이든, 거기에 알맞은 사람들이 당신을 만날 날을 기다리고 있다.

몇 가지 프로젝트를 진행해보고 난 뒤에 링크드인으로 나에게 연락을 주었으면 한다. 긱 마인드를 실천하기 시작하면서부터 어떤 일을 할 수 있었는지 알려주기 바란다. 다른 사람들과 성공담을 공유하고, 그들이 얼마나 자극을 받는지 확인하라. 그러면 당신은 이제 배우는 학생이 아니라 '앰배서더*ambassador, 홍보대사*'로 거듭나게 된다.

변화는 행동과 함께 시작된다. 많은 이들이 현실을 답답해하고, 바쁨의 함정에 갇혀 있는 기분을 느낀다. 자신을 위한 시간이 없고, 새로운 기술을 익혀 정말로 원하는 목표를 추구할 시간이 없기 때문이다. 나도 지금 내가 하는 일이 불과 몇 년 전만 해도 불가능해 보였다. 당신이 내일 어떻게 하느냐에 따라 인생이 달라질 것이다.

끝없는 호기심

좋은 친구이자 멘토 맷 벤크*Matt Bencke*가 얼마 전 췌장암으로 세상을 떠났다. 그는 이곳 시애틀에 있는 인공지능 스타트업 마이티 AI*Mighty AI*의 최고경영자였다. 맷은 불굴의 의지를 가진 사람으로서, 나에게 이루 말할 수 없이 큰 영향을 주었다.

언젠가 그와 함께 걸으면서 사내정치에 관해 울화통을 터뜨린 적이 있다. 나는 어떤 회의 때문에 (혹은 그와 비슷하게 어이없는 다른 일 때문에) 좌절감이 든 상태였다. 일상적인 짜증이 한꺼번에 몰려왔고, 당장이라도 회사를 때려치우고 싶은 심정이었다.

나는 나만의 시간, 개인적인 성장을 위한 시간이 없다고 불평했다. 나 혼자 한참 뒤처져 있어서 도저히 따라잡을 수가 없는 기분이 들고, 그런 지식 격차에 관해 생각하니 부아가 치밀어 오른다고 하소연했다.

맷은 웃었다. 그는 나에게 언제부터 판단력이 흐려지게 되었느냐고 물었다. 그러고는 오늘날까지도 마음에 새기고 있는 교훈을 하나 전해주었다.

그는 끝없는 호기심의 힘을 강조했다. 항상 호기심을 가지라고, 계속 배우고 계속 성장하라고 말했다. 그래야 내가 시류에 부합할 수 있을 거라고 했다. 안전하다는 느낌을 받게 될 거라고 했다. 그리고 그것은 목적의식을 찾는 데에도 도움이 될 거라고 했다.

맷은 기술 발전을 앞당기고 세상을 더 나은 곳으로 만들 수 있는 전문가들이 가득한 세상을 열망했다. 그는 나에게 시간은 소중한 것이며 덧없이 지나간다는 사실을 가르쳐주었다. 덕분에 나는 (하루나 일주일, 한 해가 아니라) 순간순간을 어떻게 보냈는지 생각하게 되었다. 그는 나에게 싸우라고 가르쳐주었다. 가족과의 시간을 위해, 친구들과의 시간을 위해, 목적의식이 있는 직장생활을 위해 싸우라는 뜻이었다.

기업의 세계에 들어와 바쁨의 함정에 빠지기 전 사이의 어디쯤에서 나는 배움의 재미를 잊어버렸다. 호기심을 갖는 것은 자유로워지는 길임을 망각했다. 우리는 호기심을 통해 다른 사람에게 공감할 수 있고, 경청할 수 있으며, 생각의 다양성을 진정으로 수용할 수 있다.

호기심은 내가 모두의 아이디어를 존중하고 모두의 기여를 인정하는 바탕이 된다. 호기심을 통해 아이디어가 더 좋은 쪽으로 발전할 확률이 높아지기 때문이다. 업무 성과도 더 나아지고, 나도 뭔가를 배우게 된다.

맷은 매일 내가 하는 일에 영감을 준다. 내가 그에게 배웠고 평생 가지고 갈 가장 중요한 교훈은 바로 끝없는 호기심이었다.

그것은 직장생활과 관련해 지금까지 내가 받아본 조언 중에서 가장 강력한 조언이었다. 내가 당신에게 무언가를 남겨줄 수 있다면, 당신이 딱 하나의 새로운 지식을 얻고 이 책을 덮어야 한다면 나도 그 조언을 전하고 싶다. 배우고 성장하기를 계속하는 것은 나에게 안전감을 주었고 내가 시류에 부합할 수 있다는 믿음을 심어주었다.

긱 이코노미는 인터넷 못지않게, 모바일 혁명 못지않게, 책상마다 놓여있는 컴퓨터 못지않게 중요하다. 회사에서 일하는 모든 사람에게 긱 이코노미 전략이 필요하다. 맷은 기술 발전을 앞당기고 세상을 더 나은 곳으로 만들 수 있는 전문가들이 가득한 세상을 만드는 일에 아주 열정적이었다. 그는 마이티 AI의 최고경영자로서 그러한 대의를 위해 헌신했다.

누구나 살다 보면 피치 못한 이별을 경험하게 된다. 강력한 교훈을 전해준 사람을 잃을 수도 있다. 그래서 나는 맷이 나에게 준 선물을 책상 옆에 간직해두고 내일은 당연히 주어지는 것이 아니라는 사실을 매일 상기한다.

그것은 시간을 되찾는 일이 중요한 이유와도 연결된다. 내일이 어떻게 될지는 아무도 보장할 수 없기에, 중요한 일을 하는 데에 필요한 여유를 꼭 마련해야 한다. 매 순간을 음미하고 소중하게 받아들여라.

사람들에게 할 일을 준다는 것

마지막으로 한 가지만 이야기하고 마무리하겠다.

나는 이 책의 수익금을 전액 다 가져가지는 않는다. 나는 직장이 있고 열정도 넘쳐서 가족들을 편안하게 부양할 처지가 되는 대단히 운이 좋은 사람이다. 일을 해서 생활비를 충당하고 식비를 마련할 여력이 충분하다. 애초에 이 책을 쓴 목적도 돈을 벌기 위해서는 아니었다. 모든 사람이 긱 이코노미와 긱 마인드에 대해 알아야 한다는 신념 때문에 쓴 것이다.

수익금 일부를 사마소스Samasource(개발도상국의 프리랜서들에게 안정적인 일자리를 제공함으로써 자립과 자존의 기틀을 마련하고자 하는 비영리 기업-옮긴이)에 기부하기로 한 것도 그러한 맥락이었다.

얼마 전 나는 사마소스의 창업가 레일라 재나Leila Janah의 책 『기브 워크Give Work』를 읽었다. 딸아이의 요람을 흔들어주면서 그 책을 읽다가, 우리 딸이 우주에 자그마한 변화를 일으킬 수 있는 존재로 성장했으면 좋겠다고 생각했다. 레일라는 거침없는 열정으로 나에게 영감을 불어넣었다. 원한다면 페이스북이나 다른 대형 기술기업에 들어가서 수백만 달러를 벌 수도 있었을 것이다. 하지만 그 대신 저자는 세상을 바꾸는 일에 나섰고 기회가 가장 절실한 사람들에게 기회를 주고자 했다.

레일라는 세상에서 가장 가난한 사람들에게 주목했다. 이 책이 던진 질문이 '어떻게 하면 빈곤 문제를 해결할 수 있는가?'였다. 저자는 이렇게 이야기한다. "사람들에게 돈을 주지 않고 일자리를 주는 것은 우리가 할 수 있는 가장 효과적인 일이다. 일은 사람들에게 목적의식을 준다. 능력을 키우게 하고, 생활방식을 유지할 수단을 준다. 그들을 가난에서 벗어나게 하고 공동체를 변화시킬 수 있다."

이 책을 읽고 나는 이곳 미국에서 내가 걸어온 여정에 관해 생각해보게 되었다. 나는 원래 뉴올리언스 출신이지만 기회를 찾아 가족을 떠나야 했다. 외지 생활은 힘들고, 우리 딸들은 할아버지와 할머니를 생각만큼 자주 만나지 못한다. 내가 운이 좋았다는 데에는 의심의 여지가 없지만, 현대 기술을 활용해 조금 더 유연하게 일할 여지가 남아 있다고 생각한다. 대기업들은 직원들의 편의를 봐주려고 최선을 다하고 있지만 이것은 여전히 큰 숙제로 남아 있다.

국가로서, 그리고 전 세계적으로 우리가 직면한 최대의 과제는 기회의 분배다. 샌프란시스코나 시애틀, 뉴욕이나 보스턴 같은 기술 거점 도시에서만, 혹은 미국에서만 기회를 찾을 수 있어서는 안 된다. 기회는 전 세계에 주어져야 한다.

우리는 제공할 기술이 있고 능력이 있는 모든 사람에게 세상을 더 나은 곳으로 만드는 일에 동참할 기회를 부여하는 것을 목표로 삼아야 한다. 개방적인 참여, 생각의 다양성, 배경의 다양성, 경험의 다양성은 우리가 포용적인 방향으로 산출물을 만들고 프로젝트를 진행하는 데에 결정적인 역할을 한다.

우리가 서로의 말을 경청할 때, 다양한 종류의 공동체를 환영할 때,

더 나은 세상을 만들게 된다. 우리는 달리 주목받지 못했을 사람들을 위해 기회를 만들 수 있다. 우리 주변 곳곳에 존재하는 재능과 창의력에 빛을 밝혀줄 수 있다. 이 생각의 다양성이 더 나은 산출물로 이어지는 것은 당연히 이로운 일이지만 여정 자체도 중요하다. 우리는 내일의 인재에게 힘을 실어주고 그들이 뛰어난 능력을 발휘할 수 있는 기반을 마련해야 한다. 그것은 막강한 영향력이 있다.

긱 마인드가 할 수 있는 일은 바로 그런 것이다. 당신이 할 수 있다.

나의 아버지와 할아버지는 회사가 만들어놓은 길을 따라갔고 그걸로 가족을 부양했다. 그분들이 걸었던 길은 급격하게 변화하고 있으며 서서히 사라지는 중이다. 앞으로의 길은 더 높은 유연성과 색다른 관점을 요구한다. 긱 이코노미를 수용하고 전 세계의 프리랜서들과 함께 일할 것을 요구한다. 내가 그렇게 했으니, 당신도 할 수 있다.

시간을 되찾아라. 경력을 재설계하라. 그리고 다가오는 파괴적 혁신의 파도에 올라타라.

이 책을 처음 집어 들었을 때 당신은 모래 늪 위에 서 있었다. 긱 마인드는 당신에게 구명줄을 던져주었다. 단단히 붙잡을 준비가 되었는가?

주

1. "This Day in History" History.com, October 20, 1968, https://www.history.com/this-day-in-history/fosbury-flops-to-an-olympic-record.

2. Megan Leonhardt, "Only 28% of Americans Plan to Max Out their Vacation Days This Year," CNBC, April 27, 2019, https://www.cnbc.com/2019/04/26/only-28percent-of-americans-planto-max-out-their-vacation-days-this-year.html.

3. Andrew Perrin, "Who Doesn't Read Books in America?" Pew Research Center, March 23, 2018, https://www.pewresearch.org/fact-tank/2018/03/23/who-doesnt-read-books-in-america/.

4. Andrew Perrin, "Who Doesn't Read Books in America?" Pew Research Center, March 23, 2018, https://www.pewresearch.org/fact-tank/2018/03/23/who-doesnt-read-books-in-america/.

5. Marguerite Ward, "A Brief History of the 8-Hour Workday, Which Changed How Americans Work," CNBC, May 3, 2017, https://www.cnbc.com/2017/05/03/how-the-8-hour-workday-changed-how-americans-work.html.

6. Shane McFeely and Ryan Pendell, "What Workplace Leaders Can Learn from the Real Gig Economy," Gallup, August 16, 2018, https://www.gallup.com/workplace/240929/workplace-leaders-learn-real-gig-economy.aspx.

7. Shane McFeely and Ryan Pendell, "What Workplace Leaders Can Learn from the Real Gig Economy," Gallup, August 16, 2018, https://www.gallup.com/workplace/240929/workplace-leaders-learn-real-gig-economy.aspx.

8. Meghan HeFernan, "Mavenlink Study Finds that Senior Executives, Not Millennials, Driving US Towards Gig Economy," Mavenlink, September 28, 2017, https://blog.mavenlink.com/press/white-collar-gig-economy-research.

9. "Understanding the Long Tail of the Gig Economy," PYMNTS, May 17, 2018, https://www.pymnts.com/gig-economy/2018/freelance-workers-payments-online-marketplace-hyperwallet/.

10. "Understanding the Long Tail of the Gig Economy," PYMNTS, May 17, 2018, https://www.pymnts.com/gig-economy/2018/freelance-workers-payments-online-marketplace-hyperwallet/.

11. MBO Partners, "The State of Independence in America," 2018, https://www.mbopartners.com/wp-content/uploads/2019/02/State_of_Independence_2018.pdf.

12. MBO Partners, "The State of Independence in America," 2018, https://www.mbopartners.com/wp-content/uploads/2019/02/State_of_Independence_2018.pdf.

13. Manpower Group, "#GigResponsibly," 2017, https://www.manpowergroup.co.uk/wp-content/uploads/2017/10/MG_GiggingResponsibly.pdf.

14. TiFany Bloodworth Rivers, "10 Gig Economy Statistics You Won't Believe," iOffice, February 6, 2019, https://www.iofficecorp.com/blog/10-gig-economy-statistics.

15. Scott D. Anthony, S. Patrick Viguerir, and Andrew Waldeck, "Corporate Longevity: Turbulence Ahead for Large Organizations," Innosight, Spring 2016, https://www.innosight.com/wp-content/uploads/2016/08/Corporate-Longevity-2016-Final.pdf.

16. Stephane Kasriel, "Skill, re-skill and re-skill again. How to keep up with the future
of work," WeForum, July 31, 2017, https://www.weforum.org/agenda/2017/07/skill-reskill-prepare-for-future-of-work/.

17. "Accelerating Workforce Reskilling for the Fourth Industrial Revolution," World Economic Forum, July 27, 2017, https://www.weforum.org/whitepapers/accelerating-workforce-reskilling-for-the-fourth-industrial-revolution.

18. Josh Bersin, "Future of Work: The People Imperative," Deloitte, October 2017, https://www2.deloitte.com/content/dam/Deloitte/il/Documents/human-capital/HR_and_Business_Perspectives_on_The%20Future_of_Work.pdf.

19. Lawrence F. Katz and Alan B. Krueger, "The Rise and Nature of Alternative Work
Arrangements in the United States," Princeton, March 29, 2016, https://
krueger.princeton.edu/sites/default/files/akrueger/files/katz_krueger_cws_-_
march_29_20165.pdf.

20. Michael Mankins, Chris Brahm, and Greg Caimi, "Your Scarcest Resource,"
Harvard Business Review, May 2014, https://hbr.org/2014/05/your-scarcest-
resource.

21. Justin Bariso, "Microsoft's CEO Knows How to Run a Meeting. Here's How He
Does It," Inc.com,
https://www.inc.com/justin-bariso/microsofts-ceo-knows-how-to-run-a-
meeting-heres-how-he-does-it.html.

22. https://www.businessinsider.com/16-people-who-worked-incredibly-hard-
to-succeed-2012-9#dallas-mavericks-owner-mark-cuban-didnt-take-a-
vacation-for-seven-years-while-starting--his-first-business-3.

23. Dorie Clark, "Even Senior Executives Need a Side Hustle," Harvard Business
Review, November 29, 2017, https://hbr.org/2017/11/even-senior-
executives-need-a-side-hustle.

24. Rachel Botsman, "The Currency of the New Economy is Trust." Filmed June
2012 at TEDGlobal, Video 19:32, https://www.ted.com/talks/rachel_botsman_
the_currency_of_the_new_economy_is_trust?language=en.

25. Kevin J. Boudreau, Karim R. Lakhani, and Michael Neietti, "Performance
Responses to Competition across Skill-Levels in Rank Order Tournaments: Field
Evidence and Implications for Tournament Design," Harvard Business School,
January 8, 2016, https://dash.harvard.edu/bitstream/handle/1/11508222/
boudreau%2clakhani%2cmenietti_performance-response-to-competition-
across-skill-levels.pdf?sequence=3.

긱 마인드

1판 1쇄 찍음   2021년 4월 19일
1판 1쇄 펴냄   2021년 4월 26일

지은이   폴 에스티스
옮긴이   강유리
펴낸이   조윤규
편집   민기범
디자인   홍민지

펴낸곳   (주)프롬북스
등록   제313-2007-000021호
주소   (07788) 서울특별시 강서구 마곡중앙로 161-17 보타닉파크타워1 612호
전화   영업부 02-3661-7283 / 기획편집부 02-3661-7284 | 팩스 02-3661-7285
이메일   frombooks7@naver.com

ISBN   979-11-88167-45-6 (03320)